中宣部马克思主义理论研究和建设工程重大项目（2018MSJ014）
国家自然科学基金重点项目（71934003）
江西省经济社会发展重大招标课题（18ZD01）
江西省“双千计划”哲学社会科学领军人才项目（2019）
江西省文化名家“四个一批”人才和青年英才项目（2019）
江西省社会科学基金项目（20MJ03）

脱贫攻坚与乡村振兴研究：典型模式、衔接机制及推进路径

胡春晓　廖文梅　郑瑞强　翁贞林　著

中国农业出版社
北　京

图书在版编目（CIP）数据

脱贫攻坚与乡村振兴研究：典型模式、衔接机制及推进路径 / 胡春晓等著. —北京：中国农业出版社，2020.12

ISBN 978-7-109-27613-0

Ⅰ.①脱…　Ⅱ.①胡…　Ⅲ.①农村－扶贫－研究－江西②农村－社会主义建设－研究－江西　Ⅳ.①F323.8②F327.56

中国版本图书馆 CIP 数据核字（2020）第 269771 号

中国农业出版社出版

地址：北京市朝阳区麦子店街 18 号楼

邮编：100125

策划编辑：闫保荣

责任编辑：王秀田　郑　君　司雪飞　张楚翘

版式设计：王　晨　　责任校对：刘丽香

印刷：北京中兴印刷有限公司

版次：2020 年 12 月第 1 版

印次：2020 年 12 月北京第 1 次印刷

发行：新华书店北京发行所

开本：700mm×1000mm　1/16

印张：14.75

字数：270 千字

定价：58.00 元

摘　要

乡村振兴战略是新时代“三农”工作的总抓手，《乡村振兴战略规划（2018—2022年）》明确了乡村振兴战略三个阶段战略部署，划定阶段性目标，部署一系列重大工程、重大计划和重大行动，为实施乡村振兴战略擘画出总蓝图、总路线图。精准脱贫是全面建成小康社会最具有决定性标志性的战役，是实施乡村振兴战略的重大阶段性任务，是实施乡村振兴战略的重要基础。习近平总书记强调：“确保到2020年贫困地区和贫困群众同全国一道进入全面小康社会，为实施乡村振兴战略打好基础。”因此，做好精准脱贫和乡村振兴工作，协同推进脱贫攻坚与乡村振兴，形成精准脱贫攻坚和乡村振兴战略相互支撑、相互配合、有机衔接的良性互动格局，不仅是现阶段“三农”工作的关键和核心任务，也是落实习总书记2019年再次视察江西时提出“在加快革命老区高质量发展上作示范，在推动中部地区崛起上勇争先”重要指示的根本要求，更是确保我国如期实现全面建成小康社会和实现全面现代化的重要支撑。

江西是传统的农业大省，乡村振兴是江西社会经济发展的内在需求；同时江西又是脱贫攻坚任务较重的省份，探索脱贫攻坚与乡村振兴协同推进的正确路径，对确保贫困地区和贫困群众与全国同步全面小康社会、实现全面建设社会主义现代化国家的目标具有极其重要的意义。根据“协同推进打好江西省脱贫攻坚战与实施乡村振兴战略研究”计划任务，江西农业大学课题组自委托课题获批后，迅速开展研究工作，多次赴江西省委宣传部、江西省扶贫办公室、江西省农业农村厅等部门调研学习；前往赣州、吉安、抚州、上饶、九江、鹰潭等多地深入调研、开展问卷调查和深度访谈，全省范围内搜集整理和分析材料，形成系列研究成果，在省内外专家审阅论证基础上，最终形成课题研究总报告。研究成果在核心及以上期刊公开发表文章10余篇，调研报告5篇，课题组参与撰写的《关于乡村振兴和脱贫攻坚产业发展十方面问题和十方面的对策建议案》《我省推进农村“三变”改革壮大农村集体经济应重视的几个问题》等多份政策建议分别获得了省委书记刘奇、省长易炼红等领导同志的肯定性批示，通过不同方式直接或间接服务了脱贫攻坚与乡村振兴工作。现就研究总报告主要内容概括如下：

第一，认真厘清乡村振兴与脱贫攻坚工作协同推进的理论逻辑。乡村作为自然环境为基础、要素流动与合理聚集为命脉、文化精神为积淀的复杂生态系统，解析乡村振兴战略实施与脱贫攻坚的关联协同，应以“实现人民对于美好生活的向往”为目标指引，从时、空、量、构、序方面把握其利益关系、多维结构、复合功能和社会发展，聚焦多规并行、制度供给不足、内源性动力不强、监管体系交叉、资源利用效率不高等贫困地区发展约束性因素，基于“聚焦发展要素有机整合以实现系统自组织基础上的要素增益”的高效系统建设理念分析，厘清乡村振兴与脱贫攻坚工作协同推进的理论逻辑：脱贫攻坚重在补齐发展短板，促进贫困人口增收致富，维护和保障其发展权益；乡村振兴旨在夯实发展基础，优化区域发展空间格局，构建新型工农城乡关系。将区域整体实力和发展能力提升视为旨在提高乡村民众获得感和幸福感的高效系统建设过程，明确战略目标，聚焦规划协同、组织协同、主体协同、载体协同和监管协同等关键难题，抓住关键要素，使之成为能够有效获取和配置资源、内外高度契合并且能够创造持续竞争优势的整合性发展共同体。

第二，深入探讨省内外多地脱贫攻坚和乡村振兴协同推进的经验与启示。分析了福建、广东、广西、贵州四省（区）的脱贫攻坚典型模式和经验，明确了各省脱贫攻坚工作对江西省的脱贫攻坚工作给出的启示。研究选择江西省的井冈山市、瑞金市和修水县以及省外的四川成都青杠树、浙江永嘉等为样本区域，多次深入实地并开展了系统调研，获得了大量第一手素材，并对脱贫攻坚与乡村振兴协同实践进行了总结归纳。从产业脱贫、就业脱贫、教育脱贫等8个方面，总结了江西16个典型的脱贫攻坚模式，分析资金约束、制度碎片化、项目同质化、程序繁杂化、贫困户脱贫内生动力不足等江西脱贫攻坚的五大困难。在案例剖析基础上，得出脱贫攻坚和乡村振兴协同推进的有关启示：协同推进脱贫攻坚与乡村振兴应坚持系统思维，土地使用制度创新是脱贫攻坚与乡村振兴协同推进的重要抓手，村集体组织是脱贫攻坚与乡村振兴协同推进的关键，企业运作是发挥市场配置在农村产权交易中决定性作用的有效路径，时刻坚持农民主体并切实为农民带来实惠是必须始终坚持的原则。

第三，准确分析江西省脱贫攻坚和乡村振兴工作的协同耦合水平。在分析江西省脱贫攻坚和乡村振兴工作推进情况的基础上，利用“指标—指数耦合链”方法，针对土地、资金、劳动力、技术等生产要素的协同需求，构建了江西省脱贫攻坚能力与乡村振兴水平协同耦合理论模型，评价不同区域乡村振兴水平的协同现状，找寻出不同区域、不同阶段脱贫攻坚能力与乡村振兴水平协同瓶颈。结果显示：江西省脱贫攻坚取得了重大进展，贫困发生率逐年降低，脱贫攻坚水平稳步上升。但从乡村振兴指标水平2011—2017年的变化趋势来看，江西省乡村振兴进程比较缓慢。总体来看，江西省各市脱贫攻坚与乡村振兴的工作实现了有机衔接和有效融合。2011—2017年平均耦合协调度排名依次为：新余市（0.891 8）＞九江市（0.881 9）＞南昌市（0.881 8）＞萍乡市（0.868 9）＞景德镇市（0.846 9）＞鹰潭市（0.820 3）＞宜春市（0.782 7）＞抚州市（0.728 3）＞吉安市（0.723 8）＞赣州市（0.695 2）＝上饶市（0.695 2）。其中6个市处于良好协调状态，另外5个市处于中度协调状态。依据耦合分析结论，要推进脱贫攻坚与乡村振兴的协同发展，形成相互助力、相互支撑相互配合的局面，应通过产业的兴旺促进产业扶贫和乡村振兴；通过生态的改善，引导贫困户积极参与公益性岗位，推动参与性扶贫；改善乡风，激发农民自身脱贫动力；实现生活富裕目标，完善基础设施建设，促成脱贫攻坚与生活富裕相互促进相互融合发展；推进乡村的有效治理，提高脱贫攻坚的组织力战斗力。

第四，明确划定未来江西省协同推进脱贫攻坚和乡村振兴工作的策略和关键发力点。针对调研过程中发现的“理念认知偏差化，内生动力激发不够；工作开展指标化，资源配置效率受限；绩效评估结果化，忽略绩效辅导”等潜在风险，提出江西省协同推进脱贫攻坚与乡村振兴工作的优化策略：①思想协同：协同推进思想脱贫与思想振兴。要树立综合系统性协同思维，树立科学正确的政绩观。②产业协同：协同推进产业脱贫与产业振兴。要协同好产业规划，衔接好产业发展，向特色发展要出路，对接好产业与市场。③人才协同：协同推进人才脱贫与人才振兴。应大力培育新型职业农民，优先发展农村教育事业，发挥科技人才支撑作用，鼓励社会各界投身乡村建设。④文化协同：协同推进文化脱贫与文化振兴。树立文化协同推进新理念，不断充实文化协同推进新内涵，大力实施文化协同推进新举措，不断夯实文化协同推进新基础。⑤生态协同：协同推进生态脱贫与生态振兴。树立好绿水青山就是金山银山理念，衔接好生态脱贫与生态振兴目标，落实好生态脱贫与生态振兴关键任务，立足生态资源禀赋实现差异化发展。⑥组织协同：协同推进组织引领与组织振兴。选优配强农村基层党组织领导班子，构建“五级书记”协同工作格局，做大做强农村集体经济，标本兼治惩治微腐败。⑦社会协同：协同推进贫困治理与治理有效。协同补齐贫困地区社会治理短板，夯实贫困地区社会治理根基，助推贫困地区社会治理创新，提高贫困地区社会治理效率，维护贫困地区社会公平正义。

第五，明确提出协同推进江西省精准脱贫和乡村振兴工作的具体政策建议。①依法实现“一主多辅”，规划蓝图促协同。建议省委省政府明确《乡村振兴规划》在乡村各规划中的统领地位，避免“规划打架”。抓住乡村振兴战略实施契机，尽快健全“党委统一领导，政府负责，党委农村工作部门统筹负责，乡村主体，社会力量参与”的协调运作机制，集中力量编好乡村振兴战略“一本总规”，尤其是在关注“农业规模小、效益低、竞争力弱”农业短板、“人居环境较差、老龄化问题突出、脱贫攻坚任务艰巨”农村短板等内容的同时，找准发展定位，促进乡村脱贫攻坚规划与其他专项规划和空间规划有机嵌入，作为总规的细化和实操化，各展所长、各得其所。②推进“一核两翼”基层治理，进一步明确农村集体经济组织的法人地位。完善乡村“一核两翼”治理模式，“一核”：就是巩固村党组织的领导核心地位，强化政治功能。“两翼”：就是在党领导下实行村级“政”“经”分设。“一翼”以村民自治组织为主体，强化服务功能。在党组织领导下，以网格化为切入点，大力推行便民权力下放和为民服务全程代理，把服务群众浓缩到最小单元；同时健全群众参与机制，完善村规民约，补齐“精神短板”，推进乡村善治。“另一翼”以村级经济组织（股份合作社等）为主体，强化发展功能。在党组织领导和监督下，在澄清村民与集体成员在集体资产收益分享中的资格权基础上，对集体“三资”进行统一运营管理，探索壮大村集体经济市场实现形式，实现集体增收、村民致富、产业升级。创新村级集体经济发展方式，规范村民自治管理行为，健全法规条例，建构村级集体经济资源筹集、经营管理、收益分享的形成机制（可先进行试点），激发参与主体内源性发展动力。③实施乡村“骨干培育”工程，鼓励支持人才“上山下乡”。人才为先，在坚持新型主体培育的基础上，实施乡村“骨干培育”工程，持续推进乡村党支部成员、村委会成员年轻化、知识化和本土化，建议前期可设定“村两委”组织队伍建设的年龄结构、教育水平等硬性指标，并列入年度考核体系。思想为魂，充分发挥各级党校、高校等教育机构作用，针对性编排课程与教材，定期轮训村两委成员，使之不断更新知识，提高其通过更高质量的发展解决发展中所遇到的问题的能力。同时建立促进专业人才下沉机制，健全人才结对帮扶机制，强化乡贤和外出务工人员对接交流等，鼓励支持人才“上山下乡”。④成立农村产权交易中心，建立乡村长效发展机制。建议在推进农民财产申请登记（该项内容一定要强化宣传）以及村级集体资产清查（江西省正在开展）等工作的基础上成立农村产权交易中心，完善产权登记、设施颁证、产权交易、农业融资、资产处置等功能。结合省情，以农村产权制度改革推进农村市场化，在促进土地流转的基础上，做大农产品加工、电子商务、休闲农业、田园综合体、乡村旅游、森林康养等新产业、新业态，进而促进乡村振兴与精准扶贫。结合贫困地区“共享发展，以我为主”的发展原则，体现农村特点，遵循乡村自身的发展规律，创新扶贫开发资源的良性自我循环的长效发展机制，围绕用于支持贫困主体开展经营性项目的资金实施制度化管理，建立本金回收机制和收益分成机制。⑤完善全过程绩效管理体系，创设乡村振兴与精准扶贫协同治理“政策试验区”。考虑乡村振兴与精准扶贫协同推进中的新情况与新问题，未来的绩效评估应在强调多维度综合评价的基础上，强调农民主体地位和其他社会主体参与，防止乡村振兴与精准扶贫工作的开展脱离群众、脱离乡村发展实际，重视全过程、多主体、动态性的系统绩效评价，尤其是关注乡村振兴与精准扶贫协同推进过程中的工作记录与行为辅导，切实发挥绩效管理“指挥棒”的作用，保障乡村发展质量。同时，可选择贫困程度较深、发展环境恶劣等典型村，综合考察村在乡村振兴与精准扶贫协同治理中的规划协同、产业发展、文化改良、环境维护等问题，科学选点，成立“政策试验区”，给予政策“先行先试”的政策优惠，充分挖掘乡村发展潜能和探索潜在的突破路径。

作为集体成果的结晶，成果依托课题是在胡春晓教授具体指导下，在翁贞林教授、陈美球教授、魏毅教授、廖文梅教授、廖彩荣副教授、杨晶副教授、王峥副教授、郑瑞强副教授、赖运生助理研究员等积极参与下开展的。胡春晓教授、廖文梅教授、郑瑞强副教授和翁贞林教授进行最后的统稿。付梓之际，谨向江西省社会科学规划办公室、省扶贫办、省农业农村厅、江西农业大学科技处以及调研样本区域相关机构、工作人员和农户朋友们表示衷心的感谢，受限于作者学术水平和知识结构，本书难免存在一些疏漏与不足之处，敬请广大读者批评指正，谢谢！

课题组

2020年7月20日

目　　录

第1章 绪　论

1.1 研究背景和意义

2014年中共中央、国务院陆续出台《关于创新机制扎实推进农村扶贫开发工作的意见的通知》《关于印发〈建立精准扶贫工作机制实施方案〉的通知》，对精准扶贫做出了一系列工作部署，包括模式的顶层设计、总体布局和工作机制等，各地政府按照中央精神，实施精准脱贫。自此，我国进入了精准扶贫的关键时期，脱贫效果也日趋显著。截至2019年年末，全国农村贫困人口551万人，比上年年末减少1 109万人，下降66.8%；贫困发生率0.6%，比上年下降1.1个百分点。在脱贫攻坚取得决定性进展后，2017年党的十九大首次提出实施乡村振兴战略，并指出：没有农村地区的脱贫，就没有乡村振兴，贫困人口的脱贫事关民生福祉大计，解决乡村贫困问题是乡村振兴的根本。2018年，脱贫攻坚工作进入决战决胜的关键阶段，中共中央、国务院印发《乡村振兴战略规划（2018—2022年）》明确提出：在实现2020年全面脱贫、全面建成小康社会的背景下，未来三年将是我国脱贫攻坚与乡村振兴互相融合的关键时期。为此，加强乡村振兴战略与精准扶贫战略的协同思考，推进脱贫攻坚与乡村振兴相互促进和融合，以期建立两者有机耦合协同的良性互动格局，对于打赢精准脱贫攻坚战、实现“两个一百年”奋斗目标，确保我国乡村快速健康发展，具有十分重要的意义。

1.2 总体思路与研究方法

1.2.1 总体思路

课题研究从专题调研和理论分析两方面入手。一方面，安排省内外脱贫攻坚与乡村振兴协同推进的系列专题调研，系统分析江西省脱贫攻坚与乡村振兴协同推进的现状水平、存在问题和主要原因，深入剖析成功案例，提炼总结经验，同时结合省外典型案例的调研分析，归纳对江西省协同推进工作的启示；另一方面，运用社会学、经济学和管理学的基本原理，对脱贫攻坚与乡村振兴协同进行理论分析，构建脱贫攻坚与乡村振兴协同推进的内在机制，提出二者协同的评价理论模型及其相应的评估指标体系。然后针对江西省“十三五”脱贫攻坚目标与乡村振兴的阶段性目标，提出江西省脱贫攻坚与乡村振兴协同推进策略，最后提出相应的系列政策保障措施。

1.2.2 研究方法

(1) 典型案例的选取与扶贫模式的形成方法

典型案例的选取，除了来源于各类新闻报道、材料总结，更加注重来源于深入基层实地调研的案例提炼，通过广泛深入的调研，把具有推广应用价值的、形成了一定特色的脱贫攻坚与乡村振兴协同经验与模式归纳总结出来，并突出形成背景、具体做法（作用机制）、基本特点、优劣对比、适用环境、推广应用价值及保障政策等内容，对脱贫攻坚与乡村振兴协同成效的影响进行客观分析。

(2) 实地问卷调查与统计资料收集相结合的方法

对全省的脱贫攻坚与乡村振兴工作进行全面系统调研，重点对革命老区、贫困山区、连片特困区、赣南等原中央苏区的贫困区域进行调研，突出对我国革命老区首个脱贫“摘帽”县（市）——井冈山市，以及瑞金市、万安县、永新县、上饶县、横峰县、广昌县等进行实地调查，并在调研区域选取一定数量的单位和家庭进行深度访谈。同时，收集国内外相关文献资料及统计资料以弥补调查问卷数量与区域局限的不足。

(3) 实证计量模型分析方法

构建脱贫攻坚与乡村振兴协同成效评价模型，针对不同区域、不同类型的脱贫攻坚与乡村振兴协同工作进行评价，并分析影响因素；利用灰色关联方法分析乡村振兴对于脱贫攻坚的实际效应；运用典型案例分析方法探寻脱贫攻坚与乡村振兴协同的影响因素。

(4) 比较分析方法

比较区域间各种脱贫攻坚与乡村振兴协同模式及其内在机制的异同，分析其影响因素，明确政策调控、优化的切入点；比较分析乡村振兴、家庭发展意愿与区域扶贫资源投入差异，挖掘家庭生计发展决策选择机制；比较分析脱贫攻坚与乡村振兴协同典型实践，为脱贫攻坚与乡村振兴协同政策优化提供借鉴。

1.3 重点难点及主要创新点

1.3.1 重点与难点

(1) 脱贫攻坚与乡村振兴的协同内在机制分析

对土地、资金、劳动力、技术等生产要素的协同需求，剖析脱贫攻坚与乡村振兴协同的内在机制，构建江西省脱贫攻坚能力与乡村振兴水平的综合指标体系，运用耦合模型评价不同区域、不同阶段的脱贫攻坚能力与乡村振兴水平的协同现状，找寻不同区域、不同阶段脱贫攻坚能力与乡村振兴水平协同瓶颈及其影响因素。

(2) 脱贫攻坚能力与乡村振兴水平的协同典型案例剖析

对江西各地多年来的扶贫工作，以及乡村振兴工作，进行全面系统的调查梳理，全方位地掌握各地在扶贫和乡村振兴中的各种实践探索与创新，在广泛收集扶贫和乡村振兴经验的基础上，筛选出各类成功案例，并对其中的典型代表进行深入剖析、归纳提炼，进而形成各具特色的扶贫和乡村振兴协同模式。

(3) 脱贫攻坚与乡村振兴协同推进的路径研究

通过分析实现江西省“十三五”脱贫攻坚目标的具体任务与面临的主要困境，以及江西省乡村振兴的总体目标、阶段性任务及具体工作内容，并分别确定江西省脱贫攻坚与乡村振兴协同目标、重点和难点。然后，根据江西省脱贫攻坚与乡村振兴协同现状，重点提出实现江西省脱贫攻坚与乡村振兴协同目标的重要举措与实施路径。

(4) 脱贫攻坚与乡村振兴协同推进的保障体系

针对当前江西省农村发展面临的问题和挑战，根据推进脱贫攻坚与乡村振兴协同的重点难点、关键任务、重要举措与实施路径，探索如何从“人—地—钱”生产要素同步集聚、多元扶贫与乡村振兴主体的协同机制创新、脱贫攻坚与乡村振兴协同绩效评价与优化等方面构建和优化保障体系。

1.3.2 研究成果的创新之处

(1) 问题选择的创新之处

实施乡村振兴战略和坚决打赢脱贫攻坚战是确保我国如期实现全面建成小

康社会奋斗目标的重要战略支撑，做好实施乡村振兴战略与打好精准脱贫攻坚战的有机协同，促进二者共进发展，是新时期农业农村工作的重要任务。本课题基于脱贫攻坚与乡村振兴协同推进的内在关联性出发，构建脱贫攻坚与乡村振兴协同推进的理论模型，掌握江西省不同区域、不同类型的脱贫攻坚与乡村振兴协同推进的水平与变化情况，找出其中的短板和不足，再结合成功案例的研究，提出江西省脱贫攻坚与乡村振兴协同推进的重点难点、关键任务、重要举措与实施路径。这一研究的切入点紧贴当今社会的关注焦点，抓住了问题的实质所在。

（2）研究方法的创新之处

课题采用规范分析、价值分析、实证分析、比较分析、案例分析、定性与定量分析以及系统分析等多元结合的研究方法和研究工具，进行科学、系统、全方位的研究。在定量分析中，构建脱贫攻坚与乡村振兴协同成效评价模型，评价不同区域的脱贫攻坚与乡村振兴协同水平，并回归分析其影响因素；利用灰色关联方法分析乡村振兴对于脱贫攻坚的实际效应。在比较研究中，通过对不同区域脱贫攻坚与乡村振兴协同的比较分析，找出不同区域脱贫攻坚与乡村振兴协同的不足之处，研究如何实现区域的平衡；在调研过程中，采用实地考察、典型案例剖析、座谈访问和发放调查问卷等方法，获取第一手资料。紧扣问题深入实地调查，切实做到理论联系实际，以真实可靠的数据事实支撑研究结论和对策建议，为政府决策提供科学依据。在案例分析中，运用典型案例分析方法探寻脱贫攻坚与乡村振兴协同互促互进模式。

第 2 章　理论基础与文献回顾

2.1　贫困的相关解释

贫困作为历史长河中的痼疾，一直困扰着人类的生存和发展，逐渐成为制约农村经济社会发展和我国全面建成小康社会的重要因素，抵制和消除贫困成为人类的共同愿望。区域贫困成因多种多样，因地因时而异，但最根本的原因则是生产要素缺乏或不能有效地实现组合，资源未能得到合理利用和有效配置：Sachs 的“市场的政府替代负效应”、Gunnar Myrdal 的“熨平回波效应”、Theodore W. Schultz 的“加大人力资本投入”、Paul A. Samuelson 的“由政府对于贫困的低收入者提供安全网”、Ragnar Nurkse 的“强调资本积累”、Walt Whitman Rostow 的“产业引导、制度保证”、Todaro M. P. 的“地理环境改变”、联合国开发计划署（UDP）“扶贫目标从传统的技术援助向以人的可持续发展转变”、中国扶贫开发过程中凝练的“开发式扶贫、连片开发扶贫”理念等阐述为此提供理论解析。欠发达资源富集区的“资源诅咒”“资源优势陷阱效应”与资源约束型贫困地区的“内卷化”发展实际，部分贫困区域生产要素的原始组合与现代要素的强制闲置共同造成的“抑制性贫困”，传统的自然经济生产经营方式诱发的家庭短期消费行为的顽固性并在贫困地区内部形成“超稳定的内部结构制约其向商品经济迈进”等现象解析为之提供现实佐证（黄承伟，2013；迟福林，2013；洪银兴，2014）。

综合起来，学术界对于贫困的主流解释范式主要有四个。①资本理论。包括人力资本理论与社会资本理论。人力资本理论的核心论点是：人口素质与生活富裕呈现出很强的正相关关系。而社会资本理论则强调，贫困人口的关系网络资源非常狭窄和贫乏，可利用的社会资本较少。②能力贫困理论。该理论认为低收入与贫困之间虽然有着千丝万缕的联系，但贫困的实质不是收入的低下，而是可行能力的贫困。因此，关注的应该是个体的能力发展。③社会质量理论。“这一理论要求我们在对社会发展目标的追求中，不仅要关注经济指标和人们的物质生活条件状况的改善，更要关注社会体系的运行状况，关注社会体系运行的和谐性、稳定性和发展的协调性”（林卡、高红，2010）。④空间贫困理论。该理论强调贫困与空间地理之间的紧密联系，它将贫困分布、生态气候、环境、距离、基础设施和公共服务等众多内容归结到一个“地理资本”要素分析体系中，这对反贫困政策的制定和评价极富借鉴作用。从空间理论来看，中国农村贫困问题很大程度上是少数民族的贫困问题。西部民族贫困地区自然生态条件恶劣、社会生产力低，市场发育不完全。因此，农民收入较低，极易陷入贫困当中，异地搬迁的措施随之被提出。根据解释范式的不同，学者们纷纷提出反贫困的不同视角，比较有代表性的有：制度视角，主要探讨如何通过制度完善来提高反贫困实践；文化视角，认为反贫困应该尊重地方性知识，利用少数民族文化资源摆脱贫困局面激发少数民族的主体性；性别视角，认为妇女贫困问题有其特殊性，应当区别对待。除了以上的研究视角以外，反贫困研究还有诸如生态视角、特殊群体视角、人口视角等其他视角（向德平、高飞，2013）。

2.2 脱贫的相关概念

2.2.1 精准扶贫

精准扶贫理念源于我国，但目前学术界对于精准扶贫并没有一个统一的定义。从扶贫开发的历史进程来说，精准扶贫是我国扶贫战略的进一步延伸（莫光辉，2016）。2013 年 11 月，习近平总书记在视察湘西的扶贫工作时，针对实际问题，首次提出精准扶贫的理念“扶贫要实事求是，因地制宜。要精准扶贫，切忌喊口号，也不要定好高骛远的目标”。这被普遍认为是我国精准扶贫理念的正式确立（田晋等，2016）。从扶贫开发的制度设计来说，精准扶贫是我国扶贫模式的进一步调整（莫光辉，2016）。2014 年 1 月 25 日中共中央办公厅、国务院办公厅印发的《关于创新机制扎实推进农村扶贫开发工作的意见》（中办发〔2013〕25 号）中明确提出建立精准扶贫机制。目前学术界比较常用的精准扶贫的定义为：精准扶贫是指针对不同贫困区域环境、不同贫困农户状况，运用科学有效程序对扶贫对象实施精确识别、精确帮扶、精确管理的治贫方式（公衍勇，2015）。

精准扶贫最基本的内涵就是扶贫要精确到户到人，要求的是扶真贫，真扶贫。从扶贫的实施步骤来看，精准扶贫的内容可分为精准识别、精准帮扶、精准管理和精准考核四个部分。精准识别是重要基础，指通过一定的方式方法将达到贫困标准的家庭和人口识别出来并建档立卡；精准帮扶是关键手段，指在精准识别的基础上，立足于贫困家庭和贫困人口的实际情况，因地制宜地制定相应的措施来进行扶持；精准管理是良好保障，指对贫困家庭和贫困人口、帮扶措施、扶贫资源和信息等具体实施环节进行精细把控、动态管理，做到权责明确；精准考核则是试金石，包含两个层面，一是对贫困家庭和贫困人口的扶贫效果进行考核和评估，确保精准脱贫；二是对贫困地区的整体脱贫情况进行评价，促进贫困区域的总体发展。从扶贫的具体实施内容来看，精准扶贫主要涉及扶持对象精准、项目安排精准、资金使用精准、措施到户精准、因村派人精准和脱贫成效精准六个方面，而这“六个精准”则被汪三贵等（2016）解读为精准扶贫工作的本质要求。此外，也有许多学者从其他角度对精准扶贫进行解析。如吴晓燕（2016）从精细化治理角度解读精准扶贫，认为精细化治理是破解精准扶贫实践困境的路径选择，与精准扶贫战略具有内在的契合性。左停等（2015）则从技术和理论两个层面来探究精准扶贫，指出精准扶贫的技术靶向是解决瞄准目标偏离和精英俘获等问题，而理论层面涉及中央政府与地方政府之间的关系、社会控制以及政府扶贫所造成的成本与损失等方面的内容。莫光辉（2016）认为精准扶贫是中国扶贫开发模式的内生变革和治理突破，从精准识别贫困人口、精确把握致贫原因、滴灌式的精准帮扶和共享发展成果等方面对精准扶贫的内涵进行了探析。

2.2.2　扶贫开发困境与挑战

从精准识别角度来讲，精准扶贫存在贫困农户识别的技术困境、识别过程中存在规模排斥、区域排斥以及识别排斥等问题，扶贫对象识别困难等；从精准帮扶和精准管理的角度来看，存在的难点较多，比如农村基础设施薄弱、乡村治理现状问题、相对贫困问题显现、贫困农户的思想观念障碍、识别的农户参与度不够、扶贫开发成本较高、精准扶贫资金分配易引发上访、乡村平均主义思想对扶贫资源实际分配的影响、精准扶贫资金有限、精准帮扶缺乏差异性、精准扶贫政策死板、扶贫政策本身的制度缺陷、市场体系建设不完善以及需求排斥、入门排斥、专业排斥、团队排斥等问题；在精准考核方面，存在指标考核重量轻质、对扶贫驻村干部的考核流于形式、“数据脱贫”现象频发等问题，使扶贫考核“形式化”，这些困难的存在使得精准扶贫战略的实施面临着极大的挑战（吴晓燕，2016；荣莉，2015；葛志军等，2015；邓维杰，2014；唐丽霞等，2015）。同时，也有学者从实证的角度探究精准扶贫的难点，如周长春等（2016）基于云南扶贫的调查，采取设计调查问卷的方法，通过建立单因素模型和多因素模型，实证分析了农村治理“内卷化”特征与参与式扶贫的关系，得出农村治理“内卷化”阻碍参与式扶贫的实施和绩效的结论。

2.2.3 脱贫攻坚实施路径与机制

合作社的本质是弱势群体的联合，农民合作社具有的益贫性特征，更使其成为精准扶贫与精准脱贫的有效载体。许多学者便将精准扶贫与农民合作社的发展联系起来，提出多种农民合作扶贫模式。如刘宇翔（2015）通过对合作扶贫中人性的管理美学思考和对合作扶贫中农户（本质驱动力）、合作社（内生驱动力）、政府（外生主导力）等多个主体的分析，提出在欠发达地区构建一个由政府主导、社会联动的合作扶贫体系，自上而下建立起民主管理的农民合作扶贫模式。赵晓峰等（2016）则从合作社与精准扶贫协同发展机制构建的理论逻辑角度以及农民合作社与精准扶贫之间的相互促进路径方面进行探究，认为农民合作社发展与精准扶贫之间具有理论的内在自洽性和目标的一致性，适合构建协同发展的体制机制。农村社区的发展对于贫困地区经济和社会的发展同样具有带动作用，能较好推动精准扶贫工作的实施。陈惠敏（2016）在对云南省乌蒙山片区精准扶贫工作实际调研的基础上，深入探讨了贫困地区精准扶贫与农村社区发展的关系，认为二者在扶贫理念、扶贫目标、扶贫路径和扶贫原则上具有一致性，并通过创新农村社区扶贫开发新理念和构建促进型农村社区组织，促进精准扶贫与农村社区的协同发展。有限的政府资源在大扶贫过程中已表现出乏力，社会组织参与和市场化精准扶贫机制的构建越来越受到人们的欢迎和认同。蔡科云（2014）从扶贫的权力模式变迁和推进方式角度探讨了政府与社会组织之间的合作扶贫，两者从限权控权到交往合作的思路转换，而合作扶贫的落实则需要国家权力与社会权力的建构与解构。宫留记（2016）研究了政府主导下的市场化精准扶贫机制，他认为政府和市场扶贫机制都有各自的弊端，但政府仍应占主导地位，故提出政府与社会资本合作、政府购买服务、资产收益扶贫及电商扶贫等政府主导下的市场化扶贫新模式。

2.2.4 精准扶贫典型模式

典型的精准扶贫模式有：①购买服务式扶贫模式。该模式强调扶贫活动中相关利益主体之间的合作，通过政府力量（如地方政府部门）与社会力量（如社会组织、第三方评估团体等）相互配合，采取设置公益岗位等的形式来购买贫困群体提供的服务，从而提高贫困人口的就业和收入水平（李博等，2017）。②移民安置扶贫模式。该模式是指对于生活在环境恶劣地区的贫困人口，通过搬迁至条件相对好的地区来改善贫困人口的生产、生活状况，具体的安置模式有：中心村就近安置模式、小城镇安置模式和农业示范园区安置模式等（张茹等，2014）。③资产收益扶贫模式。该模式的核心是“股权量化、按股分红、收益保底”，也就是将贫困人口所有的细碎、分散的资源要素转化为资产，投入到合作社、企业等平台来获得持续收益（戴旭宏，2016）。④乡村旅游扶贫模式。该模式是指充分利用贫困地区的旅游资源，发挥旅游业在扶贫工作中的优势作用，建设旅游扶贫特色乡村，并与片区开发、农业、商贸等产业结合来推动扶贫工作（毛峰，2016）。⑤特色产业精准扶贫模式。该模式是指基于贫困地区的特色产业，精确瞄准产业发展方向以及因地制宜地推动特色产业发展来使贫困人口增收（马楠，2016）。⑥金融精准扶贫模式。该模式是指金融与多种主体相结合，如政府主导的金融扶贫模式、金融机构主导的金融扶贫模式、产业金融扶贫模式、互联网金融扶贫模式、“电商平台＋金融”扶贫模式、国际金融组织参与扶贫开发模式和社会扶贫组织金融扶贫模式等，这些模式各有优劣（王浩，2016）。⑦教育精准扶贫模式。该模式强调充分利用教育信息化来推动教育扶贫，有资源型教育扶贫模式、功能性教育扶贫模式以及跨界协同教育扶贫模式，也有从贫困地区师资水平角度出发构建教育信息化主导的教育精准扶贫新模式（陈恩伦等，2017）。⑧高校图书馆文化扶贫模式。该模式是指利用高校图书馆资源参与贫困地区公共文化建设以及文化扶贫，具体模式有：智力支持模式、拓展服务模式和合作共赢模式等（郭利伟等，2016）。诸多学者在此后的研究中又结合实践提出了综合治理扶贫模式以及新时期的金融扶贫模式、电商扶贫等，江西省也是其中的受益者。

2.2.5 脱贫攻坚成效

陈升等（2016）选取东中西部比较有代表性的样本地区：广东省、湖北恩施和贵州毕节作为研究对象，基于相关文献的综述和梳理系统探究了影响我国精准扶贫绩效的因素，其中包括精准识别、精准帮扶、精准管理和精准考核4个层面的9个因素和16个维度，并通过分析各影响因素的重要性找出了核心影响因素。贺东航等（2015）则以福建宁德和湖北恩施为例，对东部和中西部精准扶贫成效的区域差异以及原因进行了分析，并基于此给出了全国实施精准扶贫的建议。张小鹨等（2014）利用AHP－Delphi法重构了扶贫项目动态评价指标体系，并从政策相关性、扶贫效率、扶贫效果和可持续发展能力4个方面对兰州市的扶贫效果进行了动态评价分析。张琦等（2015）基于多维动态评价理论和改进的灰色关联分析法构建了连片特困地区扶贫成效多维综合评价指标体系，其中包括4项一级指标、24项二级指标和61项三级指标，并利用多维动态综合评价方法评价测算了我国除西藏片区以外的13个连片特困地区的扶贫开发成效。也有学者对项目扶贫的成效进行了评价，如刘伟等（2014）基于陕西安康的抽样调查数据，采用倾向得分匹配法并通过建立计量经济模型对开发式和补贴式扶贫项目中的包括农户生产能力、市场参与程度以及贫困脆弱性等在内的农户收入效应进行了实证分析等。郭舒（2015）基于产业链视角探索了旅游扶贫效应的研究方法，提出应重视能够反映旅游经济收入中进入贫困家庭比重等微观指标“旅游扶贫收入指数”的应用，并设计了可以用于微观指标分析的“产业链跟踪法”。对于扶贫效率的研究，大多是从时间演进和空间格局分析等角度进行评价。如龙祖坤等（2015）运用数据包络分析法（DEA）计算武陵山区的旅游扶贫效率，采用曼奎斯特指数（MI）进行扶贫效率的时间演进分析以及从产出角度效益和投入产出角度效率进行空间分异分析。黄琦等（2016）同样也是运用类似的方法从扶贫效率的计算、时间演进以及效率形态分布等方面对秦巴山片区的金融扶贫效率进行评价，并对金融扶贫投入指标进行了优化分析。毛婧瑶等（2016）通过扶贫成效综合评价指标计算和空间自相关分析，分别对武陵山片区经济发展、社会发展、生产生活条件和扶贫开发工作4个方面进行了扶贫成效评价和扶贫成效空间格局分析，并对武陵山片区不同地区扶贫成效不同的原因进行了研究。

2.3 区域性整体脱贫致富模式

贫困是自然、社会、经济和制度等因素相互作用和制约的结果，具有明显的区域性特点。区域性整体贫困最早被提出是在党的十八届五中全会，全会提出了全面建成小康社会新的目标要求，即在我国现行标准下农村贫困人口实现脱贫，贫困县全部摘帽，解决区域性整体贫困。解决区域性整体贫困已成为各类扶贫发展规划的总体目标，《“十三五”脱贫攻坚规划》的重点目标是到 2020 年解决区域性整体贫困，《促进中部地区崛起“十三五”规划》进一步明确表示，到 2020 年山西、安徽、江西、河南、湖北、湖南等中部六省将全面建成小康社会，区域性整体贫困得到解决。因此，解决区域性整体贫困已成为我国“十三五”期间扶贫攻坚的重要任务。

区域性整体贫困的定义是什么？近年来的研究都没有明确的定义。2011 年 12 月 6 日国务院发布《中国农村扶贫开发纲要（2011—2020 年）》中提出集中连片特困地区，并与扶贫攻坚主战场的区域与区域性整体贫困基本一致。但“集中连片地区”的概念出现得较早，1986 年，即扶贫开发元年，国家就把贫困地区分为 14 个集中连片区，1988 年在 14 个贫困片区基础上增减和调整，把全国贫困地区进一步调整为 18 个片区。针对农村贫困问题越来越集中在西部民族地区、边境地区、中部革命老区和山区等，特殊类型地区的概念也随之产生。这些地区的共同特征是：存在生存环境恶劣、基础设施薄弱、公共服务滞后、社会形态特殊等问题。为此，扶贫理论和实践工作者提出了“特殊类型贫困地区”的概念，并强调把特殊类型贫困地区作为扶贫开发工作的重中之重。“集中连片特殊困难地区”是 2010 年国务院西部地区开发领导小组第二次全体会议中提出并统一确定的，同年 10 月，党的十七届五中全会通过的《中共中央关于第十二个五年规划的建议》再次强调：“加快解决集中连片特殊困难地区的贫困问题”。

党的十八届五中全会进一步明确区域性整体贫困指中国农村扶贫攻坚的主战场是 14 个集中连片特殊困难地区，尽管依然保持了 1986 年的 14 个集中片区数量，但是具体片区有了一些调整。这些地区的贫困特征也出现了新的变化，即贫困人口数量庞大，贫困程度较深，致贫原因复杂，资源开发与环境保护矛盾突出。区域脱贫模式是基于顶层设计和基层实践，总结特定区域性贫困的特征或致贫因素，探寻出解决特定区域性精准脱贫的方法和途径，再提出适合区域性精准脱贫的典型模式，有助于增进精准扶贫综合认识，有利于在实践中探索具有转型期中国特色的减贫与发展道路。本书对国外区域扶贫发展的经验以及我国已有的区域性精准脱贫典型模式进行梳理、归纳与分析，以期对中国区域性脱贫攻坚模式借鉴与完善、脱贫工作相关部门制定政策提供依据。

2.3.1 国外区域性整体脱贫经验

国际上较为成熟的扶贫模式分为三类：一是以早期的美国、日本和德国以及现在的印度、斯里兰卡扶贫模式为代表的“制度保障”型模式；二是以巴西、墨西哥扶贫模式为代表的“产业发展”模式；三是以欧美国家为代表的“社会保障与发展”型扶贫模式。

（1）“制度保障”型扶贫模式

发达国家在经济发展过程中同样会遇到发展不均衡、不协调的问题，通过制定一系列政策措施来缩小区域间的经济发展差异，以减少区域性贫困。解决此类问题较为成功的国家有美国、日本和德国等国家，在扶贫工作和经济发展早期，均有采用支持交通等基础设施建设、地方税收减免、农业生产补贴、农业保险补贴和农业信贷等财政税收政策和完善区域公共土地法规、移民与教育法规、产业政策法规等法律制度来缩小区域发展不平衡，这就是以发达国家早期以及印度、斯里兰卡扶贫模式为代表的“满足基本需求”脱贫模式。

（2）“社会保障与发展”型扶贫模式

随着经济发展和社会进步，发达国家在扶贫模式上出现了转变，美国的扶贫政策更倾向于通过增加就业、教育、医疗和社会福利等手段来解决区域发展不平衡问题。研究认为对贫困家庭的青年人员进行创业培训、提高就业机会，是有效减少贫困的一种有效途径。创业培训、家庭教育，政府支持计划，微型、中小型企业的参与，青年赋权，政府大学工业协作是刺激就业创业的关键影响因素。但创业作为自谋职业不是一种可持续性解决方案，因为当经济不景气时期或落后区域，创业机会是很难获取的。德国为了创造就业机会，鼓励投资者在落后地区投资，兴建企业，创造有竞争力的新岗位，帮助他人就业，政府对外来投资者生产的产品返销超过40%提供相应的优惠。这就是以欧美国家为代表的“社会保障方案”模式。

（3）“生态补偿”型扶贫模式

当经济发展到一定阶段时，人、地矛盾开始显现，经济发展开始受环境的制约，生态扶贫成为许多发达国家的扶贫模式，通过经济补偿方式来弥补发展的问题从而缓解生态系统服务与区域贫困的关系，越来越多的证据表明生态系统服务有助于幸福指数的提升，特别是在发展中国家的农村地区，生态系统服务的退化会对人类福祉造成负面影响。提供生态系统服务（ES）有助于减轻贫困，通过对生态系统服务提供者进行补偿可以防止人们变得更贫。但也有学者认为，几乎没有证据可以表明生态系统服务对减轻贫困有贡献，更不用说消除贫困。理解生态系统服务与贫困之间的关系以及相互影响的机理，与如何在可持续利用生态系统服务的基础上实现脱贫之路方面仍存在相当大的差距。

（4）“产业经济增长”型扶贫模式

产业扶贫或利用产业发展促进区域经济的典型较多。如美国，利用美国南部和西部的廉价土地和丰富资源发展高新技术产业和科研基地，使得美国的经济中心向西部和南部转移，实现美国东西部平衡。日本北海道地区为了降低重工业的环境破坏压力，重点发展农业、渔业、旅游和物流。德国在落后的农业地区建立生态农业区，引导农产品向优质、高效农业食品发展。一些生态环境保护较好的贫困地区，大部分国家的做法就是发展特色旅游业来改善落后地区的经济，因此，旅游产业扶贫在欠发达国家越来越受青睐，能较好地解决环境保护与消除贫困的关系。如研究表明旅游产业致富了越南沙巴穷人，当地人以住家旅馆的拥有者或者是导游参与旅游产业中，而且外商直接投资的方式不仅可以雇佣更多员工、提供更高薪水和更多培训，并且能辐射较多的居民被包含在外国所有的最佳实践社区之中。巴西的“产业发展”战略实施绩效的分析，得出了“产业发展”扶贫模式能够通过极化或扩散效应带动周围贫困地区的经济发展和就业，并以经济增长方式促使贫困地区的贫困人口自下而上地分享经济增长的成果，能够缓解区域性的贫困状况，即以巴西、墨西哥扶贫模式为代表的“产业发展”脱贫模式。

总结国外扶贫经验主要有：①区域开发要有健全的法律制度作为保证。②有明确的区域政策发展目标。③在区域经济发展推动方式上，政府主要依靠市场力量来解决区域发展的差异性。④积极发挥财政政策作用，优化财政支出结构。⑤在发展战略上，通过培育经济增长点带动区域发展。⑥在资金筹措上，除增加政府财政拨款及补助外，地方政府还应制定一整套系统的招商引资政策。⑦把实行扩大的就业政策作为反贫困的治本之策。⑧建立健全完善的社会保障机制。⑨高度重视城市贫困群里可能致富能力的培养。

2.3.2 国内区域性脱贫致富的典型模式

截至2016年年底，中国共有4 335万贫困人口，主要集中在深山区、沙（石）漠区、高寒区、革命老区、生态脆弱区、少数民族区和边境区等集中连片区，结合我国农村区域性贫困发生机制，相应采用具有明显区域特点的减贫基本模式。通过对政策文件和文献的整理，现阶段大致归纳了以下几种较为主要的典型区域性脱贫模式。

（1）财政扶贫模式

财政扶贫是通过专项转移支付、财政、税收优惠、项目投入等方式向各贫困地区倾斜，一般用于改善贫困地区的农业生产和基本生活条件，修建农业水利和乡村道路，提高农民文化和技术水平，改善地方医疗条件等，从而推动贫困地区经济发展，改善贫困地区生产和生活条件，提高贫困人口的生活水平，减小贫富区域的差距。它是国家为了支持贫困地区发展经济和社会事业而设立的财政专项资金，是一种早期较为直接输血式区域扶贫方式，也是国家必不可少的一种区域扶贫模式。2011—2015 年，我国中央财政专项扶贫资金从 272 亿元增长到 467.45 亿元，年均增幅达 14.5%，2016 年中央财政预算扶贫资金增加到了 660.95 亿元。

财政扶贫模式一直是国家支持农村脱贫致富的重要方式，为农村经济发展作出了巨大的贡献。不同区域、不同资金利用方式对区域性扶贫效果也存在较大差异，如在四川凉山彝族自治州国家级贫困县，研究认为，中央扶贫资金对连片特困区经济增长拉动作用不显著，从资金细项来看，扶贫发展资金对经济增长作用良好，以工代赈资金对经济影响不显著，贴息贷款对经济增长影响显著为负。以全国数据来看，以工代赈资金和农村发展资金的增加可极大促进农民人均纯收入的增长，以工代赈资金和贴息贷款资金的增加可极大促进农村贫困人口的减少。效果上的差异可能来自农村扶贫资金的使用与管理上存在一些不足，不可避免地出现资金滴漏现象：一是地方财力不足，配套资金难以保证，扶贫资金利用率低。一方面是政府支持资金闲置，另一方面产业发展又难以得到国家政策支持，形成“用非所需”或“需非所用”的局面。二是农村扶贫资金项目投向不合理。如果扶贫项目选择不准确或项目识别有偏离，也会降低扶贫资金使用效率和扶贫效果。三是资金使用监管机制不健全。许多县级扶贫机构既是项目实施单位，又是项目管理验收单位，缺少监督约束机制，导致 2010—2012 年期间涉及 6 省区的 19 个国家级贫困重点县查出违规问题金额 2.34 亿元。另外，研究结果存在差异，还可能来自扶贫资金的经济效益具有明显的滞后性，众多学者在利用计量方法研究时并没有考虑效益数据的滞后性。

（2）整村推进模式

整村推进扶贫一般针对自然条件制约型贫困地区，突出以贫困村为单位，捆绑社会资源，以政府投入为引导、农户参与式扶贫方式，是一种结合产业扶贫、金融扶贫、智力扶贫等扶贫方式于一体的综合扶贫工程模式，是我国在

21 世纪初期行之有效的典型区域扶贫模式。在建设内容上，力求贫困村山田水、道路和环境等综合治理，经济教育、医疗卫生和社区文化等方面协同发展；以中央和地方政府投入为引导，以村级自然资源和劳动力资源为基础，调动政府各部门和社会各界的力量，与扶贫资金形成合力，集中投向贫困村建设，达到减少区域性整体贫困的目的。这种扶贫模式能提高扶贫瞄准性、减少扶贫资源的“漏损”、最大限度覆盖贫困人口，改善贫困人口的物质条件，培育贫困人口的持续发展能力，实现扶贫人口的持续发展，提高了扶贫效率。这种模式针对交通偏远、自然资源匮乏、生产生活条件落后的一些老区、山区行政村在一定时期内的确能取得一定的成效，如水、电、路等公共基础设施得到很大改善。但是问题也是显而易见的：一是依靠社会力量扶贫的可持续性差，社会资本一旦撤出贫困村，贫困村返贫的可能性很大；二是由于资金和项目规模的限制，只能以点带面，将扶贫资金投放到基础设施或极贫困的农户，解决区域性整体性贫困显得非常困难；三是能力贫困导致贫困户自愿参与项目资源获取受限，造成资源向中等及以上农户配置与集中，影响整村推进的目标实现。

（3）产业扶贫模式

产业扶贫就是立足当地特色优势产业，如特色种植业，养殖业、乡村旅游业等产业，将资源优势转化为经济发展优势，促进地方经济发展。这一扶贫模式更强调贫困地区原始积累、资源禀赋、区位条件和自我发展的能力，基本以“县为单位、资源整合、整村推进、连片开发”的扶贫模式，逐步形成了产业龙头企业、合作社、农户等不同主体的利益联结体，具体采取“公司＋农户”“合作社＋农户”“公司＋专业合作社＋农户”或“公司＋基地＋专业合作社＋农户”等经营模式，有利于增强村民组织化程度、技术化程度和对接市场的能力，带动就业和促进经济增长、从而提高贫困农户的收入。这种以“公司”或“合作社”为依托的产业扶贫模式虽然取得了很好的成效，但是实际工作中仍存在一些问题亟待解决。一是产业扶贫过程容易陷入重产业发展而轻扶贫济困的困境；在中央政府、地方政府和“合作社”之间形成的“委托—代理”关系中，利益主体诉求差异会导致地方政府以打造“亮点工程”和“戴帽工程”来进行权力寻租，使得产业扶贫目标偏离靶心，扶贫或脱贫效果很大程度上依赖于“合作社”或“企业”自身发展状况。二是贫困地区也存在产业发展方向定位不准，定位趋同现象明显。如都提出发展乡村旅游业、生态农业。产业趋同定位导致农产品“供过于求”或“谷贱伤民”的现象可能出现，无助农户减贫。

农户致贫因素主要包括因病致贫、因学致贫、因残致贫、创业失败致贫等，农户一旦因病致贫或因残致贫，要素制约将不利于贫困区域产业的发展。三是产业扶贫政策缺失或缺乏可持续性，以项目为核心追求的短、平、快逻辑形塑了产业发展的非持续性。

（4）移民搬迁模式

根据《中国农村扶贫开发纲要（2011—2020 年）》，易地搬迁扶贫是扶贫攻坚计划的重要内容之一，易地搬迁包括生态移民和深山移民等类型，主要是针对居住在受自然条件约束的深山区、高寒区和生态脆弱区等生存条件恶劣地区贫困户，为了解决或缓解经济发展与资源环境矛盾而自愿性搬迁的行为，搬迁安置到生产生活条件较好的地区、通过拓展搬迁户的增收渠道，帮助搬迁人口逐步脱贫致富。这种模式能较快地改善贫困户的生存环境，扶贫效果受安置地生存发展条件、政府政策支持力度和贫困农户自身发展能力的影响。绝大部分研究表明，农民搬迁进城后，转移到城镇从事第二、第三产业，搬迁移民之后农户生计资本有较为显著的提高，求医、上学和生活等条件有了改观，也为留村农民实现规模化经营创造了条件，达到了致富农民的目的。但自愿移民中也会有目标瞄准偏离的现象：一是比较富裕的农户更易获得并搬迁到资源和区位条件相对较好的社区，生产和生活在安置地得到了发展，原居住地的居民生活状况并没有发生明显的变化；二是实现充分就业比较困难，生计仍是一个问题，返贫的可能性大；三是文化生活习俗的冲突大，社区管理相当困难。新移民群体内部以及与原居住地居民的生活习俗存在差异，比如少数民族人口迁入非少数民族地区，比如习惯于农业生产农村生活的农民很难适应城镇生活方式，社会关系短期内无法重构，会引发居民内部以及与当地居民的摩擦与冲突，一旦处理不好，会造成新的社会问题，也会影响移民户生活质量。三是后续政策扶持不够或扶持不到位，或整村搬迁移民缺乏可持续发展能力，都容易对政府产生依赖心理。因此，移民后脱贫效果还要依赖移民户的自我发展水平，关键在于能否融入新的社会环境、能否寻找到适合自身需求的发展机会。

（5）能力扶贫模式

能力扶贫是以提高扶贫对象的自我发展能力、专业技术水平和教育文化水平，从而提升扶贫对象的能力素质，转变落后观念，再通过扶贫对象自我发展和自力更生，获取更多和更持久的经济利益，达到脱贫致富的目的，包括就业扶贫和智力扶贫等。如雨露计划是一种典型的就业扶贫项目，是以提高扶贫对象自我发展能力、促进就业为核心，通过资助、引导农村贫困家庭劳动力接受职业教育和各类技能培训、培养贫困村产业发展带头人等途径，扶持和帮助贫困人口增加就业发展机会和提高劳动收入的专项扶贫措施。因此，就业扶贫一直被认为是“授人以渔”的造血式扶贫模式，包括贫困农民接受扶贫开发就业培训以后，能掌握一门以上农业技术或生产技术，并引导创业，其中也包括企业招聘、劳务输出和公岗兜底等方式就业。从微观层面来看绝大多数学员受训后返乡在农业领域创业或扩大生产规模、或就近在第二、三产业中转移就业，从而达到脱贫或致富的目的；从宏观层面来看可以促进农业技术推广和进步、全要素生产率的不断增长，促进经济的总体增长。对农户创业培训模式来看，市场、资金、政策等都是影响扶贫效果的重要因素。研究认为，这种采取短期培训转移就业只能解决劳务输出增加一定收入的问题，但是从长远来看，智力扶贫能够有效地解决人地矛盾和贫困地区的可持续发展问题。智力扶贫整合了文化扶贫、科技扶贫、教育扶贫等，众多研究表明，由于接受教育程度与农村家庭贫困的代际变动之间具有高度的相关性。教育文化不仅能消除贫困代际传递关系，而且可持续性地稳定提高贫困对象的收入水平。但是教育文化扶贫对消除短暂性贫困作用不大，对消除长期性贫困却有着显著效果。因此，针对发展中国家来说，智力扶贫是一项资金投入相当大、见效相对缓慢的中长期扶贫模式，也是政绩驱使的政府当局者不太愿采用的一种模式。

2.3.3　区域性整体脱贫模式之实践：以赣南等原中央苏区和特困片区扶贫为例

江西省以赣南等原中央苏区为区域整体性贫困典型，推进整个江西省的扶贫攻坚计划。赣南等原中央苏区（以下简称为苏区）亦称“中央革命根据地”，是第二次国内革命战争时期，中国共产党在以瑞金为中心的赣南、闽西和粤北广大区域建立的中央革命根据地的简称。江西赣南原中央苏区（以下简称赣南苏区）为最大的板块，位于罗霄山脉以南，属于国家《中国农村扶贫开发纲要（2011—2020 年）》规定 14 个集中连片特困地区之一：罗霄山区。在革命战争时期，苏区人民为中国革命作出了重大贡献和巨大牺牲。但由于战争创伤以及自然地理条件等多种原因，进入 21 世纪，苏区并没有彻底摆脱相对贫穷落后的艰难处境，特别是赣南苏区，经济发展仍然滞后，民生问题仍然突出，贫困落后面貌仍然没有得到根本改变。2010 年，赣南苏区贫困人口仍有 184 392 人，贫困发生率为 2.8%，较江西省整体贫困发生率 1.4%高出一倍；平均经济总量为 53.79 亿元（抽样调查结果），仅为江西省最强县南昌县的 17.58%；

人均GDP约9 961元/人，仅为江西省平均水平2.13万元/人的46.76%和全国平均水平3.09万元/人的32.24%；农村居民家庭人均纯收入为3 583元/人，仅为江西省平均水平5 789元/人的61.90%和全国平均水平5 919元/人的60.53%；城镇居民人均可支配收入低，获得该项统计数据的54个苏区县中，有27个县的人均可支配收入低于1.5万元，低于全国平均水平1.91万元；农村教育、卫生、文化、体育等基础设施建设比较落后，整体经济发展处于江西省整体水平的73%。因此，江西省的赣南苏区属于典型的区域性整体性贫困，是国家和省级扶贫开发重点县最为集中的区域之一。

2012年6月28日国务院颁布《关于支持赣南等原中央苏区振兴发展的若干意见》，启动原中央苏区振兴发展重大国家战略。江西省有54个县纳入了赣南等原中央苏区，其中有25个国家级贫困县。江西省紧紧抓住国家支持赣南等原中央苏区振兴发展和推进罗霄山片区扶贫攻坚的重大机遇，实施推进以财政扶贫模式、产业扶贫模式、移民搬迁模式为主，其他扶贫模式为辅扶贫攻坚计划，成为全国扶贫工作的“江西样本”，扶贫攻坚成效显著，使贫困人口大幅减少，贫困群众收入稳步提高，贫困地区发展条件不断改善，贫困群众发展的内生动力不断增强。

（1）财政扶贫模式

财政扶贫为扶贫攻坚的排头兵，也代表政府扶贫攻坚的方向和决心，任何一种扶贫模式都离不开财政扶贫资金的支持。2012年《关于支持赣南等原中央苏区振兴发展的若干意见》进一步强调要进一步加大中央财政均衡性转移支付力度，加大中央财政的财力补助，加大中央预算内投资和专项建设资金投入，取消县及县以下和集中连片特殊困难地区市级资金配套，加大扶贫资金投入。2013年，中央和地方财政扶贫资金开始向赣南等原中央苏区和特困片区县倾斜，中央预算内投资48亿元，加上江西省财政安排发展资金5.3亿元、统筹资金50亿元投入赣南苏区县和特困片区县。2016年，江西省财政拨付财政专项扶贫资金37.84亿元，其中9.3亿元用于赣南等原中央苏区和特困片区的产业扶贫攻坚；6.8亿元用于3 400个扶贫开发工作重点村实施村庄整治，6.13亿元用于2015年、2016年搬迁移民进城进园安置、差别化扶持等扶贫补助，2.97亿元用于扶贫示范项目、易地扶贫搬迁贴息等特定用途，剩余10亿多元按照因素法分配到各地。

（2）产业扶贫模式

2012年《国务院关于支持赣南等原中央苏区振兴发展的若干意见》旨在

培育壮大特色优势产业，积极发展特色优势矿产业、先进制造业和红色文化旅游产业，支持赣南等原央苏区振兴发展。江西省从 2013 年起的后 10 年每年为中央苏区和特困片区有关县（市、区）各安排资金 1 000 万元产业发展扶贫资金，用于产业直补、贷款贴息、资产收益扶贫、产业基地建设等。赣南苏区特色资源非常丰富，素有“世界钨都、稀土王国、世界橙乡”等美誉，特色优势资源产业有农业、矿业和旅游等产业，具体为：一是重点发展油茶、脐橙、烟叶、白莲等特色农业。其中，截至 2014 年年底，赣州市脐橙种植面积达 168.36 万亩*，世界第一，产量 122.27 万吨，世界第二；油茶种植面积达 230 万亩，全省第二，年产油量达 1.2 万吨，年产值 36 亿元。为了壮大油茶产业，政府油茶新造林补助标准提高到每亩 600 元，并在投产前的第 2～6 年每年安排每亩 100 元的抚育管护费用。同时，加大对油茶产业发展的贷款贴息规模，将贴息期设定为 8 年，进一步减轻林农压力，激发油茶产业发展活力。从产业扶贫资金来看，仅 2015 年投入油茶产业扶持资金已达到 27 亿元，其中国家和省级财政累计投入 2 亿元；各级金融机构放款突破 17 亿元，中国农业银行江西省分行根据油茶特点专门设立了“金穗油茶贷”等贷款项目。二是打造红色旅游业。目前赣州有 1 个国家 5A 级旅游景区——瑞金共和国摇篮景区，16 个 4A 景区，整合优化赣南地区红色、绿色、“古”色、“土”色旅游资源，构建赣南旅游扶贫的“一体两翼四助力”模式。2015 年，推进旅游扶贫试点工作，安排下达江西省 21 个试点县 21 个贫困村旅游扶贫试点资金各 100 万元。三是推动稀土、钨等优势矿产业发展。主要是促进稀土、钨等精深加工，发展高端稀土、钨新材料和应用产业。综合赣南苏区所有特色产业发展路途来看，产业扶贫的“龙头企业＋合作社（基地）＋贫困农户”“金融服务＋”“特色旅游＋”“互联网＋”“移民搬迁进城进园”五大模式的扶贫效果较突出。

(3) 移民搬迁模式

赣南苏区地处罗霄山脉，森林覆盖率达到 70%以上，有相当多的贫困农户居住在条件艰苦的深山区。同时江西省建成水库 9 783 座（大型 25 座，中型 238 座），大部分水库分布在赣南苏区区域，属于生态敏感的水库区。为了改善深山区农户的生活条件、保护库区的生态环境，江西省实施移民搬迁工程，2015 年江西省投入 2.78 亿元搬迁移民扶贫 106 073 人，其中深山区搬迁

* 亩：亩为非法定计量单位，1 亩≈667 平方米。——编者注

移民扶贫计划 90 374 人、以工代赈异地搬迁移民 11 700 人、生态移民 3 999 人。深山区搬迁移民扶贫计划中，建设集中安置点 257 个，其中进城进园安置点 22 个、进城进园安置 37 773 人、集镇安置 35 964 人、中心村安置 16 637 人。2015 年全省下达搬迁移民扶贫资金 27 781.6 万元，其中深山区搬迁移民（不含进城进园安置移民）补助预拨资金 25 265.65 万元、2014 年深山区搬迁移民差别化补助资金 1 916.1 万元和生态移民补助资金 599.85 万元。资金均已足额拨付至各地财政专户。截至 2015 年 10 月底，江西省深山区搬迁移民扶贫安置点开工 256 个，开工率 99.6%；在建房 74 056 人（含竣工入住人数），占总计划数的 81.9%。

国内外有关区域整体性脱贫理论与实践的研究相当丰富，课题组在研究梳理已有研究综述的基础上总结出以下结论：①国内外文献总结出的典型区域扶贫模式大同小异。21 世纪以来，随着中国扶贫攻坚战的深入，中国区域性整体脱贫模式经过实践探索已经积累了丰富的发展经验，并取得了非常显著的成效，其典型区域性脱贫模式已走在世界前列。②国内大部分研究区域性整体性贫困或区域脱贫模式的文献都在论证模式的意义和价值、现状和问题、成效和不足，以定性描述为主，缺乏样本数据的实证检验，更少注重扶贫样本的跟踪研究。③已有的文献在一种区域研究范围内过于强调某种模式的实施效果，同时也缺乏科学合理的评价指标体系，更无法测量贫困农户在被脱贫后多大程度或概率上可能返贫。实际上，在扶贫攻坚过程中，在解决区域性整体贫困时，往往会在一个区域内实施多种扶贫模式。

因此，在选择和实践区域脱贫模式要有以下几方面的认识：①中国脱贫问题不是一场短跑赛，应该短期和长期脱贫战略联合开发实施，要更加注重脱贫的长效机制。中国区域性贫困问题不是仅靠三五年努力就能完成的历史使命，尽管现阶段的脱贫模式取得了显著成效，但由于区域性贫困的致贫因素众多且复杂，并时刻在变化中。当贫困户的致贫因素在当前解决了之后，再过两年可能会产生新的致贫因素，存在再次陷入贫困的可能。因此，应更加注重探索脱贫攻坚的长效机制研究。②不同区域整体性贫困有着鲜明的区域特征，区域扶贫模式也有一定的适用性，应根据该区域的区位条件、地形条件、经济发展水平、人口集中度、贫困人口规模、致贫因素等特点，选择适合的区域性脱贫模式或区域性脱贫组合模式，不能直接照搬、更不能争先恐后，如果瞄准不当，会造成新的发展不平衡。在评价每种模式脱贫绩效时一定客观准确，不能避重就轻。因此，研究要侧重于总结和评价不同区域性脱贫模式的适用性和风险性。③每个扶贫区域，不是单一性扶贫模式实施的结果，在实践过程中会综合多种扶贫模式，如移民搬迁模式离不开财政扶贫模式的支持、必须配合能力扶贫模式一起实施；产业扶贫模式结合财政扶贫模式和就业扶贫模式效果更佳。因此，研究区域脱贫模式时要更加注重多种扶贫模式匹配的综合评价效果。④从区域脱贫攻坚模式在江西省赣南原中央苏区的实践效果来看，要基于建成江西全面小康的现实基础和“十三五”江西扶贫攻坚的目标，结合不同贫困地区的实际，做实普适性的移民搬迁扶贫模式，因地制宜地重点推广产业扶贫和能力扶贫。

2.4　乡村振兴相关研究

2.4.1　乡村振兴战略的科学内涵和战略定位

中国共产党始终将农业农村农民这一关系国计民生的根本性问题作为全党工作的重中之重。2018年中央1号文件《中共中央　国务院关于实施乡村振兴战略的意见》指出，实施乡村振兴战略，是党的十九大作出的重大决策部署，是决胜全面建成小康社会、全面建设社会主义现代化国家的重大历史任务，是新时代“三农”工作的总抓手。张军（2018）从社会主要矛盾发生变化的视角切入，认为随着中国经济社会发展进入新时代，特别是当人民日益增长的美好生活需要和不平衡不充分的发展之间的矛盾上升为新时代建设与发展中的主要矛盾后，乡村发展的宏观和微观环境发生了变化，乡村发展的重要性和价值得到了提升，这为实施乡村振兴战略创造了条件。钟钰（2018）从扭转城乡二元结构以全面实现社会主义现代化的重大目标这一背景出发，认为乡村振兴战略是我国进入全面建成小康社会决胜期、进入全面建设社会主义现代化国家新时期，促进乡村发展的重大决策判断。陈明星（2017）提出，实施乡村振兴战略是我国未来一个时期“三农”工作的战略重点和基本遵循，它顺应了我国社会主要矛盾历史性变化的需要；顺应了我国现代化目标战略性提升的需要；顺应了我国城乡关系新的革命性飞跃的需要。明确实施乡村振兴战略在新时代背景下的战略定位，对其科学内涵进行了学理上的深入界定。王亚华、苏毅清（2017）认为，实施乡村振兴战略，是党的十九大对过去提出的重要农村战略的系统总结和升华，反映了党的农村发展战略思想的与时俱进，乡村振兴的科学内涵包括：一是部署了农村现代化的新任务；二是提出了城乡融合发展的新思路；三是明确了更长的土地承包期限；四是规划了乡村治理的新秩序；五是指明了农村人才队伍发展的新方向。叶兴庆（2018）通过对党的十九大提出的乡村振兴战略的总要求与党的十六届五中全会提出的新农村建设的总要求进行比较研究，提出乡村振兴的深刻内涵应该是，从“生产发展”到“产业兴旺”要求农业农村经济更加全面繁荣发展；从“生活宽裕”到“生活富裕”要求持续促进农民增收、促进农民消费升级、提高农村民生保障水平；从“村容整洁”到“生态宜居”要求促进农业农村可持续发展、建设人与自然和谐共生的现代化农业农村；从“管理民主”到“治理有效”要求健全自治、法治、德治相结合的乡村治理新体系；以更高标准促进乡风文明。丁忠兵（2017）认为乡村振兴战略蕴含着党对当前我国“三农”形势的重大判断：一是现代农业发展形势总体较好；二是农民增收形势总体较好；三是农村繁荣发展形势依然严峻。廖彩荣等（2017）从乡村振兴战略的基本含义、总体要求、主要内容、关键举措以及主要目标等方面对乡村振兴战略的科学内涵做出了深刻的理论界定。宋圭武（2017）认为，高度重视农业发展，努力建设现代农业，深入推进脱贫攻坚行动，全面解决好农村人口脱贫问题是乡村振兴战略科学内涵在实践推进层面的具体要求。刘合光（2018）也认为，需要在具体实践中从战略目标、总体要求、关键要素、关键难题等四个关键点上系统理解乡村振兴战略的科学内涵。

2.4.2 乡村振兴战略的逻辑关系

马华、马池春（2018）立足乡村振兴战略的总体要求，对乡村振兴战略的整体逻辑关系进行了阐释。他们认为，产业兴旺是乡村振兴的核心；生态宜居是乡村振兴的基础；乡风文明是乡村振兴的关键；治理有效是乡村振兴的保障；生活富裕是乡村振兴的根本。庄晋财（2017）从乡村产业要素聚集和产业要素共生的关系出发，提出乡村振兴的基本逻辑应该遵循：城乡要素互动形成要素在乡村聚集共生，要素互利共生引发乡村创业，乡村创业聚集催生乡村新业态，延伸新产业，促进一二三产业融合发展，改变农村单一产业结构，进而促使乡村产业兴旺、经济繁荣。廖彩荣等（2017）认为乡村振兴的理论逻辑体现在三方面：一是乡村振兴战略的核心要义体现在“战略”，包括战略思维、战略主体和战略内容；二是乡村振兴战略的关键在“振兴”，振兴涵盖了时间维度、空间维度和理念维度；三是乡村振兴战略的靶向在“乡村”，以此实现内涵式发展、实现与城市融合发展以及实现现代化发展。关震、阎西塬

(2017)提出要正确处理好经济发展与人的全面发展和乡村全面进步、乡村振兴与城市发展及与深化改革开放、调动农民积极性与加强党的集中统一领导几者之间的关系。

2.4.3 乡村振兴战略的保障机制

推进农村体制机制的改革创新，才能强化乡村振兴的制度性供给。张晓山(2017)认为，农村集体产权制度改革是农村产业兴旺的基础，一方面要巩固和完善农村基本经营制度，另一方面要深化农村集体建设用地改革，为农村的产业兴旺提供坚实的制度基础。杜伟、黄敏(2018)提出，乡村振兴战略背景下农村土地制度改革的主要领域在农村承包地、集体建设用地、宅基地三大方面，必须进一步巩固农村承包地“三权分置”制度、激发农村集体建设用地入市改革内生动力、拓展农村宅基地制度改革，以提高农村土地制度改革的科学性与适应性、最大限度加强农村土地资源的优化利用。曹立(2018)也提出，保持土地承包关系稳定并长久不变，一是有利于保证农民土地权益，为解放农村生产力提供了政策支持，体现了政策的稳定性、连续性，既坚持土地承包关系长久稳定，又激活了土地资产的活力；二是有利于现代农业经营体系的形成，为实施乡村振兴战略奠定基础，为资本、技术、人才等要素向农业农村流动奠定了基础。韩俊(2017)认为，乡村振兴不仅是产业的振兴，也是乡村社会全方位的振兴，实施乡村振兴战略是一项宏大的任务，深入推进农业供给侧结构性改革是实施乡村振兴战略必须要着力推进的一项重要工作，它为协调推进农村教育、卫生、科技、文化、治理和生态的全面发展，促进农村全面进步提供体制支撑。唐安来等(2017)也提出，推进农业供给侧结构性改革，调好农产品区域布局；调优农业产业结构；调绿农业生产方式；调顺农业绿色经营体系；调强科技与人才支撑；调响农产品品牌；调深农村一二三产业融合；调实绿色农业发展的保障措施以提高农业供给质量和效益，助推乡村振兴顺利实施。

王曙光等(2018)对发展农村集体经济的若干重大理论问题进行了系统探讨，论证了发展农村集体经济对乡村振兴战略的必要性和重大战略意义，着重对农村集体经济的金融服务和金融创新进行了深入讨论，提出了差异化金融服务、建立征信系统、创建征信机制和创建多维度金融创新等切实有效的政策框架。汪恭礼(2018)认为，农村集体资产是壮大集体经济的重要物质基础和动力来源，集体经济的强弱关系到农业农村农民问题的解决质量，关系到党在农村的凝聚力、号召力和战斗力。张红宇（2018）提出，在实施乡村振兴实现城乡融合发展的过程中，农业企业是产业兴旺的重要推动力量，能够激活一片区域、壮大一个产业、带动一方农民，既是做大产业的重要力量，也是增加农民收入的带动力量，因此，实施乡村振兴战略要激发市场蕴藏的活力。市场活力来自人，特别是来自企业家，来自企业家精神。刘良军（2018）也认为，服务“三农”发展、助力乡村振兴，是涉农企业的立身之本、价值之基、发展繁荣之要，涉农企业助力乡村振兴，应结合自身发展定位和相对成熟的比较优势，明确主攻方向、主营业务、倾力重点。也有学者从银行金融助推乡村振兴的视角进行了探讨。梁丽丽（2017）认为，为落实乡村振兴战略，商业银行应从三个方面着手：一是选择产业兴旺、生态宜居、生活富裕三个支点，以促进农村产业振兴为关键，推进农业农村现代化；二是以物理网点为基础、以金融科技为推手，搭建“三农”“互联网＋”金融服务平台，提升线上服务水平；三是以渠道与产品创新为重点，推出适销对路的“三农”金融产品，全面服务实体经济。吴比、张灿强（2017）认为，乡村振兴的金融需求包括：一是以金融要素为引导，促进农业节本增效，防止农产品价格大起大落；二是提高要素利用效率，加快农村土地等资源要素的市场化，使“死”的资源资产变为“活”的生产要素；三是在遵循农村环境保护前提下，支持发展农村仓储物流等基础设施与流通服务业，打破繁荣农村市场的瓶颈性制约；四是支持贫困户信用贷款，落实中央的脱贫摘帽要求，切实做到脱真贫、真脱贫。

杨吉华（2018）提出，提升乡村文化自信是乡村振兴的前提条件，文化自信在乡村振兴中扮演着重要的角色，它为乡村振兴发展提供精神动力，为特色小镇塑魂铸魄，是乡村振兴不可或缺的精神基础，并提出了培育和构建乡村文化自信的具体策略。索晓霞（2018）认为要强化乡土文化在乡村振兴中的价值再认识，因为乡土文化是乡村振兴凝心聚力的黏合剂和发动机。张福如（2018）从乡贤这一宏观主体出发，提出乡贤能够为自己家乡发展提供一些物质资源和文化资源，实施乡村振兴战略过程中要凝聚乡贤力量，形成乡贤合力；创造良好的乡贤投资的环境，利用乡贤经济资源推动乡村经济发展；寻找合适项目、采用合适方式吸引乡贤支持乡村公益事业、慈善事业；挖掘乡贤文化资源，有效推进乡风民俗建设，激励在乡公众向善、向上，逐步形成良好的乡风民俗。刘义强（2018）从“大学生村干部”这一具体主体出发，分析了当前大学生村干部在现实农村工作中所面临的“干不下来、融不进去、留不住人、解不了题”的严峻问题，提出迫切需要实现大学生村干部的精准化、职业化、制度化以及体系化。张志增（2017）认为，改革发展农村职业教育是实施乡村振兴的重要抓手，必须把农业农村优先发展和农村职业教育改革发展紧密结合起来，以振兴农村职业教育为基础，积极培育新型农业经营主体，大力培养适应新时代需求的乡村各类人才，全面提高乡村各行业劳动者素质。何晓琼、钟祝（2018）提出，新型职业农民培育无疑是实施乡村振兴战略的重要战略支撑点之一，需要政府加强农业农村现代化的顶层制度设计。

2.4.4　乡村振兴战略的实施路径

首先，从乡村振兴战略整体进行分析。陈炎兵（2017）认为，乡村振兴战略的核心是加强政策和制度的顶层设计，要充分发挥市场主体作用，改革、创新我国财政、金融、投资、土地、户籍管理、社会治理等领域的政策和制度，消除不利于农业农村发展的政策障碍和制度瓶颈，形成各行各业支持农村农业发展的强大合力。唐任伍（2018）主张，一要通过深化农村体制机制创新和改革来实现乡村振兴，完善产权制度和要素市场化配置为重点的制度性供给，激活主体、要素和市场的活力，提升农村的市场化程度；二要打破城乡经济社会二元体制，构建城乡命运共同体来实现乡村振兴；三要乡村振兴必须有现代化乡村治理体系作保证。其次，从构建现代农业产业、生产、经营体系为抓手进行的研究，张宏升（2017）认为，一是通过产业联动、产业集聚、技术渗透、体制创新等方式，将资本、技术以及资源要素进行集约化配置，推动农业产业组团式发展，延伸产业链、打造供应链、提升价值链，形成全产业链；二是加大农业科技创新推广和人才培养力度，发挥人才、技术、装备的支撑作用，全面实现农业增长动力的转换；三是培育新型经营主体，发挥多种形式的适度规模经营对现代农业的引领作用。最后，从多元视角进行的路径分析。林留兴（2018）从培育壮大“三农”工作队伍、推进城乡融合发展、推进农村一二三产业融合发展、筑牢生态文明的法治屏障、加大教育和医保投入、打造农产品品牌、发挥政府保障作用等七个方面对实施乡村振兴战略的具体路径进行了全面论述。此外，还有学者对实施乡村振兴战略的风险规避进行了分析。研究认为，一是避免冒进，乡村振兴要循序渐进；二是避免无参与，乡村振兴要激活村民；三是避免太单一，乡村振兴要因地制宜；四是避免增加负担，乡村振兴要精进解压。

2.5 乡村振兴战略与脱贫攻坚的协同推进研究

当前围绕乡村振兴战略与脱贫攻坚协同推进的研究并不多见，单士兵（2018）指出要把实施乡村振兴战略与推动脱贫攻坚结合起来，需要做好三个方面的工作：一要以乡村振兴战略的新要求充实贫困地区脱贫攻坚任务目标；二要以乡村旅游引领农村产业融合发展，拓展贫困人口创业就业增收新空间；三要调动人才资源和教育资源，聚合乡村发展的智力和资源。此外，部分研究散见于部分地区的协同治理实践探索总结资料，如河南省许昌提出推进乡村振兴助力脱贫攻坚，广西壮族自治区乐业提出以乡村振兴为统领，以美丽宜居乡村为主线，以夯实基层管理为抓手，以城乡融合发展为指导，以搬得出、留得住为目标，推进异地扶贫搬迁工作，推进二者协同发展等。

实施乡村振兴战略和坚决打赢脱贫攻坚战是确保我国如期实现全面建成小康社会奋斗目标的重要战略支撑，反映了我国“三农”工作面临的新形势和扶贫工作面临的新任务，具有重要战略意义。要把实施乡村振兴战略与推动脱贫攻坚相衔接，让二者互促共进、长效发展。

综观学术界的主要研究成果，自精准扶贫战略实施以来，各地积极付诸精准扶贫精准脱贫的实践，极大地促进了学术界对于精准扶贫理论的研究和探讨，这些研究成果对于推进我国精准扶贫工作具有重要的指导意义。同时综合分析相关文献，自党的十九大提出实施乡村振兴战略以来，学者们从自身的研究领域和学术视角出发，对乡村振兴战略的若干问题进行了系统全面、细致深入的研究。乡村振兴战略自提出到现在，还处于规划和实施的初步阶段，很多现实中的新矛盾、新问题还未产生，由此导致现有研究成果中出现了一些不足之处。如由于乡村振兴战略提出时间较短，现有研究成果一般是研究乡村振兴战略本身，研究内容重点围绕在精准扶贫的概念、意义、内容、面临的困难、实施路径、扶贫成效等方面，而从乡村振兴战略的整体高度和多维视角进行研究的十分少见，导致这一研究主题的学术外延不能有效延伸，尤其是关于精准扶贫与乡村振兴战略、精准扶贫战略的协同思考尚未形成全面、系统的理论研究体系。

形成精准脱贫攻坚和乡村振兴战略相互支撑、相互配合、有机衔接的良性互动格局，对于打赢精准脱贫攻坚战、实现“两个一百年”奋斗目标，具有十分重要的意义，但江西省有关精准扶贫和乡村振兴战略协同实践研究尚属空白。为了实现“将乡村振兴战略的思想和原则融入具体的脱贫攻坚的计划和行动之中，统筹脱贫攻坚与乡村振兴之间的有机衔接，奠定乡村振兴的制度和物质基础，提高脱贫的质量和可持续性”的协同发展目标，结合江西省省情，系统分析乡村振兴战略实施与脱贫攻坚实践的协同机理，构建具有可操作性的协同运作机制，并在此基础上明确协同推进打好脱贫攻坚战与实施乡村振兴战略的发展策略与战略举措已成为题中应有之义。

第3章　协同推进脱贫攻坚与乡村振兴的理论框架研究

未来三年将是我国脱贫攻坚和乡村振兴战略实施并存和交汇的特殊时期，作为全面建成小康社会目标实现的短板，形成精准脱贫攻坚和乡村振兴战略相互支撑、相互配合、有机衔接的良性互动格局，对于提高脱贫质量，打赢精准脱贫攻坚战，实现乡村治理现代化具有十分重要的意义。

3.1　协同推进脱贫攻坚与乡村振兴的文献简述

总结脱贫攻坚的战略内涵、政策预设、阶段性特征和未来趋势等研究内容，承接有关乡村振兴战略提出的时代背景、实现途径、关键领域以及保障机制等研究成果，虽然有关协同推进脱贫攻坚和乡村振兴战略实施的文献尚不多见，但已有文献普遍认为脱贫攻坚工作是乡村振兴战略的重要组成，乡村振兴战略为脱贫攻坚工作提出了新挑战和新目标，二者的契合点立基于居民生活富裕，是未来一段时期破解乡村发展不平衡、不充分的重要抓手，表现为城乡融合进程中“乡村价值”的全面提升，实现乡村振兴要特别关注偏远村落和贫困群体，尤其是在相对贫困成为主流之后更要关注其发展的质量。强化乡村振兴战略实施与脱贫攻坚工作的协同推进前提在于优化顶层设计，重视战略规划和立法保障，避免实践中的理想化、单一化和政策重点错乱化等不良倾向，确保发展质量和参与主体共享发展成果；协同推进的核心路径在于强化制度供给和新型经营主体培育，进行系统、深刻的制度创新与机制创新，关注产业兴旺、生态宜居、乡风文明、治理有效、生活富裕五大发展重点，构建现代农业产业体系、生产体系、经营体系，且要整体重构乡村发展的内在动力机制和协调机制，深挖农民增收潜力、培育增收新动能。此外，部分研究散见于典型地区协同推进实践探索的总结资料，如河南省许昌提出推进乡村振兴，助力脱贫攻坚；广东省新会陈皮村依托陈皮加工产业基础，创建现代农业产业园，以“公司＋基地＋农户＋金融＋旅游＋互联网”的经营管理模式打造三产融合生态平台，通过入股合作、龙头带动、区域品牌等形式带动农民参与利益分享，推进乡村振兴与居民致富；广西壮族自治区乐业提出以乡村振兴为统领，以美丽宜居乡村为主线，以夯实基层管理为抓手，以城乡融合发展为指导，以搬得出、留得住为目标，推进异地扶贫搬迁工作，推进二者协同发展等。做好实施乡村振兴战略与打好脱贫攻坚战的有机衔接，让二者互促共进、长效发展，才能更好地增进民众福祉。

诸多文献对于乡村振兴与脱贫攻坚之间的关系进行了阐释，但有关乡村振兴与脱贫攻坚战略协同空间以及具体协同机制与推进策略等领域的研究尚不多见。为促进贫困地区乡村振兴与精准扶贫协同推进工作顺利开展，在系统分析贫困地区乡村振兴与精准扶贫战略关联与协同推进条件保障的基础上，思考乡村振兴与脱贫攻坚协同推进情势与倾向性问题，深入解析乡村振兴与脱贫攻坚的关联协同，并提出协同推进脱贫攻坚与乡村振兴理论框架，以促进乡村发展治理水平，提升协同工作绩效。

3.2　脱贫攻坚与乡村振兴的战略关联与协同推进的条件保障

3.2.1　脱贫攻坚与乡村振兴的战略关联

一是目的一致，层次有别。服务于2020年全面建成小康社会的发展目标，致力于“人民对美好生活的追求”的需要满足，解决发展不平衡、不充分的现实问题，国家分别于2013年和2017年提出了“精准扶贫、精准脱贫”脱贫攻坚战略和乡村振兴战略：前者重在补齐发展短板，促进贫困人口增收致富，维护和保障其发展权益；后者旨在夯实发展基础，优化区域发展空间格局，构建新型工农城乡关系。乡村振兴是涵盖政治、经济、社会、文化等多重领域的全面振兴，精准扶贫、精准脱贫是乡村振兴战略实施的基础性工作和重要内容组成：①精准扶贫、精准脱贫的基础是产业兴旺，生态宜居可为乡村生态文明建设导向，文明乡风建设可消除乡村贫困文化基因，治理有效则是乡村脱贫攻坚的秩序保障，而脱贫攻坚工作的目标便是生活富裕；进而在激发多元主体参与、创新精准扶贫方式和合理设定精准扶贫目标等方面促进区域脱贫致富；

②脱贫攻坚与城乡融合发展、共同富裕、质量兴农、乡村绿色发展、乡村文化兴盛和乡村善治一起，共同构筑中国特色社会主义乡村振兴道路；③推进乡村振兴战略实施，亦有助于脱贫攻坚成果巩固；④包含产业扶贫、生态扶贫、社会保障扶贫、文化扶贫等多种方式的脱贫攻坚实践与乡村振兴战略中的产业兴旺、治理有效、生态宜居等建设领域存有交叉，但后者更看重更广区域的更多利益相关群体的共建、共治、共享发展，空间视域下思考乡村振兴战略则更富有包容性，也是一种更高质量的发展导向。

二是阶段性接续特征明显，凸显民生治理价值取向。依据《国务院关于印发“十三五”脱贫攻坚规划的通知》（国发〔2016〕64 号）目标设定，要确保我国现行标准下农村贫困人口至 2020 年实现脱贫、贫困县全部摘帽以及解决区域性整体贫困；同时《关于支持深度贫困地区脱贫攻坚的实施意见》也指出相对贫困现象在未来将长期存在；对接《中共中央　国务院关于实施乡村振兴战略的意见》（2018 年 1 月 2 日）的“制度框架和政策体系基本形成——农业农村现代化基本实现——乡村全面振兴”的“三步走”发展战略设计，明确反映出“脱贫攻坚是乡村振兴的基础，后期治理机制形成、发展质量提高进而确保贫困现象逐步消减”的阶段性接续特征，实现发展中减贫的目标，逐步在乡村振兴中解决致贫多维因素和有效防范贫困风险。不仅反映了职能部门对于贫困内涵的全面把握和乡村发展规律的理解深化，也体现出“以人民为中心”的新发展理念下民生治理价值取向和治理能力的提升。

3.2.2　脱贫攻坚与乡村振兴协同推进的条件保障

（1）组织基础：构建高效乡村建设系统，形成高绩效组织文化

实施乡村振兴战略和打赢脱贫攻坚战是确保我国如期实现全面建成小康社会目标的重要战略支撑，既要求当前发展理念、发展状态、发展方式的再调整，也要求发展水平的再提高。对于作为自治组织的贫困地区乡村而言，发展机遇与现实挑战并存，聚焦区域内“人力资源、金融资本、土地资源、关系资源、信息资源”等发展要素有机整合以实现要素增益的“高效系统建设”成为发展方向。乡村高效工作系统建设是乡村在社会主义市场经济体制下获得竞争优势的组织基础，其重要特征是在发展过程中实现发展活动的内部契合（复杂的发展活动协同）和外部契合（多变的外部环境适应），实现发展要素合理组合基础上的协同增效。同时破除贫困地区贫困文化的黏性效应，逐步在发展中形成“具有明确使命和愿景，鼓励参与，强调服务和竞争，勇于创新突破”的

乡村组织文化，提升乡村治理能力。

（2）内生动力：激活发展要素，促进要素交流

乡村振兴和脱贫攻坚是“十三五”时期重大战略任务，明确实施主体，找准关键切入点，激活和培育土地、劳动力、资本、技术等发展要素，提升乡村发展内生动力则是两大战略顺利实施的关键。区域之所以贫困，多数是因为发展资源的短缺和发展要素组合的疲软。考虑乡村振兴与精准扶贫工作协同推进的系统性和区域性，应强化制度供给，完善管理体制和机制，尤其是要改变传统“结果导向”的绩效评价机制，建立“绩效计划—绩效实施与辅导—绩效评估—反馈与改进”的全过程绩效评价机制，通过科学合理的目标设计，聚合发展资源，充分发挥村集体这一关键主体的协调和组织作用，通过构建科学的参与机制与加大乡村发展的人才队伍建设，充分调动村民谋求发展的主动性和积极性，同时将农村土地使用制度的改革和创新作为激活农村发展要素的重要切入点，盘活存量，重视增量，促进乡村系统中各个发展要素的系统协调，实现要素同步聚集和优化配置。

（3）发展有序：明确发展路径，强化科技引领

协同推进乡村振兴与脱贫攻坚，既要深谙新型城乡关系背景下的乡村发展规律和贫困区域、贫困人口脱贫致富机理，又要敏感把握复杂环境下的乡村发展主次矛盾演变与新型发展方式转型。基于发展目标引领，探寻乡村振兴与精准扶贫工作可能的协同空间，正确处理乡村与城市的关系、政府与市场的关系、人口与流动的关系、表象与内涵的关系、短期与长期的关系，着力于在实践中探索“科学功能区划分基础上的城乡融合发展、产业无缝衔接和发展中益贫机制健全”的发展路径，重点思考乡村发展的人才培养、乡村“政”“经”组织健全、要素市场化程度增进、体现劳动价值创造的农产品价格调整和一二三产业优势整合等五项工作；转变传统乡村发展认知，关注科技创新引领，崇尚劳动价值创造，以智助能，理顺收入分配机制，强化乡村振兴与脱贫攻坚协同推进过程中的科技吸纳，利用更高质量、更高水平的乡村发展，解决二者协同过程中可能出现的社会排斥与无序竞争等问题。

3.3　协同推进脱贫攻坚与乡村振兴工作的理论框架建构

乡村作为自然环境为基础、要素流动与合理聚集为命脉、文化精神为积淀的复杂生态系统，解析乡村振兴战略实施与脱贫攻坚的关联协同，应以“实现

人民对于美好生活的向往”为目标指引，从时、空、量、构、序方面把握其利益关系、多维结构、复合功能和社会发展，聚焦多规并行、制度供给不足、内源性动力不强、监管体系交叉、资源利用效率不高等贫困地区发展约束性因素，基于“聚焦发展要素有机整合以实现系统自组织基础上的要素增益”的高效系统建设理念，厘清乡村振兴与脱贫攻坚工作协同推进的理论逻辑：将区域整体实力和发展能力提升视为旨在提高乡村民众获得感和幸福感的高效系统建设过程，明确战略目标，聚焦规划协同、组织协同、主体协同、载体协同和监管协同等关键难题，抓住关键要素，使之成为能够有效获取和配置资源、内外高度契合并且能够创造持续竞争优势的整合性发展共同体。乡村振兴与精准扶贫协同推进框架见图 3-1。

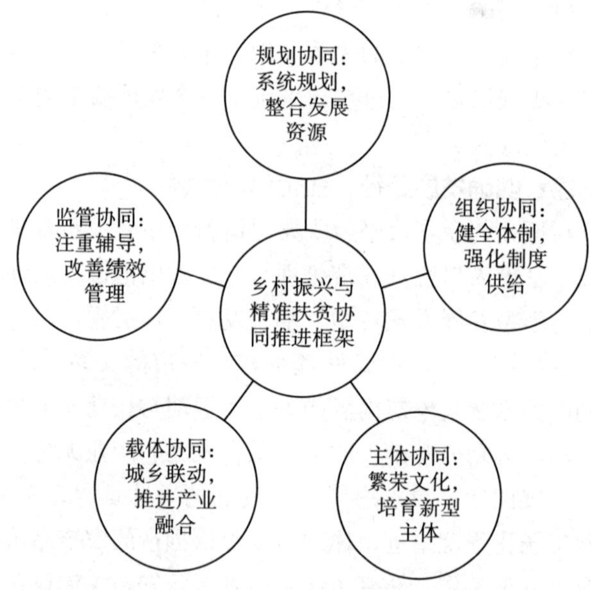

图 3-1　乡村振兴与精准扶贫协同推进框架图

3.3.1　规划协同：系统规划，整合发展资源

可持续发展取决于区域人力资源系统、技术系统、资本系统、自然资源系统和社会整合系统的有机组合，前提是要在明确区域发展资源禀赋特征的基础上制定科学的发展规划，找准乡村发展着力点和突破区，明确乡村发展战略，进一步引领和融合乡村振兴发展规划与区域脱贫攻坚规划，综合文化、物产、环境、产业等内容，针对乡村建筑、基础设施、发展项目等系统规划，依托现

代信息技术，整合各子系统发展资源，规避乡村发展目标散乱、重复建设等资源配置效率低的风险，使得乡村振兴与精准扶贫工作开展主线明晰、多措并举。

3.3.2　组织协同：健全体制，强化制度供给

强化“上级政府指导、党支部引领、村委会主导与乡村专业组织支撑”的乡村组织体制建设，理顺和优化组织间工作流程，尤其是要将脱贫攻坚实践中探索出来的“五级书记一起抓”制度有效嵌入其中，巩固深度乡村党支部的战斗堡垒地位，充分发挥基层党组织发展意识、人才队伍建设、发展项目决策等领域的引领作用。针对乡村振兴战略实施和精准扶贫开展中面临的“行政机制配置资源路径依赖，市场竞争比较优势不足”的发展短板，进一步强化建设用地政策、宅基地用益物权明确等制度供给，释放改革活力，以精准扶贫工作为抓手，关注乡村资源资产收益，挖掘乡村发展新资源和新动能，扎实推进乡村振兴。

3.3.3　主体协同：繁荣文化，培育新型主体

人是社会经济活动中最具主观能动性的角色，乡村文化是传承乡村文明和区别乡村发展特色的重要载体，也是破解贫困文化黏性的重要手段：乡村振兴，文化为灵魂；精准扶贫，文化拔穷根。作为一种实践的文化，乡村文化建设要遵循文化发展的一般规律，因地、因时制宜，结合新时代乡村新型职业农民、乡贤、各类智囊、工商企业经营者等其他参与者等新型主体的结构性特征，从农民最关心的问题、农民最迫切的需求切入，坚持扶志和扶智相结合，推进农村移风易俗，提升乡村新型主体的竞合意识、技能水平，完善乡村振兴与精准扶贫协同推进的参与机制，通过促进参与主体“人的全面发展”来实现乡村振兴与精准扶贫的主体协同。

3.3.4　载体协同：城乡联动，推进产业融合

协同推进乡村振兴战略实施和脱贫攻坚工作开展，需要在新型工农城乡关系建构的时代背景下系统思维，关注城乡发展要素自由平等交流和要素组合增益。如果将整合“人、地、钱”等发展要素的一二三产业融合视为推进城乡联动发展、逐步消减产业衔接壁垒的重要手段，能够实现投入与产出平衡、提高乡村生产和就业功能的项目设计则是推进乡村振兴和脱贫攻坚工作协同推进的

关键：产业发展实行生态管理，项目运营关注生态效益、社会效益、经济效益“三位一体”；发展项目设计坚持“主客共享，以我为主”原则，发现和利用自身在市场竞争中的比较优势，逐步形成发展塌陷区域中的“相对增长极”，实现贫困地区资源要素的相对聚集。

3.3.5 监管协同：注重辅导，改善绩效管理

正视乡村发展中相对于发展基础较好区域的短板和劣势，乡村振兴与脱贫攻坚工作协同推进需要相关部门强化对其行为开展的辅助指导，及时帮助乡村准确了解工作进展情况，将乡村振兴战略实施和精准扶贫开发的工作过程变成参与主体不断学习和能力提升的过程。对应乡村发展整体战略要求，从乡村产业发展、基础设施等公共服务供给改善、社会秩序有效治理、生态环境维护以及城乡融合发展等相关领域合理设计绩效考核指标体系，转变传统阶段性绩效评估为现代全过程绩效管理，强化绩效管理，推进乡村振兴与脱贫攻坚协同推进的信息共享、功能协同和责任倒逼等效用发挥。

第 4 章　南方脱贫攻坚的典型模式与经验启示

4.1　研究闽粤桂黔脱贫攻坚经验的意义及价值

闽粤桂黔四省（区）与江西省都是南方扶贫工作中较为典型的省份，且自然条件和人文特征与江西省存在着相似性，扶贫工作有着共同的自然和人文基础，其脱贫攻坚的典型模式对江西省的扶贫工作具有极大的借鉴意义。

4.1.1　自然条件相似性

如表 4-1 所示，江西省与福建、广东、广西、贵州等省（区）在地理位置上大致属于同一经纬度，属热带与亚热带气候区，自然资源丰富。五省位置相邻，交流广泛。

表 4-1　江西省、福建省、广东省、广西壮族自治区、贵州省自然条件分析

	地形地貌		气候			自然资源		
	类型	占地面积/%	类型	年平均气温/℃	年平均降水量/mm	耕地资源：耕地面积/（khm^2）	矿产资源：已查明资源/种	旅游资源：5A级景区/个
江西省	山地 丘陵	36 42	亚热带季风气候	17.8	1 645	3 082.7	139	7
福建省	山地 丘陵	>80	亚热带海洋气候	17～21	1 400～2 000	1 336.3	99	6
广东省	山地 丘陵 台地	33.7 24.9 21.7	亚热带季风气候	21.8	1 789.3	2 615.9	101	11

（续）

	地形地貌		气候			自然资源		
	类型	占地面积/%	类型	年平均气温/℃	年平均降水量/mm	耕地资源：耕地面积/（khm^2）	矿产资源：已查明资源/种	旅游资源：5A级景区/个
广西壮族自治区	山地	39.7	亚热带季风气候	17.5～23.5	842.1～3 387.5	4 402.3	97	4
	丘陵	10.3						
	台地	26.9						
贵州省	山地	92.5	亚热带季风气候	15	1 100～1 300	4 537.4	87	4
	丘陵							

资料来源：江西省、福建省、广东省、广西壮族自治区、贵州省人民政府网站；2016年统计年鉴。

首先，五省主要为山地和丘陵，地形条件相似。江西省山地丘陵占全省面积78%。福建省山地丘陵面积达到80%以上，以低山地与低丘陵地形为主，平原多见于东部海岸带。广东省地貌类型多样，其山地丘陵面积占58.6%，主要分布于北部，南部多平原和台地。广西壮族自治区总体是山地、丘陵、盆地地貌，50%为山地和丘陵，谷底、平原、台地占26.9%。贵州全省可分为高原山地、丘陵、盆地，其中92.5%为山地丘陵。以山地丘陵为主的地形条件使这些省在农业生产方面具有一定的相似性。

其次，五省均位于亚热带气候区，温暖湿润，气候类型相似。各省年均气温差异较小，除了贵州受高原地形影响外，其余省份年均气温在17℃左右。无论是季风性气候还是海洋性气候，降水都十分丰沛，年均降水量差异较小。相似气候条件给五省农业发展模式创造了相互借鉴的可能。

最后，五省的自然资源存在一定的相似性。从各省耕地资源来看，除了福建省耕地面积较小，其余四个省份耕地资源都很丰富。这五个省份由于地质结构复杂，矿产资源储量也十分丰富。在已查明矿产资源中，江西占有139种，福建、广东、广西、贵州也拥有100种左右。依山傍水的地理位置使这五个省形成了人与自然和谐共处的良好环境。从拥有国家5A级景区的数量可推断出，各省旅游资源富集。江西与这几个省的自然资源条件类似，因此这几省的经济发展与扶贫模式非常值得江西研究与借鉴。

4.1.2 人文相容性

赣闽粤桂黔之间的人文相容性是地理位置、人口迁移、革命战争等因素共同作用的结果，经历史沉淀演变成了当代客家文化、茶文化、红色文化和少数民族文化。在自然环境和社会结构的影响下，它们相互融合、促进，形成中华文化的支流。

首先，客家人主要分布在赣粤闽桂黔等省。客家先民本是中原人，因战乱饥荒南迁。江西赣州是客家民系形成的“锚地”。福建汀州则是客家“首府”，少数由赣南直接迁入。广东梅州是世界“客都”，客家先人从汀州、赣州等地区迁入广东梅州并最终在梅州完成了客家民系的系统融合。

其次，赣闽粤桂黔五省由于自然条件相似，各省均有大规模的茶叶种植，也就都诞生了以茶场产业化和采茶戏为代表的茶文化，江西、广东、福建、广西、贵州省（区）近两年茶叶产量见表4-2。截至2015年，江西省茶叶产量达到5.2万吨，同时其他几省的产出也十分可观。采茶戏是茶文化兴盛的产物。采茶戏主要以江西赣州为轴心，向周边省份扩散，与粤东北，闽西连成一片。赣南采茶戏主要是由安远采茶灯与粤东传入的采茶戏结合而发展起来的，在吴震方的《岭南杂技》曾有过记载：“粤东潮州的采茶灯，原来是十二人或八人组成，另采光系数长者二人为队首，当这种形式传播到北邻的江西……”

表4-2　江西、广东、福建、广西、贵州省（区）近两年茶叶产量

单位：万吨

省份	2014年	2015年
江西	4.3	5.2
广东	7.39	7.93
福建	37.21	40.23
广西	3.43	3.43
贵州	10.71	22.4

数据来源：江西省、广东省、福建省、广西壮族自治区、贵州省2016统计年鉴。

再次，五省都有红色旅游文化的根基。闽、赣、湘边区是当年红军主要的活动区域，红色旅游文化兴盛，各省均有著名的红色革命旧址，福建长汀革命旧址、古田会议会址；江西宁都起义指挥部旧址、瑞金叶坪旧址；广东梅县“叶剑英元帅故居”、惠州的“叶挺故居”，广西红七军军部旧址及贵州遵义会议旧址等，将革命发源的红色根据地和长征的路途遗址一线相连，使之成为横跨五省的红色旅游景区线路之一。

最后，赣闽粤桂黔均是多民族聚居的省份，各省（区）少数民族情况见表4-3。各省均有一定数量的少数民族人口且主要的少数民族相似，这使得五省间民族文化融合更为密切。少数民族文化是少数民族地区扶贫开发的重要支柱和手段，江西省在少数民族扶贫模式的选择上可参考借鉴这四省做法。

表 4-3　江西、福建、广东、广西、贵州省（区）少数民族情况

地区	少数民族人口数/人	主要的少数民族
江西	152 310	畲、苗、壮、回
福建	796 855	畲、回、土家、苗
广东	2 067 321	壮、苗、瑶、土家族
广西	17 107 665	壮、瑶、苗、侗
贵州	12 404 400	苗、布依、侗、彝

数据来源：根据第六次人口普查 A0106a 计算得出。

4.2　南方脱贫攻坚的典型模式及特征

为了总结南方地区脱贫攻坚经验，为江西省的扶贫工作寻求启示，本章对福建、广东、广西、贵州的脱贫攻坚典型模式及特征进行分析，具体包括福建省的宁德模式和金融扶贫模式，广东省的“双到”扶贫开发模式，广西壮族自治区的生态扶贫模式、第一书记扶贫模式和省际互助扶贫模式，贵州省的乡村旅游扶贫模式、大数据扶贫模式。

4.2.1　福建省脱贫攻坚的典型模式及特征

福建省地处东南沿海，多山地丘陵，是我国一大少数民族聚居地。自然条件和人文环境导致了福建省沿海城镇经济发达、山区城镇贫困落后的地区发展不平衡的现象，这与江西省赣南地区的情况极为相似，因此在扶贫工作中可以将福建省的典型扶贫模式作为参考。福建省的典型脱贫攻坚模式主要有宁德模式和金融扶贫模式。

（1）宁德模式

宁德市位于福建省东北部，沿海多山的地理环境、多民族的人口结构和革命老区的历史条件使其成为福建省扶贫概况的一个缩影。“宁德模式”在宁德市成功脱离集中连片贫困区的过程中发挥了重要作用。习近平同志在宁德开展扶贫工作期间，提出要树立“弱鸟先飞”的脱贫意识；要坚定“扶贫扶志”的重要路线；要发扬“滴水穿石”的闽东精神；要坚持“四下基层”的工作作

风；要采取“因地制宜”的工作方法，形成了精准扶贫的“宁德模式”。

脱贫首先要变在观念上，精神扶贫是宁德模式的一大要点。习近平同志提出“弱鸟可望先飞，至贫可能先富”，要从思想上淡化贫困意识，树立脱贫的决心，人民群众才能积极响应参与到扶贫工作中来。其次，宁德模式将事事先求诸人转为事事先求诸己，寻求可持续发展的扶贫模式。部分贫困地区依据自身特色寻求脱贫致富的路线，实现“弱鸟先飞”。同时，“先飞”地区带动“后飞”地区，建立良好的“山海协作”机制，最终实现共奔小康的目标。

“扶贫扶志更扶智”，宁德模式注重教育和科技在扶贫工作中的作用，大力普及职业教育，加强群众科学文化素质的培养。为推动扶贫攻坚，宁德市制定一系列村官培养计划，组织建立高素质的基层干部队伍；在生产过程中吸纳有知识、有技术的人才，对贫困农户进行指导和培训；将农业生产和科学技术结合，当地农户“靠山吃山唱山歌，靠海吃海念海经”，因地制宜发展生态型大农业路线，科学技术助推精准扶贫。

闽东精神的核心是“滴水穿石、人一我十、力求先行”，是闽东人民坚韧不屈、努力拼搏的体现。脱贫不在一朝一夕，是政府与群众共同努力、长期奋斗的结果。宁德模式发扬滴水穿石的闽东精神，在扶贫工作中坚持不懈、久久为功，是宁德模式成为扶贫典范的重要因素。

基层扶贫工作的成功实践离不开党员干部的正确带领，宁德市自 1988 年开展“四下基层”活动以来，党员干部在扶贫一线倾听民意、观察民生，为群众解决了许多实事难题。在制定政策时，针对各地区的实际情况因地制宜开展扶贫工作，带领各贫困地区群众探索地方特色的致富路线。

（2）金融扶贫模式

2016 年，《关于金融助推脱贫攻坚的实施意见》的公布，强调了金融助力在扶贫工作中的重要性。金融扶贫是农村金融发展不可或缺的一部分，在扶贫攻坚阶段，要将金融助力与精准扶贫结合起来，精准贴近贫困地区农户的金融需求，加速推进农村地区金融扶贫建档建卡，力求金融帮扶精准到户，从根本上为贫困人口提供金融服务。

2007 年至今，福建省宁德市屏南县开展的农户小额信贷试点工作取得了瞩目成就，成为福建省扶贫工作的又一亮点。在小额信贷的运作模式中，农户小额信贷促进会作为核心部门起到了中介的作用。促进会与农村金融机构协作，形成二者与农户之间的资金传递，提高了小额信贷额度，更好地满足了农户的金融需求。促进会与政府部门协作，形成二者与农户之间的信息传递，有效控制信贷风险。信贷资金运作的市场化体现了效率与公平，真正将金融扶贫落到实处，切实为贫困农户解决信贷问题。同时加强信用建设，完善信息采集，由村级协理员对借贷人员的身份信息进行核查，以确保资金流向真正有需要的贫困群体。屏南小额信贷作为福建省金融扶贫模式的典型，优点在于建立促进会、农村金融部门、政府部门的金融合作关系，加大金融扶贫力度；政府引路、分担风险；精准对接农户需求；改革信用机制，团结互助、风险共担；市场化运营实现效率公平；加强金融基础设施建设，便民利民。

福建省在脱贫攻坚阶段，提出了金融助力精准扶贫五个方面的改革意见：一是加强贫困农户精准识别、对接贫困农户金融需求；二是完善金融服务、保障扶贫重点领域资金供给，金融扶贫助推产业扶贫；三是开发多样性的金融产品、推动扶贫小额信贷全面试点；四是加强政策扶持、降低准入门槛、建立普惠金融；五是建立完善扶贫开发金融服务体系，加强金融扶贫各部门协调合作，推进金融服务全面覆盖贫困地区。

4.2.2 广东省扶贫攻坚的典型模式与特征

广东省作为我国第一经济大省，在繁荣的经济面貌下仍然存在着一些贫困现象。面积较小、经济发达的珠三角地区与面积较大、经济落后的粤东西北地区的不协调发展是广东省最主要的贫困现状。原广东省委书记汪洋曾指出“全国最富的地方在广东，最穷的地方也在广东”，如何摘掉广东省部分贫困地区的“穷帽子”，带动广东全省脱贫攻坚成为了近年社会关注的焦点。广东省财力雄厚、敢为人先，在扶贫道路上探索了许多新路子，为我国其他省份和地区积累了丰富的扶贫经验。而“双到”思想在广东省的扶贫工作中影响最为深远，涵盖农村产业扶贫、金融扶贫、旅游扶贫、科技扶贫、区域经济协作扶贫、全社会扶贫等多种发展模式。

“双到”指的是“规划到户、责任到人”，秉承“精准扶贫、定点清除”的理念，对贫困地区实行靶向治疗的扶贫模式。“双到”的概念一经提出，在广东全省产生了强烈反响，随着试点工作的不断推进，“双到”在农村产业扶贫、金融扶贫、旅游扶贫、科技扶贫、区域经济协作扶贫、全社会扶贫等多方面发挥效用，成为广东省扶贫工作的核心思想。

(1) 农村产业扶贫模式

农村产业扶贫是广东省扶贫模式的重要组成部分，在广东省内形成了各产业大型龙头企业助推当地扶贫的先进模式。在当地政府的扶持下，龙头企业将资金流和产业链带到贫困地区，因地制宜发展相关支柱产业，推动当地经济发展，带领群众脱贫致富。蚕桑产业作为广东省的优势产业，在产业扶贫中占有重要地位。以广东省丝绸纺织集团为例，作为龙头企业在广东省边远山区发展蚕桑产业，对连南县种桑养蚕的贫困户予以补贴，承担“双到”扶贫的责任，带动当地经济发展，确保扶贫受益者精准到户。集团在广东省连南县依据当地自然环境优势发展蚕桑产业，发挥龙头企业带头作用，推动丝绸贸易发展，促进连南地区产业转型升级。同时将蚕桑产业文化与当地民族文化结合起来，将文化元素融合到产业当中，提高农产品附加值，进一步促进当地经济发展。

（2）金融扶贫模式

广东省金融扶贫存在着地区之间发展不平衡的现象，金融机构分布不均，多集中在发达城镇。贫困地区的金融基础设施建设落后，农户的金融需求很难得到满足，金融扶贫在贫困地区效用较低。在金融扶贫中要贯彻落实“双到”的扶贫思路，确保资金流向精准高效。为满足贫困农户需求、促进贫困地区经济发展，广东省鼓励融资多样化，逐步引入民间资本；加大政策扶持力度，增加金融扶贫资金投入；精准定位扶贫对象，进一步完善建档建卡；鼓励建设乡镇银行等多样化金融机构助推金融扶贫。

（3）旅游扶贫模式

广东省拥有丰富的旅游资源，经济发展较为落后的粤东西北地区自然环境良好，具有极佳的旅游扶贫开发条件。广东省投入了大量扶贫资金推进贫困地区开展旅游扶贫工作——设立省重点旅游扶贫项目、因地制宜开发旅游资源、加强基础设施建设、打造地方特色旅游文化。在开发旅游资源、分配扶贫资金时确保落实到贫困地区的每家每户，实现“双到”思路在旅游扶贫开发中的效用。广东省在旅游扶贫的道路上，探索出了文旅融合的扶贫新模式，公布了第一批“广东省文化旅游融合发展示范区”。文旅融合模式将地方文化与旅游资源相结合，扩大了文化旅游品牌影响力，建立文化产业园，以文化产业助推旅游扶贫发展。

（4）科技扶贫模式

科技扶贫作为近年来广东扶贫工作中的新模式，仍然存在不足之处，在偏远贫困地区科技力量难以到达，科技扶贫的力度和精度不高；政府在科技扶贫上缺乏资金投入和奖励机制；科技人才的供给难以满足科技扶贫的需求，没有将“双到”的精准扶贫要求落到实处。广东省科学技术厅发布的《关于科技精准扶贫精准脱贫三年攻坚的实施方案》针对未来三年的科技扶贫路线做出了详细规划。方案要求将科学技术引入到生产中；在贫困地区普及科学生产方式，提高生产效率；向扶贫一线输送技术人才，确保科技扶贫深入基层精准到户；加强科技扶贫基础设施建设，建立科技扶贫服务平台，加快完善科技扶贫信息化进程。

(5) 区域经济协作扶贫模式

作为区域经济发展差距较大的省份，广东省扶贫一定程度上要依靠发达地区与落后地区建立的区域经济协作扶贫模式。发达城市与贫困县建立对口帮扶的合作机制，共同发展合作共赢，构建了珠三角与粤东西北地区的经济协作扶贫模式。随着“双到”扶贫进程的不断推进，区域经济协作逐渐扩大到产业合作、基础设施建设、公共事业等多方面，协作区域的划分也越来越细致，由最初的省内两大片区细化到市与市之间、区与区之间的经济协作。经济发达、财力雄厚的城市与贫困地区发展合作产业、加强贸易往来，先富地区带动贫困地区脱离贫困，共奔小康。

(6) 全社会参与扶贫模式

扶贫攻坚是我国奔向全面小康所面临的最后难题，需要动员全社会的力量，让社会各界都参与进来。全社会扶贫是对各种扶贫模式的补充，是一条扶贫的新道路。社会组织作为全社会扶贫的中坚力量，一方面与各社会机构连接，为全社会扶贫注入新鲜血液；另一方面在社会上形成号召力，鼓励群众为全社会的扶贫攻坚作出贡献。广东省的公益组织和宗教团体较为发达，集合自身力量筹资捐款，对贫困户的生产生活进行帮扶，在全社会扶贫中作出了巨大贡献。“双到”模式下的全社会扶贫，要求社会组织和团体改良“输血式”扶贫模式为“造血式”扶贫模式，从根本上助力扶贫；要求企业承担社会责任，发挥企业的产业优势，为扶贫攻坚尽一己之力。

“双到”扶贫开发模式内容丰富，涵盖诸多扶贫领域，在广东省的扶贫开发工作中起到了重要作用。在脱贫攻坚阶段，“双到”模式还将不断发展不断进步，形成可持续的扶贫长效机制，有效缓解农户返贫压力。

4.2.3 广西壮族自治区扶贫攻坚的典型模式与特征

广西壮族自治区集“老、少、边、山、穷”为一体，经济基础相对薄弱，贫困面积较大，贫困人口较多，贫困地区主要集中在西部和北部，脱贫攻坚任务繁重、难度极大。边远山区恶劣的自然环境是导致广西壮族自治区贫困的主要原因。广西壮族自治区的典型脱贫攻坚模式是生态扶贫模式、第一书记扶贫模式和省际互助扶贫模式。

(1) 生态扶贫模式

广西壮族自治区的贫困地区多为偏远山区、大石山区和石漠化地区，多集中在西北部，自然环境极其恶劣，一般的扶贫手段难以拉动当地经济发展。广西壮族自治区在全国 14 个集中连片特困地区之一的“滇桂黔石漠化地区”中面积占比最大，贫困治理也最难。根据广西贫困地区的实际情况，要解决广西的贫困问题，必须使用生态扶贫的手段帮助贫困人口脱贫致富。

在自然环境脆弱的偏远山区，人的生活条件都难以得到满足，发展农业生产、促进经济增长更是难上加难。当地的经济发展无法依靠自然环境，就会陷入贫困的恶性循环之中。生态扶贫的第一步就是生态移民，通过易地搬迁、劳务输出、生态教育移民等方式将不适合人类居住的地区的贫困人口安置到环境较好、经济较发达的地区，鼓励贫困人口接受教育培训，使贫困人口拥有更好的生产生活环境，从而推动偏远山区的脱贫进程。生态扶贫的第二步是生态治理，要把石漠化地区的生态环境尽可能地恢复到适宜生产生活的状态，在防止石漠化面积进一步扩大的同时对石漠化地区进行生态条件改善。生态扶贫的第三步是生态保护，防止石漠化地区自然环境的再度破坏，维护贫困地区生态可持续发展。

(2) 第一书记扶贫模式

第一书记扶贫模式是通过组织有能力的党员干部下基层，从根源上解决贫困问题，是精准扶贫道路上的一大创新。广西壮族自治区在扶贫工作中重视第一书记的带队作用，由第一书记带领辖区的贫困农户开展因地制宜、形式多样的脱贫工作。

第一书记在政府和贫困农户之间起到了桥梁作用，负责对上对下的沟通，使得民情民意能够更快地传递给政府，使得政策法规能够更好地下达到地方。对于贫困地区来说，第一书记因地制宜地在扶贫模式上进行创新十分重要。广西壮族自治区选派年轻有为的大学生村官下到基层担任第一书记，帮助地方制定更科学更精准的扶贫措施。第一书记在扶贫第一线最大程度发挥效用，实施了一系列如加强基础设施建设、推动集体产业建设、任用生产能人、普及农村小额信贷、对农户进行劳动培训等措施。广西壮族自治区建立起全国第一个“第一书记产业园”，将第一书记基层扶贫与产业扶贫相结合，在产业园区展示各贫困县第一书记扶贫产品，为偏远贫困地区的特色农产品销售开发了一条新渠道。

(3) 省际互助扶贫模式

自 1996 年始，我国建立了东西协作的扶贫模式，鼓励东部发达省份对西部贫困省份进行精准定点的对口帮扶。近年来，广西壮族自治区与广东省建立了两广互助扶贫协作的新模式，利用两省毗邻的地理优势，借助广东省雄厚的经济实力拉动广西贫困地区的经济增长，推进广西壮族自治区扶贫工作的进程。

在两广合作中，广东省对广西壮族自治区的脱贫攻坚予以大力支持。其一是对广西壮族自治区贫困地区进行“输血式”扶贫，捐赠大批资金和物资，加强基础设施建设，对贫困县和贫困村实行“整村推进”的扶贫模式。其二是加强两省经济贸易合作关系。广东省地理位置优越，对外贸易发达，在扶贫协作中将良好的贸易资源和需求市场与广西壮族自治区共享，带动广西壮族自治区产业发展。同时开展劳务输出合作，鼓励广西壮族自治区劳动力向广东省流动，促进广西贫困人口就业。其三是建立全面协作帮扶机制，广东省部分发达县区对口帮扶广西壮族自治区贫困地区；两省各行政部门进行合作交流；两省合办干部交流会，交流扶贫经验；加强职业教育和劳动培训合作，提高贫困人口素质。

两广的省际互助扶贫模式从一开始的单向“输血式”扶贫逐渐演变为双方合作、互利共赢的“造血式”扶贫，走可持续发展的扶贫协作道路，建立扶贫协作的长效机制，让省际互助扶贫模式长期焕发生机与活力。

4.2.4 贵州省扶贫攻坚的典型模式与特征

贵州省是我国脱贫攻坚的重点省份，2016 年全省有 50 个县上榜国家贫困县名单，足见贵州贫困程度之深。贵州地处内陆，偏远多山，多个少数民族聚居，在我国集中连片特困区中占比较大，贫困情况复杂，扶贫工作的开展面临极大挑战。贵州省在脱贫攻坚的道路上，逐渐探索出了适应当地特色的扶贫模式，主要包括乡村旅游扶贫模式和大数据扶贫模式。

(1) 乡村旅游扶贫模式

贵州省自然环境优美，部分少数民族聚居地区由于地理位置偏远，特色民族文化得到了较为完整的保护和传承。贵州省依据省内多原始村寨、多少数民族、旅游资源丰富的特征，将乡村旅游扶贫模式打造成为贵州省脱贫攻坚的主要模式之一。在全省建立国家级乡村旅游扶贫重点村，通过旅游扶贫拉动当地经济发展，加速当地脱贫进程，建立旅游扶贫长效机制，助力贵州精准扶贫。

以贵州省雷山县为例，雷山县是国家级贫困县，苗族人口占总人口的82%，是贵州省内一大少数民族聚居地，保留了灿烂的苗族传统文化，生态环境良好，拥有丰富的旅游资源。雷山县依托当地的资源优势，进行旅游扶贫开发，建设体现少数民族文化风情的民族旅游村寨，即远近闻名的“西江千户苗寨”。在旅游扶贫开发工作中，精确确定扶贫对象，确保旅游扶贫项目落到实处；鼓励企业和社会参与到旅游扶贫中来，确保旅游扶贫资金来源多元化；培育旅游人才，创新旅游模式，确保旅游扶贫可持续发展；进一步发展旅游相关产业，形成完善的扶贫产业链，确保旅游扶贫对脱贫攻坚的“造血”功能。雷山县在建设民族村寨旅游扶贫模式时，通过“农家乐”“产业园”等模式，以旅游业带动农业及特色产业的发展，将小规模的茶叶种植发展成为从生产到销售一条龙的茶叶产业链；将特色民族文化融入旅游产业当中，打造民族特色文化旅游品牌，运用文化的力量助推当地旅游产品进一步升值；推动文、旅、农三者的有机融合，形成“一业带三产”的良好局面。

（2）大数据扶贫模式

运用大数据战略助推精准扶贫是贵州省近年来探索的脱贫攻坚新路线，“大数据”与“大扶贫”并称为贵州“十三五”两大战略行动。贵州省在大数据扶贫和“互联网＋”的概念上提出了“扶贫＋”的新理念，建立大数据“扶贫云”平台。运用大数据技术对贫困人群进行精准定位，对贫困原因进行准确调查，对贫困人口建档建卡进一步完善；对省内各贫困县区贫困人口生产生活状况和扶贫工作落实状况实时监测；运用数据分析和网络技术，联合各行政部门参与到扶贫工作中来，形成扶贫模式下行政体系数据资料共享的协作机制，更好地整理本省贫困概况；对扶贫资金进行监管，确保扶贫资金落到实处。

以贵州省革命老区为例，贵州作为红色资源大省，革命老区的脱贫攻坚至关重要。首先运用大数据对革命老区的贫困概况进行精准调查，对扶贫对象、扶贫方法、扶贫资金来源和去向、贫困户审核进行记录。其次对革命老区进行产业转型和升级，将原有的红色旅游资源与创新的绿色生态农业有机结合起来，通过大数据平台将红色资源和绿色资源进行融合，描绘革命老区产业融合升级的美好蓝图。最后在革命老区强化科学技术意识，促进革命老区大数据与大扶贫的相互助推，将大数据普及到革命老区的基层，改变传统扶贫观念，促进“互联网＋”时代的大数据扶贫更好更快发展。

在贫困地区普及大数据思维，需要加强基础设施建设，完善通信和网络设备；加强全民素质教育，让更多的贫困人口了解大数据扶贫的概念，吸引有识之士参与大数据扶贫；将大数据技术逐渐发展到与贫困地区各产业相结合，以大数据助力贫困地区电子商务的发展，加速脱贫攻坚进程。贵州省在大数据扶贫方面的研究和探索取得的成就有目共睹，使得大数据扶贫成为我国扶贫攻坚模式的一颗冉冉新星。

4.3 闽粤桂黔四省脱贫攻坚典型模式对江西省的启示

基于闽粤桂黔赣五省相似的自然和人文基础，江西省在开展扶贫工作时应积极借鉴其他四省的脱贫攻坚典型模式。本书从精神扶贫、金融与产业扶贫的结合、乡村旅游开发、省际对口帮扶、大数据利用等方面总结四省经验对江西省扶贫工作的启示。

4.3.1 扶贫工作中重视精神力量的作用

精神文明建设在扶贫工作中至关重要。江西省首先应该学习“宁德模式”的精神扶贫，而“宁德模式”精神扶贫的内在精髓和秘诀就在于转变观念。许多地区贫困的最主要原因就是精神贫困，思想落后、因循守旧、安于现状。在精神扶贫建设中，江西省首先要在思想观念上脱贫才能坚定贫困地区群众参与脱贫的决心，这才是精神扶贫成功的根本保障。要改变贫困地区群众“人穷志短”的观念，就要通过政府、企业、群众扶贫观念的三转变来保障精神扶贫的全面落实。其一是政府要转变落后的执政思想，地方政府要积极响应中央号召，党员干部全员集合起来推进精神扶贫工作的开展。政府可以通过到户宣讲、志愿服务、文化活动等多种形式开展社会主义核心价值观的宣传和推进文明示范村建设，在贫困县、贫困村形成良好的精神文化氛围。其二是企业要转变以往因循守旧的经营理念，在精神扶贫中发挥榜样作用，要积极承担社会责任，将企业文化与精神扶贫结合起来，发挥产业优势，助力扶贫工作的开展。其三是群众要转变安于现状的心态，杜绝“领导热、群众冷”的局面，鼓励贫困群众积极参与到扶贫工作中来。鼓励地方的生产大户、致富能人、道德模范组建志愿队伍，由先进模范带动身边的贫困群众脱贫致富。江西省贫困地区落后的另一个突出表现是教育落后，人们接受教育时间短，所受教育水平低，从而导致其文化水平和个人素质普遍比较低，这种教育落后又反过来制约着经济的发展。所以江西省在开展扶贫工作当中还要更加注重发展教育，培养人才，

“扶贫扶志更扶智”，提高人口素质才能在未来有效减少返贫的可能性。要正确认识贫困，坚决与贫困作斗争，通过教育预防贫困，避免穷和“愚”之间的恶性循环，才能打赢脱贫攻坚的持久战。

4.3.2　产业扶贫过程中发挥金融扶贫的作用

金融扶贫一直是各省扶贫模式中相对薄弱的环节，尽管如此，金融扶贫在整个扶贫工作中仍占据着不可或缺的地位。江西省依据本地优势发展了光伏产业、林果业等特色产业，但金融扶贫发挥的作用不大。江西省应注重金融扶贫的作用，将金融扶贫与产业扶贫结合起来，对产业扶贫的发展予以经济上的助力，增强贫困农户创业积极性。在扶贫工作中要学习广东省“双到”扶贫模式，精准扶贫，并从以下两方面来完善金融扶贫工作：一方面是将金融扶贫与地方产业结合起来，开发迎合贫困农户金融需求的金融服务产品，在金融扶贫中扩大保险业的影响力，推广农业保险，对地方特色产业进行风险防范，确保贫困农户农产品收入。通过政府引导、积极鼓励企业将资金和产业链带到贫困地区，再结合贫困地区丰富的劳动力资源，因地制宜地发展当地特色产业，拉动贫困地区经济增长，带领人民群众脱贫致富。另一方面政府要通过适度的财政补贴和税收减免等政策，鼓励并支持金融扶贫的发展；要建立完善面向“三农”的金融服务体系，全面推进普惠金融；要降低信贷准入门槛，分担信贷风险，积极引导小额贷款向农户倾斜；通过小额信贷等方式拓宽贫困农户借贷渠道，鼓励贫困农户自主创业，从而推动江西省内产业发展，在金融扶贫的助力下形成“一乡一业、一村一品”的产业扶贫新格局。

4.3.3　利用特色文化开发乡村旅游资源

江西省自然环境优美、历史文化悠久、旅游资源丰富，可以学习广东广西贵州等省进行旅游扶贫开发，因地制宜发展旅游产业，开发文旅农融合的新型旅游扶贫模式，并形成可持续的扶贫产业链。江西约有80%以上的旅游资源都集中于乡村，拥有125个中国传统村落、116个省级以上历史文化名村名镇、121个A级乡村旅游景区等，是江西旅游资源最丰富、发展潜力最大的领域。在旅游扶贫工作中，可依据江西的地理文化优势开发自然旅游资源、红色旅游资源、民族文化旅游资源。江西省多山多水，拥有庐山、三清山、龙虎山、鄱阳湖、婺源江湾等多个国家A级旅游景区，其秀丽的自然景观使得自然旅游资源成为旅游扶贫开发的一大重点。科学开发管理自然旅游资源能够有效拉动省内经济增长，带动旅游区贫困群众脱贫致富。江西省的革命根据地是红色旅游资源最具有潜力的区域，具有历史遗留下来的独特优势。可对南昌、赣州、瑞金、井冈山等地的红色旅游资源进行开发和推广，在全省范围内建立红色旅游景点网络，在弘扬红色革命精神的同时推动江西省革命老区扶贫工作的进程。对红色旅游资源进行扶贫开发能够实现红色文化与扶贫工作的有机结合，加速革命老区脱贫进程。江西省少数民族种类繁多，拥有多姿多彩的民族文化，发展民族特色旅游有利于弘扬特色民族文化，在帮助少数民族脱贫的同时也带动整个区域扶贫工作的开展。在旅游资源开发的过程中，以各民族乡、民族村为单位，结合江西省少数民族习俗及文化，还可结合闽粤赣边客家地区旅游资源，发展弘扬客家特色民族文化的旅游项目，完善旅游产品组合开发，促进省与省之间的扶贫共赢。在开发旅游资源的同时也要对生态环境保护加以重视，适度开发资源，高效利用资源，发展绿色经济。

4.3.4 探索省际和地区之间的对口帮扶模式

脱贫攻坚除了自身努力外，还可以借助发达省份和省内发达地区的力量。江西省可以发挥其地理位置优势，与相邻的广东、福建等较为发达的沿海省份合作，探索省际对口扶贫模式。在互助协作扶贫中，要改变以往单向的“输血式”扶贫模式，形成双赢的合作机制，促进对口省与帮扶省的经济共同发展。人口输出省份江西省与人口输入省份广东、福建在劳动力资源方面可以实现互补，铜、钨、银等矿产资源储备充足的江西省和海洋资源极为丰富的粤闽桂、水能和煤炭资源有优势的黔在自然资源方面可以实现互补，人才匮乏、科技力量薄弱的江西和科研实力雄厚的广东福建在科学技术方面也可以实现互补。江西省要善于利用发达地区的长处，通过发达省份在产业、金融、科技等方面对江西省的援助和带动作用，促进本省经济发展。在产业上，江西省要做好产业转移的准备，通过迎接产业转移来完善自身的产业结构，提高产业优势。通过发达省份与江西省的优势互补来实现对口省份合作共赢。在金融上，要学习发达省份金融扶贫的经验模式，与发达省份的金融机构建立协作机制，形成信贷资金的省际流动。在科技上，要借鉴发达省份生产技术经验，邀请发达省份科学技术人才对江西省科技扶贫工作进行指导。同时，在省内建立地区之间的对口扶贫模式，鼓励南昌、赣州等较为发达的城市帮扶、带动较为贫困的市（县、区），加速省内脱贫进程。

4.3.5　扶贫工作中重视大数据技术的应用

互联网技术是社会生产力发展的重要动力，而信息化、数据化也渐渐成为扶贫领域的重要方向，因此数据扶贫成为我国实现精准脱贫的主要途径之一。大数据技术在江西省的普及程度较低，而江西省的扶贫工作又存在精确度低、覆盖面窄等问题。因此要高度重视大数据技术对江西省精准扶贫工作的助推作用。江西省要借鉴贵州省大数据扶贫模式的经验，通过学习和交流，掌握好大数据技术并在全省建立起完善的扶贫监测网络。在进一步完善精准扶贫的工作中，要构建大数据网络，精确管理扶贫信息，精准定位贫困人口、实时监控扶贫动向、加强监管扶贫资金、创新精准扶贫服务体系、建立精准扶贫网络服务平台，实行扶贫信息共享，通过大数据技术的应用使精准扶贫在江西省能够真正发挥效用。

第 5 章　江西脱贫攻坚实践模式、运行机理及其现实困境

5.1　江西省农村贫困现状

5.1.1　中国贫困县及江西省贫困村的分布现状

2017 年年初，中央扶贫办在我国中西部地区总共划定了 592 个国家级贫困县，如图 5-1 所示，其中云南省贫困县数量最多，江西省贫困县共 21 个，处于全国第 13 位。到 2017 年年底，江西省共 1 000 个贫困村退出，6 个贫困县达到脱贫标准，这 6 个脱贫县分别为瑞金市、万安县、永新县、上饶县、横峰县和广昌县。据统计，瑞金市贫困发生率已经下降至 0.92%，万安县贫困发生率为 0.99%，永新县贫困发生率为 1.00%，上饶县贫困发生率为 1.10%，横峰县贫困发生率为 0.84%，广昌县贫困发生率为 0.82%，贫困人口和贫困村数量均大幅下降，且低于全国农村贫困发生率水平，脱贫攻坚工作取得一定成效。但与此同时，江西省的贫困问题并未完全解决，目前仍然存在的 15 个贫困县的脱贫问题更加刻不容缓。

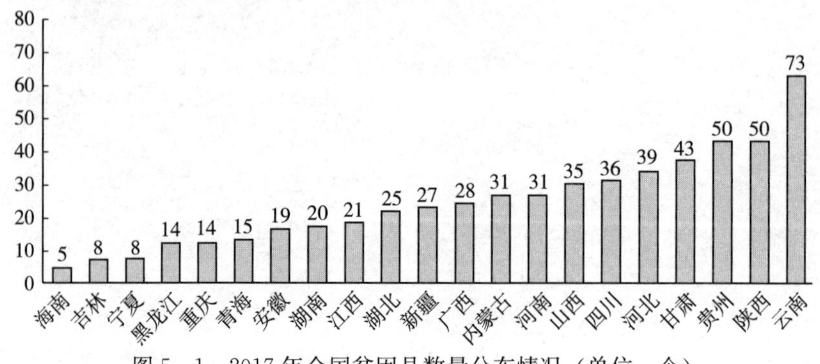

图 5-1　2017 年全国贫困县数量分布情况（单位：个）

因此，为了进一步聚焦农村贫困问题，深入精准扶贫，江西省出台《江西省大力支持深度贫困村脱贫攻坚实施方案》，筛查确定 269 个深度贫困村进行重点攻坚，范围覆盖赣南原中央苏区、罗霄山片区及重点贫困县的 16.79 万贫困人口 2017 年江西省深度贫困村分布情况见表 5－1。这一举措旨在立足贫困地区实际问题，通过明确扶贫攻坚方向、加大政策帮扶力度、项目倾斜和资源整合力度等手段，全面落实深度贫困村帮扶工作，以确保扶贫政策“扶真贫，真扶贫”，解决政府扶贫工作中的阶段性问题。

表 5－1　2017 年江西省深度贫困村分布情况

单位：个

城市	区县	深度贫困村	城市	区县	深度贫困村
赣州市	兴国县	36	吉安市	遂川县	8
	于都县	37	上饶市	鄱阳县	3
	宁都县	19		余干县	6
	赣县	19	抚州市	乐安县	3
	会昌县	15	九江市	修水县	21
	寻乌县	9		都昌县	3
	安远县	7	萍乡市	莲花县	3
	上犹县	6	宜春市	万载县	30
	石城县	15		铜鼓县	25
	南康区	4			

5.1.2　江西省农村贫困人口的现状

按照 2011 年调整后的国家农村贫困标准，即以农民人均年收入 2 300 元进行测算，近年来我国的贫困人口每年都在以千万人次的规模递减，扶贫攻坚取得了良好成效。截至 2017 年年底，全国贫困人口下降至 3 046 万人，贫困发生率下降为 3.1%。其中，东部地区农村贫困人口较上年减少 38.8%，中部地区农村贫困人口减少 30.2%，西部地区农村贫困人口减少 27.4%。

具体到江西，如图 5－2 所示，江西省贫困发生率近年来一直略低于全国贫困发生率，脱贫进度在全国处于中上游水平。2011 年由于国家农村贫困标准上调，由 2010 年的 1 274 元调整为 2 300 元后，江西省的贫困人口数量较 2010 年骤然增加，扶贫工作的任务和压力则变得更为艰巨而紧迫。截至 2017

年 6 月底，江西省贫困人口数量由 2011 年的 438 万人减少至 90 万人，降幅为 79.5%；贫困发生率由 2011 年的 9.8%下降至 2%，减少了 7.8 个百分点。截至 2017 年年底全省贫困人口 87.75 万人，较 2016 年年底贫困人口相比减少 25.22 万人，下降了 22.33%。

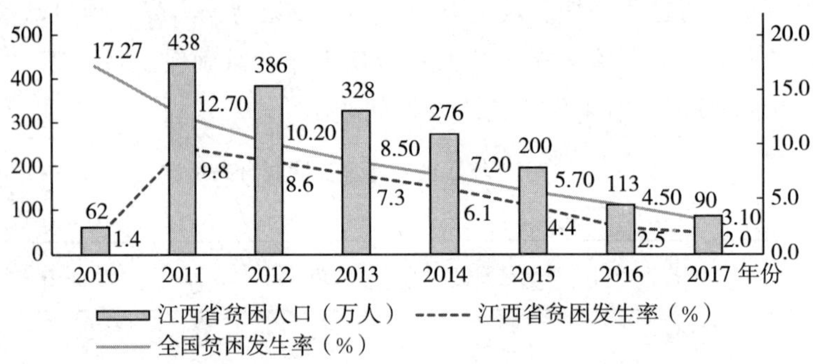

图 5－2　江西省 2010—2017 年贫困人口及贫困发生率变化趋势

这些数据的呈现，一方面是作为对过去扶贫工作成效的检验，另一方面则是对接下来的扶贫工作提出更高的要求。贫困依然存在，任务依然艰巨，如何进一步解决剩下 90 万贫困人口的贫困问题，如何实现 2020 年全面脱贫的政策目标，显得任重而道远。

江西省有 11 个地级市，图 5－3 是 2017 年年底江西省贫困人口在各个市的分布情况，从图中不难发现，江西省的贫困人口主要集中在九江、上饶和赣

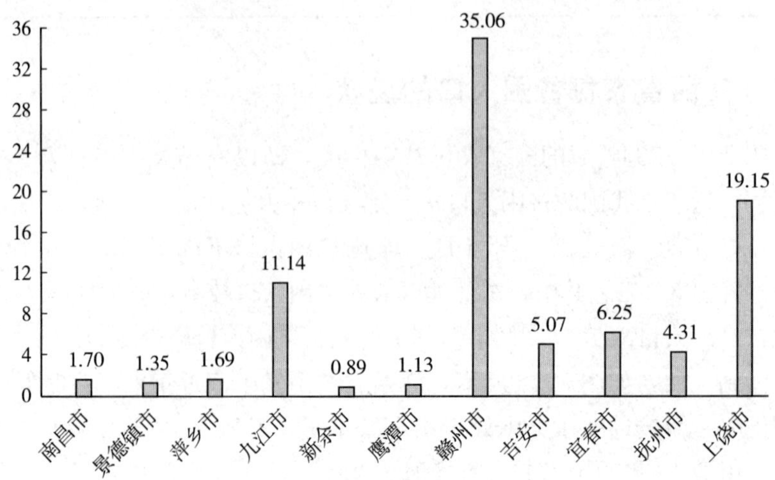

图 5－3　江西省 2017 年底各市的贫困人口（单位：万人）

州三个市中，其中赣州的贫困人口最多，占全省贫困人口的39.95%，可见贫困人口之庞大；其中贫困人口最少的市是新余市，其贫困人口为0.89万人，占全省贫困人口的1.01%。如果可以找到解决这三个市贫困现状的高效措施，必将会为江西省打赢脱贫攻坚战奠定坚实的基础。

5.2　江西脱贫攻坚现状

近些年扶贫工作在江西省有效开展，全省各个市的贫困发生率开始逐渐下降，贫困发生率的变动情况，大致有两个阶段，如图5-4所示，2007—2010年年底，全省的贫困发生率呈下降趋势；到了2011年国家上调了贫困标准，这一年各个市的贫困人口猛增，贫困发生率也随之上升，但是2012年各个市的贫困发生率又呈现下降趋势，2011—2017年底全省各市贫困发生率呈现下降趋势。赣州的贫困发生率虽然从2011—2017年来看呈现下降趋势，但是，它的贫困发生率一直高于其他市；南昌市与赣州市形成鲜明的对比，南昌市的贫困发生率一直处于各个市的最底端，2017年南昌市的贫困发生率仅为0.31%，而赣州为4.06%，是南昌市的13倍之多。

由表5-2可知，江西省各地区及21个国家扶贫重点县和4个享受国家级贫困县帮扶政策的县[①]的贫困人口分布状况。在江西省11个地区中，吉安市、赣州市和抚州市贫困人口减贫速度最快，年均减少贫困人口20%以上，超过全省减贫速度。此外，上述3个地区的国定贫困县的减贫速度也是最快的，超过全省减贫速度。除吉安县以外，上述3个地区其余贫困县的减贫速度也达到了年均减少贫困人口20%以上，其中井冈山市和万安县的减贫速度甚至达到年均减少贫困人口25%以上。比较贫困县的减贫速度与所在地区的平均减贫速度可以发现，贫困县的减贫速度一般高于地区平均速度（吉安县、都昌县除外）。此外，“十二五”期间，江西省贫困地区农民人均可支配收入年均增长15%以上，高于江西省平均水平2个百分点。这体现出了江西省集中力量在罗霄山区和贫困县的政策特点。

① 江西省共有21个国家级贫困县，以及4个享受国家级贫困县帮扶政策的县。其中，21个国家级贫困县分别是：莲花县、修水县、赣县、上犹县、安远县、宁都县、于都县、兴国县、会昌县、寻乌县、吉安县、遂川县、万安县、永新县、井冈山市、乐安县、广昌县、上饶县、横峰县、余干县、鄱阳县。17个罗霄山集中连片特困地区中14个县与国家级贫困县名单重合，3个未重合的县（市、区）是：石城县、瑞金市和南康市。此外，都昌县虽然不是国家级贫困县和集中连片特殊困难地区，但其享有与国家级贫困县一样的扶贫补助资金与政策优惠。

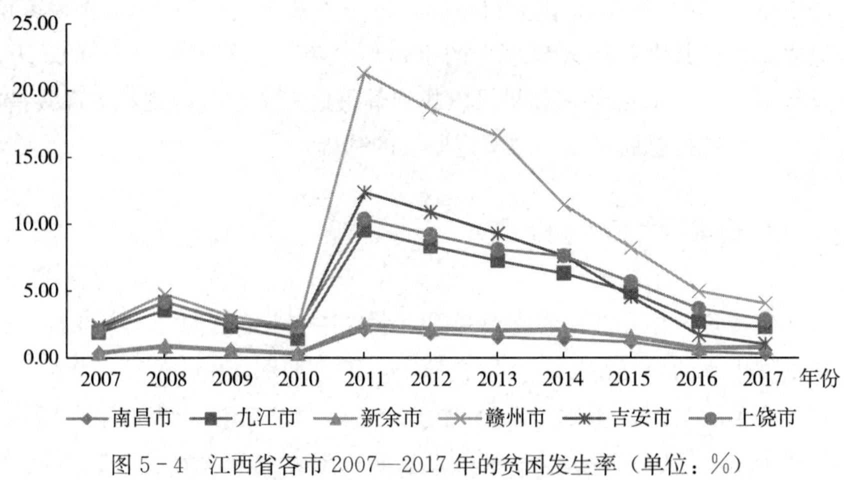

图 5-4　江西省各市 2007—2017 年的贫困发生率（单位：%）

表 5-2　江西省各地区及贫困县的贫困人口分布状况

单位：人

地区	2011	2012	2013	2014	2015	年均减少（%）
全省	4 380 000	3 850 000	3 280 000	2 760 000	1 995 577	17.61
南昌市	105 684	92 896	78 632	71 952	62 418	12.30
景德镇市	51 554	44 016	39 500	38 239	25 405	15.41
萍乡市	90 823	74 833	69 557	64 771	50 496	13.39
莲花县	62 684	50 099	35 629	28 781	29 636	16.30
九江市	453 422	398 556	347 146	303 365	236 712	14.90
修水县	177 781	156 269	125 880	105 924	82 944	17.27
都昌县	115 616	103 826	88 454	74 431	65 510	13.21
新余市	28 175	24 766	23 609	24 310	18 279	9.65
鹰潭市	43 278	38 041	35 765	34 714	21 391	14.85
赣州市	1 791 811	1 568 994	1 270 049	972 085	702 400	20.67
赣县	148 664	130 675	104 771	78 162	56 098	21.39
上犹县	79 669	70 027	55 659	39 835	28 175	22.58
安远县	91 402	75 543	60 359	44 790	31 853	23.03
宁都县	209 087	183 787	143 952	104 158	74 014	22.59
于都县	238 569	203 701	162 189	119 976	85 394	22.46
兴国县	181 078	159 167	129 046	98 587	70 155	20.87

（续）

地区	2011	2012	2013	2014	2015	年均减少（%）
会昌县	127 154	111 768	88 665	66 608	46 928	21.80
寻乌县	81 855	71 950	57 298	40 914	28 819	22.66
石城县	81 117	72 901	58 108	38 896	27 725	23.05
瑞金市	153 587	136 603	109 823	80 412	57 931	21.35
南康市	198 745	174 696	142 276	111 931	79 854	20.16
吉安市	597 889	528 542	451 425	371 991	222 269	21.01
吉安县	78 844	66 304	56 487	50 532	33 344	18.82
遂川县	124 014	109 008	92 869	72 146	45 226	21.63
万安县	72 641	63 851	54 398	33 762	20 132	26.30
永新县	103 450	93 932	80 025	61 338	33 690	23.11
井冈山市	31 145	28 376	24 175	15 342	7 728	27.47
宜春市	213 361	188 843	185 302	180 790	149 523	8.27
抚州市	316 415	278 127	238 168	189 043	126 350	20.06
乐安县	95 250	81 724	67 436	43 746	29 571	24.80
广昌县	63 732	56 020	47 726	30 160	20 190	24.19
上饶市	687 588	612 386	540 462	508 740	380 334	13.45
上饶县	148 875	129 060	109 952	95 521	74 767	15.74
横峰县	42 007	31 424	26 771	24 104	18 864	17.93
余干县	158 028	139 406	111 395	109 458	73 458	16.63
鄱阳县	188 100	179 839	153 213	138 924	99 414	14.24

数据来源：《江西省统计年鉴（2012—2016 年）》。

5.2.1　扶贫资金投入不断提高

“十二五”期间，江西省共投入扶贫资金 84 亿元，其中中央财政扶贫资金 48.5 亿元，省级配套专项资金 35.5 亿元，重点用于四个专项扶贫工作，其中产业扶贫资金 27 亿元，村庄建设资金 23.5 亿元，搬迁扶贫资金 14.6 亿元，劳动力转移培训 1.3 亿元。

表 5－3 显示了江西省共投入扶贫资金的数量和与上年相比的增幅。“十二五”期间江西省扶贫资金总额逐年增长，2015 年的扶贫资金总额达到 24.76 亿元，是 2011 年扶贫资金总额的 3 倍。其中中央财政扶贫资金增长了 94.93%，

而省级配套专项资金则增长了6.9倍，其中2012年省级财政配套专项资金就增长了2.77倍。因此，到2015年省级扶贫配套资金已经基本与中央财政扶贫资金持平，足以可见江西省将精准脱贫作为最重要的民生工程来抓。

表5-3 江西省扶贫资金投入

单位：亿元

年份	扶贫资金总额	增幅（%）	中央财政扶贫资金	增幅（%）	省级配套专项资金	增幅（%）
2011	8.03	22.10	6.51	23.93	1.53	14.88
2012	14.28	77.83	8.5	30.57	5.78	277.78
2013	16.75	17.30	9.87	16.12	6.88	19.03
2014	20.13	20.18	11	11.45	9.13	32.70
2015	24.76	23.00	12.69	15.36	12.09	32.42

数据来源：中国国际扶贫中心网站：http：//www.iprcc.org.cn/。

5.2.2 专项扶贫进展顺利

“十二五”期间，江西省在专项扶贫方面取得了较好的减贫成绩，逐步形成了担保贷款产业扶贫到户、村庄整治建设、扶贫移民搬迁、“雨露计划”培训的脱贫工作“江西品牌”。

（1）产业扶贫

江西省各地区因地制宜地选择特色产业，将贫困农户融入产业发展中，通过产业的发展提高农户收入。产业扶贫资金方面，江西省不断加大产业扶持力度。2011年安排扶贫项目贷款贴息资金和扶贫到户贷款贴息资金2 050万元；2012年开始落实安排原中央苏区和特困片区产业扶贫资金，总投资达到20.05亿元，其中扶贫产业专项资金3.8亿元；2013年安排下达2 050万元扶贫贷款贴息资金；2014年落实安排原中央苏区和特困片区产业扶贫资金5.8亿元，安排非原中央苏区和特困片区县贫困村产业扶贫资金0.72亿元；2015年共安排产业扶贫资金11.25亿元，其中25个贫困县每县每年新增安排1 000万元共2.5亿元产业扶贫资金，对58个县以外的贫困村和贫困户新增每年安排1亿元产业扶贫资金。在产业扶贫模式方面，江西省开始探索“四位一体”产业扶贫模式，即扶持贫困村选择一个主导产业、组建一个农民合作社、设立一个风险补偿金、建立一个部门帮扶机制。2015年江西省部署了33个试点县，平均每个县选取10个试点村，每个村安排20万元风险补偿金，共安排风险补偿金7 460万元，支持农户3 200户，发放贷款13 145.55万元。

(2) 村庄整治建设

“十二五”期间，江西省将整村扶贫开发与新农村建设有效结合，在3 400个贫困村中累计安排了7 825个省级新农村建设点和3 243个市县新农村建设点，安排贫困村村庄整治建设财政扶贫资金26.7亿元，整合新农村建设财政资金28.9亿元，使贫困村的基础设施建设大幅提高，贫困农户生活质量显著提升。由表5-4可知，江西省贫困县和全国贫困县平均水平的基础设施状况。在“十二五”期末，江西省的贫困县在通电、通电话、通电视、通宽带、主干道路硬化以及畜禽集中饲养等方面均高于全国贫困县的平均水平。在通客运班车方面，虽然2014年江西省贫困县的比重略低于全国平均水平，但经过一年的努力，到2015年就超过了全国平均水平。但值得注意的是，江西省贫困县在饮用水的净化处理方面仍然低于全国平均水平，2014年饮用水经过集中净化处理的自然村比重为29%，低于全国的34.3%，2015年使用经过净化处理自来水的农户比重为23.3%，低于全国的36.5%。可见，在饮用水安全方面江西省还有待加强政策的支持力度。实际上，2014年江西省水利厅就印发了《关于开展水利扶贫推进贫困村农村安全饮水全覆盖和优先安排贫困村农村小型水利项目工作的通知》，从政策上保障贫困村安全饮水问题的改善。

表5-4 国家扶贫重点县基础设施状况

单位：%

	2014		2015	
	江西	全国	江西	全国
通电的自然村比重	99.9	99.5	99.9	99.7
通电话的自然村比重	97.8	95	97.8	97.7
通有线电视信号的自然村比重	89.4	74.6		
通宽带的自然村比重	58.3	46.9	66.9	55
主干道路面经过硬化处理的自然村比重	73.4	63.5	79.2	72
通客运班车的自然村比重	41.4	42	48.6	46.8
饮用水经过集中净化处理的自然村比重	29	34.3		
拥有畜禽集中饲养区的村比重	29.3	27.2		
使用经过净化处理自来水的户比重			23.3	36.5

数据来源：中国国际扶贫中心网站：http：//www.iprcc.org.cn/。

(3) 移民搬迁扶贫

“十二五”期间，江西省按照“整体搬得出、长期稳得住、逐步富得起”的目标，共转移 34 万人搬迁至城区、中心镇和中心村。其中，2011 年搬迁 50 829 人，其中集中安置 36 461 人，分散安置 14 368 人，2012 年移民搬迁 50 229 人，避灾移民 60 182 人，2013 年搬迁 62 900 人，其中集中安置 60 877 人，2014 年搬迁 80 000 人，其中，以工代赈搬迁 9 170 人，深山区搬迁 67 700 万人，生态移民 3 163 人，2015 年搬迁 106 073 人。2013 年起，江西省开始在修水县、武宁县和遂川县试点搬迁移民扶贫进城镇、进园区，确立“以县为基本单位和平台，以县城为龙头，实行县、乡镇、村三级联动”的基本框架，实施“移民原有权益不伤害，现有权益可增加，未来权益可预期”的基本政策，坚持“政府主导、农民主体、市场运作、社会帮扶”的基本原则，整合农村危旧房改造、保障性住房建设等多项补助政策，建设进城进园安置精品小区，如“良瑞社区”等，让搬迁移民得到实惠。

(4)“雨露计划”培训

“十二五”期间，江西省全面推进“雨露计划”实施扶贫方式改革转型，由以往由扶贫办直接举办培训班的方式，改为采取凭证补助。只要贫困户拿到了相关结业证、培训证或职业技能证书，就可以申请一定的补助资金。2011 年完成培训 34 599 人，完成年计划的 103.5%，转移就业人数为 17 651 人，转移就业率为 93.21%。2012 年完成培训 36 513 人，完成计划的 102.83%，劳动力转移就业率达到 97.9%。2013 年完成培训 44 548 人，完成计划的 102.31%，转移就业率 95.72%。2014 年计划培训 50 000 人，其中建档立卡贫困户培训人数占总人数比例为 60.6%。2015 年完成培训 48 125 人，其中转移就业技能培训 23 900 人。

5.3 江西脱贫攻坚实践模式及其运行机理

为进一步深入了解“十二五”期间江西省扶贫开发的实践模式，本课题组于 2016 年 4 月至 9 月赴修水县、石城县、瑞金市、广昌县、井冈山市、遂川县、吉安县、永丰县以及兴国县等地调研，将各地的脱贫攻坚模式总结为以下 16 种模式，具体情况如表 5－5 所示。

表5-5　江西省脱贫攻坚模式的总结

扶贫模式		做法	优势	关键问题
产业脱贫	龙头+脱贫模式	公司+贫困户、合作社+贫困户、基地+贫困户等	龙头企业和贫困户互利双赢	龙头的选择
	绿色+脱贫模式	绿色种养、绿色品牌	产业发展与绿色生态有效地结合	绿色产业的选择
	旅游+脱贫模式	乡村旅游观光、生态采摘、农家乐等	产业的优化整合	旅游产品开发创新
	电商+脱贫模式	通过电子商务进行本地农特产品的销售	零门槛	乡村物流覆盖率低
	光伏+脱贫模式	通过光伏设备发电卖电增加收入	既扩大光伏发电市场，又促进贫困人口稳定增收	光伏设备的质量问题
	科技+脱贫模式	对接产业扶贫组织实用技术培训	助推了贫困县特色产业升级发展，提高了农民脱贫致富能力	服务体系不全，农户素质不高
	金融+脱贫模式	金融信贷支持、财政资金奖补、工商资本引入	解决其他脱贫模式的资金缺口	资金的整合和监管
就业脱贫		就业援助、就业培训、鼓励创业	提升扶贫对象就业创业能力	激发贫困人口的内在发展动力
搬迁脱贫	大规模集中安置	县城安置、集镇安置、中心村安置、集中供养安置、兜底住房安置	移民脱贫与城镇化工业化同步进行	移民搬迁后的生计问题
	就近小规模安置	就近安置	改善移民的生产生活条件	移民搬迁后的生计问题
教育脱贫	营养餐模式	通过营养餐，融合教育脱贫与产业脱贫	企业降低了成本、学校减轻了压力、贫困户实现了增收	食品安全
	薄改模式	推进“薄改”项目为推手，改善农村贫困地区学校办学基本条件	确保贫困家庭受教育子女就学有供给保障	人文精神上的关怀

（续）

扶贫模式	做法	优势	关键问题
健康脱贫	提高医疗水平、优化医保政策、完善制度建设	切实减轻贫困人口医疗负担	构建多层次治理体系
生态保护＋脱贫	生态保护与脱贫结合	生态保护与脱贫攻坚的双赢	贫困农户是否受益
农村低保＋脱贫	农村低保对象与扶贫对象的对比衔接	贫困人口应保尽保	扶贫标准和低保标准“两线分离”
党建＋脱贫	党建工作与扶贫工作有效衔接	凝聚民心，聚集全党全社会力量	扶贫干部选派的精准化

5.3.1 产业脱贫模式

(1)“龙头＋”产业脱贫模式

龙头即龙头企业、合作社、产业基地以及基层大户等。“龙头＋”产业脱贫模式就是通过发挥上述龙头的带头作用，鼓励贫困户与“龙头”建立稳定的带动关系，通过产业发展提高贫困户收入进而实现脱贫。具体模式包括“公司＋贫困户”“合作社＋贫困户”“基地＋贫困户”“公司＋合作社＋贫困户”“公司＋基地＋贫困户”以及“公司＋基地＋专业合作社＋贫困户”等。

“龙头＋”产业脱贫模式的优势在于“龙头”与贫困户的双赢。“龙头”企业在资金、技术、市场等方面具有优势，而贫困户则在劳动力和场地上具有优势。双方对接，优势互补，互利共赢。典型的案例有遂川狗牯脑茶产业脱贫，通过“公司＋基地＋农户”模式，带动166户贫困户，每年每个贫困茶农增收达2 000余元。

“龙头＋”产业脱贫模式成功的关键在于选准“龙头”，要充分发挥“龙头”的带动作用。因此，推进产业脱贫，务必重视新型经营主体的带动作用。要创新机制，鼓励种养大户、农民合作社、“龙头”企业等新型经营主体与贫困户建立稳定的带动关系，向贫困户提供全产业链服务，切实提高产业增值能力和吸纳贫困劳动力就业能力。此外，“龙头”尤其是合作社和产业基地还需规范建设提升质量，提高其管理水平和市场竞争能力。

(2)“绿色＋”产业脱贫模式

“绿色＋”产业脱贫即根据各地不同的资源禀赋特点，因地制宜地选择适合发展的有特殊的绿色产业。江西省大多数地区在选择脱贫产业时都遵循了“绿色+”的发展理念，主要体现为绿色种养和绿色品牌。绿色种养即选择主导产业时注重绿色导向，例如吉安市发展井冈蜜柚、横江葡萄和养鸡三大脱贫产业，通过种养结合，将鸡粪充分利用，既做肥料，又改良土壤，形成了“一户一亩井冈蜜柚、一户一亩横江葡萄、一户一个鸡棚”的绿色产业精准脱贫模式。绿色品牌即形成地区特有的品牌，通过发挥品牌效应提高产业收益。例如遂川狗牯脑茶、井冈皇菊等。

“绿色+”产业脱贫的优势在于将产业发展与绿色生态有效地结合。一方面，各地的地理环境和自然气候不同，不同的产业适应条件不同，只有充分利用，产业才能发展得更具有竞争力。另一方面，绿色发展符合江西绿色崛起的经济发展方针。

“绿色+”产业脱贫成功的关键在于绿色产业的选择。从目前调研的情况来看，各地普遍存在脱贫产业趋同的问题。例如赣南地区普遍将脐橙产业作为重要的脱贫产业，而罗霄山脉地区则普遍将井冈蜜柚作为重点发展的脱贫产业。趋同的产业选择必将导致贫困户面临更大的市场风险，如农产品产能过剩导致价格大幅下降，使得农户收益受损的情况。因此，在扶贫产业规划时就必须做出科学的预测，正确地选择绿色产业，有效地防范市场风险。

(3)“旅游+”产业脱贫模式

江西省具有丰富的乡村旅游资源，80%以上的旅游资源集中在乡村。“旅游+”产业脱贫模式就是通过开发乡村旅游，提高乡村旅游收入，让贫困人口有效地参与到乡村旅游经营活动，增加收入进而脱贫致富。其具体模式包括乡村旅游观光、生态采摘、农家乐等。

“旅游+”产业脱贫模式的优势在于产业的优化整合。一方面，“旅游+”产业脱贫模式能有效地带动本地区其他产业（农业、农产品加工业、住宿业和餐饮业等）的发展，促进本地区整体经济水平的提高。例如赣州市将旅游与脐橙产业有效地结合，发展生态采摘旅游。另一方面，“旅游+”产业脱贫模式能够帮助贫困农户以多种形式参与到旅游经营活动中，如农产品销售或景区工作等，提高贫困农户的收入。

“旅游+”产业脱贫模式成功的关键在于旅游产品开发创新。根据调研结果显示，目前旅游产品比较单一，缺乏特色，容易让游客产生疲劳心理。贫困地区如何形成具有自身特色的，有核心竞争力的旅游产品是目前“旅游+”产业脱贫模式亟待解决的问题。因此，引进或培养旅游相关人才，形成旅游产品特色，提升旅游服务质量是“旅游＋”产业脱贫模式的核心问题。

(4)“电商＋”产业脱贫模式

“电商＋”产业脱贫模式即利用电子商务来推动产业的发展，降低贫困农户进入市场的门槛，提高贫困农户的收入。比较典型的模式是通过电子商务进行本地农特产品的销售，提高农户收益。例如瑞金市的“廖奶奶咸鸭蛋合作社”，采取“合作社＋电商＋贫困户”模式，帮助32户贫困农户年均增收2万余元。

“电商＋”产业脱贫模式的优势在于“零门槛”。相比传统脱贫模式对扶贫对象的身体条件、劳动能力和资金条件有要求，“电商＋”产业脱贫模式对于参与的农户基本没有过多要求，只要农户有“一根网线、一台电脑”就能够通过互联网来寻找致富机会。

“电商＋”产业脱贫模式成功的关键是“最后一公里”的物流问题。目前物流企业基本集中在城区，乡村的物流覆盖率较低。虽然现在有地区构建了电商孵化园，但电商孵化园基本安置在县城，例如遂川县的狗牯脑茶电子商城。乡村则经常遭遇物流周期比较长，时效差的问题。因此大力发展“农村e邮”，将村淘服务站开进贫困村，借助阿里巴巴、京东等方式完善乡村物流是发挥“电商＋”产业脱贫模式脱贫效果的关键。

(5)“光伏＋”产业脱贫模式

“光伏＋”产业脱贫模式是选取有条件安装光伏发电站的贫困村和贫困户，安装光伏村站和户站，铺设光伏系统，接入配电设备，实现并网发电。供电公司按结算周期向贫困农户全额支付上网电费，电站发电全额上网，优先享受国家、省、市度电补贴，全部归扶贫村和贫困农户所有。

“光伏＋”产业脱贫模式既有利于扩大光伏发电市场，又利于促进贫困人口稳定增收。一方面，光伏发电既不破坏农村生态环境，又由政府统一规划实施，有利于扩大光伏发电市场。另一方面，光伏发电技术可靠，光伏家庭电站的寿命期为25年，每年都有稳定的卖电收入。贫困户通过入股光伏项目就可以长期参与分红，能够长期增加收入。

“光伏＋”产业脱贫模式成功的关键在于光伏设备的质量问题。要特别注意防止低端过时的光伏设备流入光伏扶贫电站。此外，应该大力发挥晶科、赛维、泰明、旭阳雷迪等省内大型光伏制造企业、工程建设（总包）单位的对口扶贫作用，为各地光伏扶贫工程提供一流的设备和施工服务。

(6)“科技＋”产业脱贫模式

“科技＋”产业脱贫模式就是对接产业扶贫组织实用技术培训，具体形式有结合科技特派员工程推进科技扶贫、结合新农村建设推进科技扶贫、结合科技项目推进科技扶贫、结合科技培训推进科技扶贫、结合科技合作交流推进科技扶贫。例如江西农业大学先后派出97个科技特派团、323名专业技术人员在全省开展科技服务，探索大学科技精准扶贫的体制机制，初步建立了“科技特派团6 161精准扶贫和科技服务的江西模式”，通过科技特派团助力贫困县脱贫攻坚取得了预期成效。

“科技＋”产业脱贫模式有利于推动贫困地区产业的升级发展。江西农业大学的科技特派团先后与上饶、赣县、井冈山等国家级农业园区和南城等省级农业园区合作建设“农业科技综合服务示范试验基地”。此外，该校科技特派团与省农业龙头企业合作建设江西特色产业示范基地和科技服务站，围绕江西“水稻、生猪、油茶、脐橙、茶叶、猕猴桃、水产、花卉苗木、蔬菜、休闲农业”等特色优势产业开展深度合作，有力地推动了井冈山等革命老区和瑞金等赣南苏区的产业升级。

“科技＋”产业脱贫模式成功的关键在于提高农户的素质。“科技＋”产业脱贫通过提高农户的技术水平，提高产量才能有效地提高农户收入。因此，农户是否能够通过科技培训提高技术水平就成为科技脱贫的关键。但目前农村文化程度较高的青壮年大多常年在外务工，留守在农村的多数为老人、儿童及伤残病人，综合素质不高，这也是科技脱贫的难处所在。

(7)“金融＋”产业脱贫模式

狭义的金融脱贫指的是由金融部门牵头，为贫困农户提供一系列扶持性的金融产品和服务，以帮助贫困户脱贫。而本书所指的“金融＋”产业脱贫则含义更加广泛，指不断探索扶贫资金尤其是产业扶贫资金的筹措办法，整合使用各项涉农财政，为产业脱贫提供资金支持。具体可通过金融信贷支持（狭义的金融脱贫）、财政资金奖补、工商资本引入等渠道，探索一条多元化的扶贫资金筹措之路。

“金融＋”产业脱贫模式有利于解决其他脱贫模式的资金缺口。例如遂川县推进的“财政惠农信贷通”“红色扶贫信贷”“金穗油茶贷”“金穗茶叶贷”等扶贫贷款产品，加强政银企农联动，加大信贷力度，切实帮助贫困村新型农业经营主体解决了资金难题。近两年，对450家新型经营主体发放“财政惠农信贷通”贷款近2亿元。

“金融+”产业脱贫模式成功的关键在于资金的整合和监管。在资金整合方面，需要金融产品创新、财政体制改革和产业政策配套，因此需要政府发挥主导作用，形成“多个渠道引水、一个龙头放水”的扶贫资金投入模式。在资金监管方面，需要各级政府加大监管审计的力度，对扶贫资金的流向和项目的进展进行管理监督。

(8) 就业脱贫模式

就业脱贫模式即通过促进贫困人口更好更多地就业创业，增加收入，进而脱贫致富。具体做法包括就业援助、就业培训、鼓励创业等。就业援助即通过开展“就业援助月”“春风行动”“民营企业招聘周”等公共就业服务活动，为贫困人口与企业搭建用工平台，协助贫困人口上岗就业。就业培训即根据企业的用工需求和贫困人口的意愿，开展就业技能培训和岗前技能培训，提高贫困人口的就业能力。鼓励创业即对有创业意愿和创业条件的贫困人口，政府给予一定的资金支持和创业培训，鼓励贫困人口创业脱贫。

就业脱贫模式的优势在于提升贫困人口的就业创业能力，从根本上脱贫致富。贫困人口之所以贫困，其中一个根本原因就是贫困人口素质低、就业能力差，提高贫困人口的就业能力激发其内在的发展动力，实现稳定就业，就能从根本上解决这部分贫困人口的贫困问题。

就业脱贫模式成功的关键在于激发贫困人口的内在发展动力。贫困人口受到个人素质和传统观念等因素的影响，对就业脱贫的内在发展动力不足，尤其是对就业培训的认同程度较低。例如 2015 年江西省建档立卡的贫困家庭参与职业学历教育、转移就业技能培训的“两后生”和青壮年劳动力的职业教育参训率仅占当年计划的 63.8%。因此，需要政府一方面加大政策的宣传力度，另一方面加强典型示范作用，激发贫困人口的内在发展动力，将贫困人口的被动就业转为主动就业。

5.3.2 搬迁脱贫模式

(1) 集中安置的搬迁脱贫模式

集中安置的搬迁脱贫模式主要包含五类：县城（工业园区）安置、集镇安置、中心村安置、集中供养安置和兜底住房安置。江西省集中安置的搬迁脱贫典型是修水县的良瑞社区。良瑞社区是县城安置的典型代表，可供分配房源有 2 732 套，至 2016 年 9 月，已吸纳 5 个乡镇 14 个村的 1 633 户 7 835 人深山移民入住，其中建档贫困户约 160 户，易地脱贫搬迁效果明显。

集中安置的搬迁脱贫模式最显著的优势在于将移民脱贫与城镇化工业化同步进行。以修水县为例，在“搬得出、留得住、有保障、奔小康”的移民扶贫方针指导下，该县在群众自愿的基础上，在边远深山区、水库库区、地质灾害区、重点生态保护区、重大项目征地拆迁区等区域，以行政村为单元，大力推进整体搬迁移民，按照“两分两换六联动”的思路，将宅基地与承包地分开、搬迁与土地山林流转分开，以宅基地换住房、以耕地承包权和山林经营权换保障，联合推动就业保障、户籍制度、社会管理、涉农体制、金融服务、公共服务六项改革。移民大规模减贫的同时，也破解了城镇工业园招工难问题，加快了城镇化步伐。

集中安置的搬迁扶贫模式成功的关键在于移民搬迁后的生计问题。课题组在良瑞社区调查时发现，对于“移民后，你最担心的是什么?”的问题，移民在“A. 经济收入没保障，B. 生活不习惯，C. 亲戚熟人少了，D. 农村传统风俗丢了，E. 社会治安环境没乡村好，F. 与其他村的移民难以相处”6个选项中，“A. 经济收入没保障”的选择比例远远高于其他5个选项。主要原因包括两方面。一是就业困难。对于50岁以上的移民而言，移民前在农村是家庭经济的重要来源，而进城后由于缺乏非农劳动技能，很难找到工作。二是生活成本较移民前增加。移民前粮食、蔬菜和柴禾等都能自给自足，而进城后则需要花钱购买。生计问题决定着移民能否“留得住”。所以，解决移民的生计问题是增强集中安置移民脱贫效果的核心。

（2）就近安置的搬迁脱贫模式

就近安置的搬迁脱贫模式与大规模集中安置不同，往往就在实施搬迁移民的村附近，选择适宜居住，交通便利的地方安置。例如石城镇长乐移民新村综合运用深山移民、土坯房改造、城乡建设用地增减挂钩试点等政策，创造良好的就学就医就业环境，先后吸纳了三批周边深山区移民和地质灾害避灾移民142户672人。

就近安置的搬迁脱贫模式改善了移民的生产生活条件。就近安置的移民安置点往往是交通便利，生产条件比较好的地区，政府也在移民安置点推进农田水利等基础设施改造，相对于搬迁前，移民的生产条件明显改善。此外，安置点的生活设施也较好，例如，琴江镇怡然居客家源两个移民安置点，每户安装了太阳能热水器，建了沼气池，建设了绿化休闲地。由于生产生活条件的改善，移民的收入提高，生活质量改善。

就近安置的搬迁脱贫模式成功的关键也在于移民的生计问题。考虑到江西省人多地少的现实情况，非农安置将成为移民脱贫的主要模式。但该模式的有效实施关键在于移民生计如何保障，这一点与大规模集中安置模式一致。

5.3.3 教育脱贫模式

(1) 营养餐模式

营养餐模式最早由兴国县发起，在实施义务教育学生营养餐改善计划中，采用“四统”模式（统一招标、统一采购、统一加工、统一配送），将零星采购变为集中供应，贫困户通过“企业＋基地＋贫困户”模式参与到营养餐的供应环节，有效融合了教育脱贫和产业脱贫。

教育脱贫的营养餐模式实现了“三赢”：贫困户实现了增收、学校减轻了压力、企业降低了成本。贫困户直接参与到营养餐的供应环节，或者提供产品供给，或者成为产业工人，均可以提高收入。按照兴国县规划，2017 年将建成供应 10 万人的蔬菜基地，可带动 5 000 户贫困户增收脱贫。对学校而言，配餐企业提供“一条龙”服务，学校可从后勤服务中解脱出来，专心教学。对企业而言，订单化的生产方式帮助企业获得稳定可靠的供应来源，有效地降低了企业的生产成本。

教育脱贫的营养餐模式成功的关键在于食品安全。没有食品安全，营养就无从谈起。但目前新闻报道贵州、陕西、云南、浙江等地均出现学生食用营养午餐后，出现腹泻、腹痛、发高烧等症状，被送医院诊治的事件，究其原因就是食品安全还存在不少隐患。因此，政府、学校和配餐企业都必须从食材采购、加工、存放，从业人员健康，卫生消毒等方面制定严格制度，保障食品安全。

(2) 薄改模式

教育脱贫的薄改模式就是以推进“薄改”项目为推手，通过不断改善农村贫困地区学校办学基本条件，确保贫困家庭子女就学有保障。例如瑞金市优先做好贫困村学校规划，确保每个贫困村均设有一所小学或教学点，便于适龄儿童少年就近入学。2015 年，投入资金 340 多万元为 85 所村完小（含教学点）装备了通用教学设备、音体美器材、校园广播和多媒体设备；投入资金 418 万元，为红井小学等学校装备“班班通”多媒体设备 108 套。

教育脱贫的薄改模式通过改善贫困地区办学条件，保障了贫困家庭子女可以不再因穷而失学、辍学。这些资金上、物质上的大力支持，无疑是对贫困地区特别贫困户实施教育精准帮扶的直接方式和手段，调研涉及的县市实践证明，这种教育脱贫的效果较为明显，有的甚至在短期内取得立竿见影的成效。

值得注意的是，目前教育脱贫的薄改模式更多的是资金和物质上的支持，而缺乏人文精神上的关怀，实际上，教育脱贫的薄改模式成功的关键就是通过教育水平的提高，帮助受教育者树立提高自身素质获取长期收益的观念，激发其内生脱贫致富的动力。教育脱贫既要“授之以鱼”，更要“授之以渔”，只有贫困家庭的子女从精神上树立脱贫致富光荣的观念，才能在物质上和精神上实现同步脱贫。

5.3.4　健康脱贫模式

健康脱贫模式就是通过提高医疗水平、优化医保政策、完善医疗制度建设，保障农村贫困人口“看得起病、看得好病、看得上病、更好防病”，提高农村贫困人口的健康水平，防止因病致贫、因病返贫现象的出现。例如石城县医疗保障全部政府兜底。2015 年石城县财政出资 97.03 万元为建档立卡贫困户投保 20 元/人，通过贫困户大病医疗补偿保险，为因患大病的建档立卡贫困户补偿个人负担医疗费 119.97 万元，较好地缓解了因病致贫、返贫的问题。

健康脱贫模式的优势在于切实减轻贫困人口医疗负担，有效解决和遏制贫困人口因病致贫、因病返贫的问题。永丰县对全县建档立卡贫困户中因病致贫的贫困户进行了入户调查，调查结果显示因病返贫概率风险相当高。全县建档立卡贫困户主要因病致贫的有 2 154 户 8 731 人，家庭负债户数 1 665 户，因缺钱中断治疗人数 867 人，因病因残丧失劳动力人数 1 815 人。

健康脱贫模式成功的关键在于各项医疗制度的融合。医疗救助制度是“因病致贫返贫”治理体系的基础，新农合制度是“因病致贫返贫”治理体系的主干，大病医疗保险是“因病致贫返贫”治理体系的补充，商业健康保险和慈善救助为“因病致贫返贫”的再补充。只有将这些医疗制度有效地融合在一起才能构建多层次的“因病致贫返贫”治理体系。

5.3.5　“生态保护+”脱贫模式

“生态保护+”脱贫模式是以“生态补偿脱贫一批”为主线，把生态保护与脱贫结合起来，作为脱贫的新模式和新方向，实现精准扶贫、精准脱贫。以井冈山市为例，该市采取了三个做法实现“生态保护+”脱贫，有效地帮助贫困户增收：一是转化建档立卡贫困户为生态护林员；二是发展林业特色产业建立“造血型”脱贫机制；三是实施林业生态工程带动贫困户脱贫。

“生态保护＋”脱贫模式实现了生态保护与脱贫攻坚的双赢。虽然只强调经济发展，不重视生态环境保护，国家的生态安全和资源安全很难得到保障。但是如果只强调保护生态环境，不考虑经济发展，那么将无法帮助贫困人口脱贫，也不符合“决不能让困难地区和困难群众掉队”的脱贫攻坚要义。引导贫困人口实现绿色转产转业是生态保护补偿的根本要义。长期以来，生态脆弱贫困地区脱贫工作的深度、广度、力度和精准度基本上取决于外部“输血量”的多少，一旦“输血”停止，很容易造成返贫，究其原因是这类区域缺乏有效的“造血”功能。因此，加大“造血型”生态保护补偿力度，通过创新资金使用方式，利用生态保护补偿引导贫困人口有序转产转业，使当地有劳动能力的部分贫困人口转化为生态保护人员，引导贫困群众依托当地优势资源发展“绿色产业”，这是确保这些地区真正脱贫的根本所在。

生态保护的脱贫效果对于参与生态补偿项目的农户和未参与生态补偿的农户之间存在差异。对于加入生态补偿项目中的贫困农户而言，他们最直接受到的影响就是收入的改变。此外，生态补偿项目还将通过生计资产间接地影响到贫困农户。如果贫困农户获得的补偿金额大于其原来的生产收入，那么在这一补偿政策下，贫困农户的实际收入提高，有助于贫困农户脱贫。贫困农户的生计资产包括人力资产、自然资产、物质资产、金融资产、社会资产。对于贫困农户而言，生计资产的匮乏是导致其贫困的主要原因。因此，相对于收入的影响，生态补偿对于贫困农户的生计资产的影响也很重要。对于未参与生态补偿项目的贫困农户而言，其受到的影响主要是间接地通过当地生产条件的改善、地区发展环境的改善以及劳动市场的改善而表现出来的。

5.3.6 “农村低保＋”脱贫模式

农村低保的扶持对象与脱贫政策的扶持对象略有差别。因而，“农村低保＋”脱贫模式就是将低保对象和扶贫对象进行比对，实现扶贫部门“两无”贫困人口与民政农村低保的长期保障户、重点保障户的基本统一、有效衔接。例如吉安县将农村低保对象、五保对象名单与贫困户建档立卡的名单逐户比对，摸清农村低保对象、五保对象未纳入贫困户建档立卡范围的具体情况，严格按照“应保尽保、应扶尽扶”要求，推进贫困线和低保线“双线合一”，进一步提高农村低保对象与扶贫对象的重合率。

“农村低保＋”脱贫模式的优势在于通过完善“社会保障兜底一批”的相关政策，实现低保政策与扶贫政策有效衔接，对贫困人口应保尽保。因低保兜底对象均是集老弱病残于一身，其中有大部分人既无资金来源，又无劳力，如果仅靠其自身的力量，很难如期脱贫。只有通过农村低保“兜底式”帮扶，给无力脱贫者“输血”兜底保障，才能帮助他们脱贫。

“农村低保＋”脱贫模式成功的关键在于解决扶贫标准和低保标准“两线分离”和“两库分离”问题。“两线分离”指农村低保标准线与农村贫困线不一致。农村低保线作为“社会的最后一道安全网”，由民政部门及各地方政府发布，主要用于由民政部门所开展的社会救助工作。而农村贫困线由国家统计局设立，主要用于由扶贫开发部门所开展的农村扶贫工作。“两线分离”的状态导致两个不同的统计口径，形成农村低保对象和扶贫对象不一致的“两库分离”问题。各地、各部门在实际工作中的分散管理极大地阻碍了扶贫工作的进程。只有贫困线和低保线“双线合一”才能有效地实现低保政策兜底，对贫困人口应保尽保。

5.3.7　“党建＋”脱贫模式

“党建＋”脱贫模式即将党建工作与精准脱贫工作无缝对接，通过干部结对帮扶、集中选派第一书记到村任职、建立市、乡、村三级联动等方式，实现党建工作和脱贫工作的同步发展。例如瑞金市构建“连心”工作体系，落实单位驻村帮扶、干部“6 543”结对贫困户制度，共安排 127 个市直、驻市单位挂点 223 个行政村，4 100 多名党员干部组建 223 支扶贫工作队，结对联系 7.89 万贫困群众，选派 223 名第一书记到村任职，帮助做好精准扶贫工作，利用干群“连心”精准扶贫手机平台建立市、乡、村三级联动。全市共打造了 38 个“党建＋精准扶贫”示范村，鼓励各示范村创新工作方式，突出工作实效。

“党建＋”脱贫模式的优势在于在扶贫工作中体现党为人民服务的宗旨，把精准扶贫当作最大的民生工程来抓，有利于凝聚民心，聚集全党全社会的力量开展脱贫攻坚。

“党建＋”脱贫模式成功的关键在于干部的选派。除选派熟悉农村、了解农民、经验丰富、工作热情高的干部以外，还应当根据贫困地区的贫困原因进行分析，针对贫困的病根精准选派干部。例如对信息不灵通，产品滞销的地区，应选派熟悉市场营销的干部。瑞金市就把脱贫攻坚实绩作为选拔任用干部的重要依据，在脱贫攻坚一线锻炼考察识别干部，激励广大党员干部在脱贫攻坚战场上大显身手。

5.4 江西精准脱贫的现实困境

5.4.1 资金约束

上述16种脱贫模式涵盖了产业脱贫、异地搬迁脱贫、生态保护脱贫、教育脱贫、社会保障脱贫等“五个一批”工程，但一个共同的问题就是资金约束。扶贫资金总量缺口较大，结构性矛盾突出的问题在上述脱贫模式中均有体现。对产业脱贫模式而言，虽然江西省委、省政府已为58个县每年专项安排了1 000万元产业发展资金，各县（市、区）也相应地安排了数量不等的一些专项资金，贫困农户也能自筹一些资金。各地也尽力整合各路资金用于支持产业发展以增加贫困农户收入，但由于贫困地区往往是地处偏僻、交通不便、基础设施匮乏的山区、库区和湖区，从总量上来看为发展扶贫产业所需资金量远远超过贫困地区所能筹集的资金量，资金总量缺口较大。与此同时，扶贫资金的结构性缺口问题也较为突出。根据调研的几个地方的反映，省里的扶贫资金往往以县为单位进行平均分配，这样做虽然基本保证了各个贫困县扶贫资金的均等化，但是实际上会造成扶贫资金结构性的缺口问题，因为不同的贫困县贫困人口数量不同，扶贫的难度也有差异，因此各县所需扶贫资金也存在差异。资金不足的问题在移民搬迁和生态保护方面主要体现为移民或生态保护受偿者认为目前补助标准偏低。从农户收入角度来看，移民搬迁或生态补偿减缓农村贫困的作用机制表现为：如果贫困农户获得的补偿金额大于其原来的生产收入，那么在这一补偿政策下，贫困农户的实际收入提高，有助于贫困农户脱贫。然而目前的研究均表明农户期望政府给予较高的补贴标准。例如朱红根等（2015）对鄱阳湖区1 009份农户问卷调查显示，从农户退耕还湿受偿意愿统计分布来看，样本农户期望政府给予较高水平的补贴。其中，在所有受访者中，有32.19%的农户愿意接受补偿的费用在200元以下，有38.75%的农户愿意接受的补偿在800～1 600元之间，还有12.09%的农户愿意接受补偿的费用在2 000元以上。他们通过构建实证模型得出最低补贴标准为1 072元，在当前鄱阳湖区湿地保护的现实情况下，现有的激励不足以让农户退耕还湿，即对农户的补贴政策难以对农户形成有效激励。

5.4.2 制度碎片化

在实际扶贫过程中，脱贫模式的实施并不是单一的，往往是多项脱贫模式融合在一起共同实施。例如教育脱贫的营养餐模式中也采取了“龙头＋”产业脱贫模式的“企业＋基地＋贫困户”模式，又如“生态保护＋”脱贫模式结合了“绿色＋”产品脱贫模式的绿色种养，再如移民搬迁脱贫模式必须与社会保障脱贫相结合。因此，各项扶贫制度的融合成为扶贫攻坚工作成功的关键和难点问题。主要体现在：第一，各项扶贫制度的实施部门不同，导致制度难以融合。例如农村低保对象和农村扶贫对象分别由不同的部门认定，农村低保对象由各地民政部门按照地方低保标准进行识别，主要包括因病、因残、年老体弱、丧失劳动能力等原因造成生活常年困难的农村居民，其中也包括扶贫开发周期性效益尚未显现的有劳力居民；而扶贫对象由各地扶贫办认定，主要是家庭人均收入低于农村扶贫标准、有劳动能力的农户，其中包括有劳动能力和劳动意愿，但缺乏技能或未能就业以致没有收入的农村低保对象。如前所述，“两库”分离导致扶贫工作的碎片化。第二，城乡制度差异导致制度衔接不紧密。具体体现在移民搬迁扶贫与社会保障扶贫衔接上。例如城乡低保标准存在较大差异，城市低保对象保障标准是农村低保对象保障标准的 2 倍以上，又如农村分散供养五保对象低保标准仅仅是农村集中供养五保对象低保标准的 65％。差距如此之大，移民搬迁的农户如不能及时从农村低保转换为城镇低保，其生计成本又因为搬迁到城镇而提高，则会进一步加重其贫困现状。在这一点上，修水县实施了《修水县推进整体移民搬迁加快城乡发展一体化困难救助实施办法》，将搬迁移民扶贫与城乡一体化建设融合在一起，建立城乡全覆盖的一体化社会保障体系，有效地衔接了城乡各项社会保障制度，解决了制度融合的问题。第三，制度实施时间差异导致制度配套不完善。例如生态补偿精准扶贫提出的时间较晚，各地区仍在摸索之中，如何从法律制度、管理制度以及支付制度等方面将生态补偿与其他扶贫政策有机结合等相关政策并未出台。

5.4.3　项目同质化

从各地的调研情况来看，脱贫项目普遍存在同质化程度过高的问题。具体表现为：第一，脱贫项目与非脱贫项目重合较多。例如在产业脱贫中，扶贫产业的针对性不足。各地大力发展的扶贫产业往往也是当地整体经济大力发展的产业。然而，贫困户与非贫困户项目往往存在资源禀赋等方面的不足，适合非贫困户的产业不一定适合贫困户来发展。虽然目前各地的扶贫产业项目会给予贫困户更多的优惠政策，但并不能从根本上解决贫困户资源匮乏而无法从产业发展中获益的问题。又如在教育脱贫的薄改模式中，少数地区为争取资金和项目，采取已有的规划组织申报，导致项目工程建成后不仅没有缓解城乡学校教学水平差异过大的问题，反而加剧了甚至带来了新的“县镇学校太挤、乡村学校太弱”的现象。第二，产业发展集中程度高。从产业集聚的角度来看，集中发展优势产业，带动贫困户脱贫致富有其合理性。但如前所述，在“绿色＋”产业脱贫模式中过于集中的产业结构不利于分散风险。集中发展产业的结果可能是产品集中上市，一旦需求达不到预想，就会爆发大规模的市场风险。又如在“光伏＋”脱贫模式中，一旦遭遇到光伏上网电价下跌，则会造成贫困户巨大的损失。贫困户相对非贫困户而言，其风险防御能力更差，因此一旦出现市场风险或自然风险，贫困户遭遇到的冲击将更大，可能导致其贫困程度加深或脱贫的贫困户返贫现象的出现。第三，地区之间扶贫项目无鲜明特色。例如“旅游＋”脱贫模式中各地乡村旅游产品较为雷同，缺乏特色，主要以游览和农家乐为主。贫困地区发展乡村旅游时间又较晚，如果没有鲜明的特色，则无法在众多的乡村旅游中脱颖而出，无法提高当地的经济，也无法改善贫困户的生活条件。又如在“电商＋”产品脱贫中，农户网络销售的农产品特色也不足。目前除赣南脐橙之外，其他农副产品均未通过农产品质量体系认证，未形成自身的品牌，无法产生品牌效应，通过电商达到减贫的效果也有限。

5.4.4 程序烦杂化

为保障脱贫项目的实施和扶贫资金的使用，大多数地区制定了一系列扶贫项目申报、立项、审批、验收等程序。虽然近年来江西省不断加大对财政扶贫资金管理机制的改革，加快资金拨付进度，但仍存在程序烦琐的问题。例如，在教育的薄改模式中，不少地方反映校建项目立项审批手续太复杂，项目实施前须进行立项、勘探、设计、招标、报建等手续。立项环节又要提供可研报告、环评报告、社会风险评估、选址意见书、用地预审等材料。仅前期工作就需要耗费大量时间和人力。又如在健康脱贫模式中，调研结果发现新农合医疗保险的报销程序复杂，对于不了解报销政策和程序的贫困户来说，可能会失去报销的机会。此外，低保等福利待遇和医疗救助的申请程序很烦琐，且较难批准。如有些县申请大病救助，需要通过村委会、乡政府、县政府等多个部门，这会导致很多受访户不懂或不愿意申请大病救助。在疾病应急救助方面，实施过程也较为烦琐，往往需要层层申报，但有一些困难人群是临时陷入困境中，需要解决燃眉之急，通过层层申报的手续，最少需要几天时间，给困难群体造成了不便，无法解决当时之需。

5.4.5　贫困户脱贫内生动力不足

课题组在部分地区的调研发现，精准脱贫是“上面热、下面冷”，贫困户自我脱贫意识还需进一步增强。在产业脱贫中，现有的扶贫产业发展主要还是强调政府的扶持引导以及干部能人的示范带动。一些贫困户在政策帮扶下能够通过发展产业得以脱贫，一旦离开政策帮扶，就会陷入困境。在就业脱贫中，贫困农户对接受就业培训的认同程度不高，接受就业培训的积极主动性严重不足，内在动力缺乏。在搬迁移民脱贫中，部分农户存在对政府高度依赖的心态。部分移民户认为是政府组织的整体搬迁移民，因此政府应该对他们负责到底，一切问题指望政府解决，大到农村的承包山林遭遇偷盗者砍伐，小到邻里纠纷都找社区解决。贫困户自我脱贫意识差的问题在农村低保＋脱贫模式中最为严重。农村最低生活保障制度虽然使农村低保户得到了直接的经济补贴和救济，在一定程度上改善了他们的生活水平，但这项制度也容易让他们对低保产生依赖，缺乏自我发展能力。贫困户自我脱贫意识差的原因主要有三点：第一，由于文化程度低、观念陈旧、小农意识根深蒂固，部分特困农户自我发展的能力弱；第二，部分贫困农户因为智力障碍或身体残疾，长期依靠低保或救助度日，不愿去钻研和学习，发展技能低，存在“等、靠、要”思想；第三，由于低保叠加项目的吸引，部分有劳动能力但发展意愿不足的扶贫对象会受到“逆向激励”，不愿通过劳动实现自立，而选择成为低保受助者或是享受低保和扶贫两项优待的有劳动能力的贫困者。

江西省是我国著名的革命老区，也是脱贫攻坚任务较重的省份。“十二五”期间，江西省坚持把脱贫攻坚作为“第一民生工程”，取得了较好的减贫成绩，形成了独具特色的江西脱贫模式。然而江西脱贫攻坚工作仍然存在上述资金约束、制度的碎片化、项目的同质化、程序的烦杂化和农户的脱贫意识差等现实困难。为贯彻落实习近平总书记对江西打赢脱贫攻坚战的指示精神，到2020年全省如期基本消除绝对贫困现状，江西还需解决上述五方面困难，加强以下几个方面工作：第一，加大扶贫资金投入的同时，通过杠杆效应放大有限的扶贫资金，提高资金利用效率，完善资金分配结构。第二，加强制度建设和融合，构建大数据信息平台，实现多部门数据互通，信息共享，加强制度衔接。

第三，加强产业组织建设，通过延长产业链，产业融合等方法提高产业化水平，降低市场风险，强化品牌效应，形成各地脱贫模式的特色。第四，完善组织保障体系，简化项目申报审批程序，简化社会保障福利申报报销程序，加快资金拨付进度。第五，增强农户内生发展能力，通过组织职业教育和培训提高贫困户的人力资本水平，通过政策宣传和脱贫先进的示范效应转变贫困户的思想观念，通过精神观念、人文关怀上的帮扶激发贫困户树立内生脱贫致富动力，实现物质和精神的同步脱贫。

第6章 同步小康视角下精准脱贫模式选择

6.1 江西脱贫攻坚实现同步小康的背景和现实基础

6.1.1 江西脱贫攻坚实现同步小康的背景

(1) 脱贫攻坚实现同步小康的时代背景

党的十八大报告提出到2020年实现全面建成小康社会的宏伟目标。“全面建成小康社会”核心在“全面”，“短板”是贫困人口。习近平总书记指出：“全面建成小康社会，最艰巨最繁重的任务在农村、特别是在贫困地区。没有农村的小康，特别是没有贫困地区的小康，就没有全面建成小康社会。”要如期全面建成小康社会，就要确保到2020年所有贫困地区和贫困人口一道迈入全面小康社会，就必须采取超常规力度的一系列举措，通过精准扶贫，消除最后的贫困角落。

江西省作为经济发展水平还相对欠发达的省份，也是贫困人口相对集中的地区，要实现如期全面建成小康社会的目标，任务非常艰巨。为此，更要注重补齐社会经济发展中的短板，尤其是要解决贫困人口的脱贫问题。2015年3月6日，习近平总书记在参加十二届全国人大三次会议江西代表团的审议时，强调指出：要着力推动老区特别是原中央苏区加快发展，决不能让老区群众在全面建成小康社会进程中掉队，要立下愚公志、打好攻坚战，让老区人民同全国人民共享全面建成小康社会成果。2014年12月召开的江西省委十三届十次全会开启了“五年决战同步小康”的新征程，2015年7月召开的江西省委十三届十一次全会对江西省“五年决战同步小康”进行了新的战略部署。由此可见，脱贫攻坚实现同步小康是全面建成小康社会的大背景下，经济相对落后的省份实现与全国同步建成小康社会的必然要求。

(2) 江西脱贫攻坚实现同步小康的目标任务

为全面落实党的十八大以来历次中央全会精神，深入贯彻习近平总书记对江西脱贫攻坚的指示精神，按照《中国农村扶贫开发纲要（2011—2020年）》《中共中央国务院关于打赢脱贫攻坚战的决定》和《“十三五”脱贫攻坚规划》等文件的总体要求，结合江西省的实际，江西省先后制定了《江西省农村扶贫开发纲要（2011—2020年）》《中共江西省委、江西省人民政府关于全力打好精准脱贫攻坚战的决定》《关于坚决打赢脱贫攻坚战的实施意见》等文件，对江西“十三五”脱贫攻坚工作进行了战略部署。具体来说，要实现同步小康，江西在脱贫攻坚上要达到以下几个方面的工作目标：

加快减贫进度。要加快减贫进度，首先要加快减贫进度，在时间上提前完成减贫任务，这样才能给其他区域的减贫工作提供参考借鉴。目标是力争到2018年基本消除绝对贫困现象，完成贫困县的脱贫摘帽，比全国提前两年。此后两年时间用来进一步巩固前一阶段工作的成果，进一步加强义务教育、基本医疗和住房方面的保障，实现扶贫对象的稳定脱贫。

提高减贫要求。要在减贫标准上提高要求，尽量提高贫困户的收入，而不是仅仅满足于超过国家划定的贫困标准，这样才能给其他区域减贫工作树立榜样。当前的目标是：在人均可支配收入增长方面，贫困地区和贫困人口的收入增幅持续高于全省平均增幅；在人均可支配收入的相对量方面，到2018年年底，轻度贫困户要达到当地平均水平的70%左右，中度贫困农户要达到当地平均水平的50%左右。

加强保障力度。要使得贫困地区和贫困人口在基本条件方面得到根本改善，目标是到2018年，通过危旧房改造和整体搬迁安置等措施从根本上改善贫困人口的生存条件。同时，通过加强贫困村基础设施建设，使得贫困地区基本公共服务方面的主要指标接近或达到全省平均水平。

提升内生能力。要使扶贫对象自我发展能力得到提升，一方面，通过加强贫困村服务体系、专业合作经营、基层党组织建设等带动发展主导产业，增强贫困户发展产业、劳动致富的能力。另一方面，通过教育培训等措施，使得贫困家庭的劳动力掌握一定的技能，具备转移就业的基本素质。同时，通过让贫困家庭子女接受有质量的基础教育，提升贫困家庭长期发展的能力，阻断贫困的代际传递。

6.1.2　脱贫攻坚实现同步小康的现实基础

(1) 江西扶贫工作取得的成绩

作为革命老区，江西省扶贫开发工作难度大，任务重。在“十二五”初期，江西还有 438 万贫困人口，主要分布在 38 个县，其中 25 个国定和省定特困片区县。这些地区的基础设施往往比较薄弱，公共服务能力大多不足，有些地方生态环境比较脆弱，开发成本比较高，因而脱贫的难度相当大。在这种情况下，经过“十二五”期间的努力，江西省脱贫攻坚工作取得了令人瞩目的成就。首先，从贫困人口数量和贫困发生率变化来看，“十二五”期间全省贫困人口减少了 238 万人，减少幅度超过 50%；全省的贫困发生率也相应地从 12.6%下降到 5.7%。其次，从农民收入来看，全省贫困地区农民收入在“十二五”期间大幅增长，农民收入年均增长超过 12%。再次，从基本条件来看，贫困地区生产生活条件大幅改善。全省累计投入专项资金近 30 亿元用于贫困村的村庄整治建设，共有 1.5 万个村民小组完成了村庄整治建设，共有 34 万贫困人口从生存条件恶劣的地区搬迁出来。最后，从其发展能力来看，贫困人口的内生发展能力大大增强。在“十二五”期间，全省参加职业学历教育和技能培训的贫困户子女超过 20 万人，大大增强了这些贫困人口的内生发展能力和动力。这些成绩不仅是对江西过去脱贫攻坚工作成效的肯定，也是未来江西脱贫攻坚的重要基础和保障。

(2) 江西精准扶贫工作的实践探索

江西省在长期的扶贫开发工作中积累了非常丰富的经验，在近年来大力推进的精准扶贫工作中也进行了大量的探索，积累了宝贵的实践经验。江西省的贫困人口数量较多，贫困人口的致贫原因也较为多样化，贫困人口增收途径少，产业发展小而散，抵抗风险的能力较弱，返贫情况较为突出，这些状况对江西省精准扶贫提出了很高的要求。针对这些情况，江西省在产业发展、转移就业、易地搬迁、危旧房改造、村庄整治、基础设施建设、生态保护、社会保障、健康和教育等方面开展精准扶贫的具体工作，从政策支撑体系、组织保障体系、大数据平台体系、社会帮扶体系等方面进行精准扶贫的体系建设，在精准扶贫工作方面进行了大量的探索和实践，为下一步精准扶贫工作提供了坚实的基础。

6.2　对江西脱贫攻坚影响较大的代表性模式

要通过脱贫攻坚实现同步小康，除了在宏观上进行正确的战略部署之外，还需要在微观上选择正确的扶贫模式。总结提炼有效的脱贫攻坚模式不仅可以给江西省下一阶段脱贫攻坚工作提供可资借鉴的参考，也有利于将江西的经验向全国推广，使脱贫攻坚的“江西样板”产生更大的影响和社会效果。为了及时总结并创新江西省的脱贫攻坚模式，江西省社会经济发展重大招标项目“江西脱贫攻坚的典型模式研究”课题组先后深入江西省20多个贫困县调研，收集福建、广东、广西、贵州等贫困发生率较高的省（区）进行扶贫的资料，在大量调研和收集资料的基础上总结出16种已在各地精准扶贫中广为使用且成效显著的扶贫模式：(1)“龙头+”扶贫模式；(2)“绿色+”扶贫模式；(3)“旅游+”扶贫模式；(4)“电商+”扶贫模式；(5)“光伏+”扶贫模式；(6)“科技+”扶贫模式；(7)“金融+”扶贫模式；(8)“就业+”扶贫模式；(9)大规模集中安置模式；(10)就近小规模安置模式；(11)营养餐模式；(12)薄改模式；(13)“健康+”扶贫模式；(14)“生态保护+”扶贫模式；(15)“农村低保+”扶贫模式；(16)“党建+扶贫”模式。

在上述已有的模式基础上，本书以区域性整体脱贫致富模式的相关理论为指导，结合“十三五”期间江西省脱贫攻坚的目标任务及各模式的特点，从五个方面提炼或创新出对“十三五”期间江西脱贫攻坚有影响的10个有代表性的模式。

6.2.1 扶贫主导产业选择方面

产业扶贫是从“输血式”扶贫转变为“造血式”扶贫的主要措施。产业扶贫作为新时期扶贫工作的重点，受到各地方政府的高度重视。现有很多研究认为产业扶贫只有立足于贫困地区特有的资源禀赋才能有效带动农户脱贫致富。产业扶贫能否达到预期的效果，取决于产业发展是否充分发挥贫困地区的比较优势，因此扶贫主导产业发展模式的选择就成为产业扶贫首先要考虑的问题。在扶贫主导产业的发展上，一些地方根据本地资源禀赋条件的特点形成了一些有效的模式可供借鉴。

(1)“绿色+产业发展”模式

“绿色+产业发展”模式强调主导产业的发展要通过发展绿色种养，树立绿色品牌，根据资源禀赋以及贫困户的经营能力和脱贫需求，做到注重特色，宜农则农、宜林则林、宜牧则牧，种养结合，一三融合，真正实现可持续、可复制的“造血式”精准扶贫。现有的研究表明，绿色扶贫是贫困地区环境与经济的双赢选择，对于经济发展水平不高，财政收入有限的中西部地区而言，绿色扶贫也是在当地财政预算约束下最大化扶贫资金使用效率的必然选择。因此，对于江西省而言，“绿色＋产业发展”模式是值得重点考虑的产业扶贫模式。

“绿色＋产业发展”模式首先强调主导产业的发展要依托绿色种养。生态文明示范区建设、打造美丽中国的江西样板，必然要求农业转型发展；落实绿色生态农业的十大行动、打造全国知名绿色有机农产品示范基地，绿色种养是关键。近年来，在产业扶贫工作开展得较好的典型地区，扶贫产业的选择都坚持了绿色发展理念，注重发展群众基础好、带动能力强的绿色扶贫产业，做到宜种则种，宜养则养，种养结合，林牧结合，产业升级与精准扶贫协同推进。“绿色导向”不仅表现在品种选择，立足当地特色资源，诸如广昌的白莲、茶树菇、火龙果、铁皮石斛、巴西龟、牛蛙等“一村一品”和瑞金的精品脐橙园、葡萄采摘、花卉苗木等“一村多品”，而且绿色生态农业模式“猪—沼—果”“猪—沼—菜”“猪—沼—茶”等和绿色生态农业技术“测土配方施肥”、养殖污染治理和秸秆综合利用等在各地扶贫产业发展中得到了应用。

在绿色种养的基础上，该模式还强调主导产业发展要树立绿色品牌。生态绿色品牌是农产品市场竞争力的关键要素，也是扶贫产业可持续发展的根本保障。江西省“三品一标”数量在全国名列前茅、特色水产品的鄱阳湖品牌优势明显。各产业扶贫典型地区都注重发展绿色生态品牌农产品，例如，遂川县依托优势资源，坚定不移发展“三件宝”即“金橘、板鸭、狗牯脑”；井冈山市注重发展绿色品牌扶贫产业，形成井冈皇菊、井冈山灵芝系列产品等品牌。都昌县沿湖地区重点村，依托周溪镇“中国淡水珍珠之乡”品牌优势，引导农民搞好珍珠养殖与加工。

(2)“旅游＋产业发展”模式

“旅游＋产业发展”模式强调扶贫主导产业的发展要通过旅游业的发展来带动。旅游精准扶贫对于那些旅游资源较为丰富的贫困地区来说，是贫困人口脱贫致富的重要手段。现有研究表明：交通、经济、旅游资源是决定旅游扶贫适宜性的关键因素。因此，对于旅游资源丰富的江西省而言，“旅游＋产业发展”模式是较为适宜的一种扶贫产业发展模式。

旅游扶贫产业可以从绿色生态旅游和红色旅游两个方向来发展。从绿色旅游方面来看，江西的生态环境总体上保持得较好，这在全国也是为数不多的，因此发展绿色生态旅游业具有较为明显的优势。江西的绿色旅游资源主要集中在乡村，与贫困人口的分布基本一致，因此发展乡村旅游是推动绿色产业扶贫的重要形式。近年来，江西各地乡村旅游扶贫发展迅速，取得了较好的脱贫效果。例如，万安打造国家3A级旅游景区、红豆杉养生谷、“花花世界”等乡村旅游示范点，使贫困群众通过旅游产业人均增收1 000元。石城县发展休闲旅游产业，通过“丹霞之魂”的通天寨、“亚洲第一漂”的赣江源漂流、集休闲与养生为一体的九寨峡谷温泉以及十里连片的荷花等休闲旅游带动贫困户1 000余户脱贫。

在发展绿色生态旅游的同时，作为革命老区的江西旅游扶贫产业还着力发展红色旅游。江西是中国革命的发祥地，发展红色旅游具有独特的优势。例如，罗霄山脉和赣南等原中央苏区既是红色旅游资源十分丰富的地区，也是贫困户十分集中的地区。在“创新、协调、绿色、开放、共享”五大理念指引下，红色旅游的精准扶贫将成为带动老区整体经济社会快速发展的重要突破口。此外，发展红色旅游不仅可以带动当地群众脱贫致富，还能在保持绿水青山的同时传承红色文化。

(3)“电商+产业发展”模式

“电商+产业发展”扶贫模式强调利用先进的互联网技术打破贫困地区产业发展的瓶颈，通过发展电商产业，带动贫困地区其他扶贫产业的发展。电子商务由于低门槛、大市场、大数据等特点，契合了现有农村贫困地区脱贫的需要，成为助力精准脱贫的新途径。电商扶贫突破了贫困区域与微观主体在发展过程中的发展基础与稀缺资源依赖，对于传统资源要素与发展方式进行了重构。因此，对于江西省的贫困地区来说，“电商+产业发展”扶贫模式是实现率先脱贫的较好选择。

2014年年末，全国扶贫工作会议首次将电子商务正式纳入国家扶贫政策体系和工作体系。江西省于2016年启动了“电商扶贫工程”，各地迅速推进。截至2016年年底，全省建成100个电商精准脱贫示范村，1 000个脱贫站、培育1 000个脱贫带头人，培养十大电商精准脱贫产业和十大品牌，探索打造成规模、可持续、见实效的电商精准脱贫“江西模式”。通过“电商+”精准扶贫模式，让贫困群众通过电商“零门槛”参与相关产业发展，可以取得明显的脱贫成效。例如，在国家“十三五”规划中的重点贫困村瑞金市壬田镇凤岗村，80多岁的廖奶奶利用当地土鸭蛋腌制咸鸭蛋的绝活，成立“廖奶奶咸鸭蛋合作社”，采取“合作社+电商+贫困户”的产业化经营模式，帮助32户贫困户社员实现年均增收2万余元。

6.2.2　扶贫产业组织带动方面

产业扶贫效果好坏除了取决于主导产业的选择是否能够充分发挥当地资源禀赋的比较优势之外，还有赖于能否将贫困户有效地组织起来，使其能够通过参与扶贫产业的发展而提高自身获取收入的能力，从而达到稳定脱贫的效果。在近些年的精准扶贫实践中，下面几种产业组织带动模式值得借鉴推广：

(1)“合作社＋基地＋贫困户”模式

“合作社＋基地＋贫困户”模式是扶贫产业发展的有效组织模式，其基本形态又可以分解为“合作社＋贫困户”和“基地＋贫困户”两种模式。“合作社＋贫困户”模式的基本做法就是通过组建合作社，为贫困户提供技术、市场等方式支持贫困户，贫困户通过土地流转、提供劳务等方式入社，通过合作社来组织带动扶贫产业的发展。研究表明，“合作社＋农户”模式能够降低农户市场交易费用并增加农户纯收入，这种模式在多个地方的实践中也被证明是行之有效的模式。例如，吉安县以横江葡萄专业合作社为依托，通过“合作社＋贫困户”的方式，带动 1 551 户贫困户脱贫。“基地＋贫困户”模式主要就是通过抓基地建设，为扶贫产业发展提供平台，通过基地发展带动贫困户扶贫产业的发展。这种模式在多个地方的实践中也被证明能有效带动贫困地区产业的发展和贫困户的脱贫增收。例如，修水县每年整合涉农资金用于产业基地建设，通过促进“宁红茶”等绿色产业的发展，带动贫困户 3 900 户，16 000 人。通过整合“合作社＋贫困户”和“基地＋贫困户”两种模式形成的“合作社＋基地＋贫困户”模式，将合作社、基地和贫困户三者有机结合起来，不仅能够解决贫困户产业发展中缺技术、缺资金、缺能力等问题，还能为合作社发展提供土地、劳动力等生产要素，同时也为产业扶贫政策的落实和扶贫资金的使用提供了平台，达到多赢的效果。

(2)“科技＋产业扶贫”模式

科技在扶贫中的作用是不言而喻的，不过多数研究者的注意力集中在科技本身所带来的生产力的发展上。近年来的研究发现，以“科技特派员”制度、“专家大院”模式等为代表的新型科技扶贫组织方式通过资源重组等存量改革措施提高了科技扶贫的效率，通过建立利益共享机制为农村发展提供了持久的技术支撑。因此，“科技＋产业扶贫”模式作为一种扶贫产业组织带动模式值得推广借鉴。

“科技＋产业扶贫”模式通过结合科技特派员工程、新农村建设、科技项目、科技培训、科技合作交流等方式推进扶贫产业发展。这种模式为贫困地区产业发展注入强大的科技动力，通过科技的力量组织带动扶贫产业健康、持续的发展。在实践中，这种模式不仅取得了良好的效果，也具有很强的可复制性。例如，江西农业大学先后派出97个科技特派团、323名专业技术人员在全省开展科技服务，探索大学科技精准扶贫的体制机制，初步建立了“科技特派团6 161精准扶贫和科技服务的江西模式”，通过科技特派团助力贫困县脱贫攻坚取得了预期成效。科技特派团在井冈山等革命老区和瑞金等赣南苏区开展的科技精准扶贫工作，初步建立的科技特派团精准扶贫与科技服务“江西模式”获得国家科技部和社会各界的认可。一是推进与国家级科技园区深度合作。该校新农村发展研究院先后与上饶、赣县、井冈山等国家级农业园区和南城等省级农业园区合作建设“农业科技综合服务示范试验基地”。二是推进与企业（合作社、家庭农场）深度合作。围绕江西“水稻、生猪、油茶、脐橙、茶叶、猕猴桃、水产、花卉苗木、蔬菜、休闲农业”等特色优势产业，组成科技特派团与江西省农业龙头企业合作建设江西特色产业示范基地和科技服务站。

(3)“党建＋产业扶贫”模式

党建扶贫的经验最早在贵州省得到全面总结。贵州省以党建扶贫为基础平台，落实惠民政策，以党建促进农村基层组织建设，以农村基层组织建设促进减贫发展的经验得到了广泛的认可。不过，有些人认为，党建工作在产业发展方面没有太大作用。这种看法有失偏颇，事实上，扶贫工作的各个方面都要依靠加强党的领导，尤其是要发挥基层党组织的作用。对于扶贫产业的组织带动而言，“党建＋产业扶贫”是一种效果好、可复制性强的模式。

通过“党建＋产业扶贫”模式，使得党建工作与产业精准扶贫工作无缝对接，在实践中取得了良好的效果。首先，这种模式有利于实现产业帮扶对象的精准化。例如，瑞金市依托成熟的“连心”工作体系，严格落实单位驻村帮扶、干部“6 543”结对贫困户制度，即县处级干部结对帮扶6户，科级干部结对帮扶5户，一般干部结对帮扶4户，村（居）“两委”干部结对帮扶3户，实现了产业帮扶对象的精准化。其次，通过集中选派第一书记到村任职等方式，有利于帮助农村加强基层组织建设，做好当地扶贫产业的发展规划以及贫困户的技能培训工作，为扶贫产业发展打下良好的基础。再次，通过采取“党支部＋合作社＋贫困户”等模式，带动了贫困户积极参与产业的发展，有效促进了贫困村产业化发展，促进了贫困人口增收。

6.2.3 教育扶贫方面

教育是解决贫困问题和阻止贫困现象代际传递的根本手段。贫困人口之所以贫困，根本原因就在于贫困人口的人力资本不足导致的就业能力和发展能力不足，甚至失去脱贫的信心和勇气。研究发现，公共教育投资对消除贫困有显著的作用，但是当经济发展到一定程度时，教育扶贫必须同其他工具相配合以形成更有效的合力。因此，在精准扶贫的实践中，通过采用不同的教育扶贫模式可以达到比单纯增加教育投入更好的扶贫效果。

(1)“教育＋产业”扶贫模式

“教育＋产业”扶贫模式是把教育扶贫和产业扶贫结合起来的一种扶贫模式。该模式既注重保障贫困家庭适龄儿童和青少年更好地接受教育的权利，又把这个过程同贫困户的产业发展结合起来。例如，兴国县探索实行的“学生营养改善计划＋精准扶贫”，就是把保障学生营养餐食材供应与精准扶贫有机结合起来的一种较好的方式。由于营养餐食材供应事关学生的健康，同时又有较为稳定的市场需求，因此可以通过与龙头企业合作对营养餐食材进行统一招标、统一采购、统一加工、统一配送。在此基础上，把贫困农户纳入进来，使其参与到营养餐食材供应中，实现稳定的增收。因此，这种模式在实现义务教育学生营养餐改善计划效益最大化的同时，促进了教育扶贫与产业扶贫融合协调推进。通过“营养餐＋精准扶贫”模式，企业降低了成本、学校减轻了压力、贫困户实现了增收。学生营养餐与推进精准扶贫相结合推行一年来，兴国县建成营养餐食材供应基地6个、蔬菜种植专业村3个，兴国县仅此一项就可带动5 000户贫困户增收脱贫。

(2)“教育＋就业”扶贫模式

“教育＋就业”扶贫模式把教育同就业结合起来，以实施转移就业技能和实用技术培训为主线，着力提升农村贫困人口通过就业脱贫致富能力。实施教育精准扶贫，激发贫困人口脱贫致富内生动力，开展以提升就业能力为核心的职业技能和就业创业培训，是帮助贫困人口增加收入、摆脱贫困的重要途径。具体来说，该模式可以通过如下一些措施实现教育和就业的结合。

依托“雨露计划”，促进转移就业技能培训。例如，吉安县采取“雨露计划＋职业教育券”的做法，对未能升学的初中毕业生参加中等职业学历教育的贫困家庭子女，县财政以职业教育券的形式，连续两年每人每年补助1 000元，与“雨露计划”连续两年每人每年补助2 000元生活费相配套，帮助贫困生完成中等以上职业技术学历教育，实现就业脱贫。遂川县针对扶贫对象广泛开展工业园区定向培训、创业培训、家政服务人员职业技能培训等形式的就业培训，“雨露计划”实施以来累计培训 3 098 人次；针对扶贫对象举办工业园区定向培训 100 余期，共培训扶贫对象 4 027 人。瑞金市组织贫困劳动力人口开展“雨露计划”培训，先后培养机电一体化、酒店管理及电子技术应用等技术人员 1 500 余人。宁都县自 2013 年被列为“雨露计划”试点县以来，按照“培训到人、补助到户”的工作思路和“三严、三查、三审”的管理机制，深入推进“雨露计划”培训。近两年全县共有 7 675 名建档立卡贫困家庭子女享受国家“雨露计划”补助政策，由财政部门通过农户惠农“一卡通”累计发放到户补助资金 1 006 万元，较好地推动了贫困家庭子女职业教育以及脱贫致富，实现了“一人参训就业，全家整体脱贫”的目标。

发展本地职业教育，培养本土技能人才。例如，瑞金市加大本市职业教育的资金投入，先后投入资金 4 000 余万元，新建了学生公寓、综合实训楼等基础设施，添置各种实训设备，还申报获准学前教育、机电、计算机等多个省级精品专业，在校学生人数大大增加，毕业生学生就业率、专业对口率、月平均工资均达到较高水平，基本实现“一人就业，全家脱贫”。吉安县在工业园区内引进民营职业学校，与园区企业的用工需求直接对接，推行“订单教育”“工学结合”模式，开展定单、定向、定点培训。对就读中职技校的建档立卡贫困户子女实行免费，在校期间给予一定的生活补助，并划出部分指标用于招收建档立卡贫困户子女，对报考的建档立卡贫困户子女加分录取。这些做法既解决了贫困群众职业技能问题，又解决了园区企业技术用工难题。

6.2.4 搬迁扶贫方面

当“一方水土养不起一方人”的时候，易地搬迁移民是贫困户脱贫的根本之策。但是，搬迁脱贫并不是简单地将贫困户从一个地方搬到另一个地方，贫困户不仅要搬得出、稳得住，更要融得进，根扎社区。江西省是搬迁移民的大省，做好搬迁脱贫工作对于实现“十三五”脱贫攻坚的目标任务具有十分重要的意义。从江西省的搬迁脱贫实践来看，集中安置搬迁脱贫模式值得推广。集中安置的方式主要有以下五种：①对于已有家庭成员在县城或工业园区务工的，在县城或工业园区统建的安置点安置；②对于自身条件稍差或要求留在乡镇生产生活的，在当地乡镇建设安置点进行安置；③对于那些没有离乡意愿或者经济条件较差的，在中心村建设的安置点进行安置；④对需搬迁的、符合入院供养规定的五保对象，纳入敬老院集中供养安置；⑤对于那些无经济能力搬迁的，由县里统筹安排在当地乡村建设兜底安置住房进行安置。

集中安置的搬迁脱贫模式可以把贫困户脱贫与城市化发展结合起来，有利于脱贫攻坚与地方社会经济发展紧密结合。例如，江西省集中安置搬迁脱贫的典型修水县按“四化”同步发展思路，结合“强工兴城”打造三省九县区域中心城市的县城发展战略需求，以分类帮扶为手段，以“整村、整片、整组、整自然村”为单元有序组织整体移民搬迁。良瑞小区是已建成并投入使用的一个移民扶贫安置社区，可供分配房源有 2 732 套，截至 2016 年 9 月，已吸纳 5 个乡镇 14 个村的 1 633 户 7 835 人深山移民入住，其中建档贫困户约 160 户，易地扶贫搬迁效果明显。

6.2.5　社会保障脱贫方面

长期以来，我国在农村贫困治理方面同时依靠扶贫开发和农村低保这两项制度，前者强调通过发展生产来提升贫困人口的自生能力，后者强调通过社会兜底来保障贫困者的基本生活权利，体现社会的基本公平。在精准扶贫的背景下，社会保障兜底是解决因病致贫、因残致贫问题的最后一道防线，在精准扶贫工作中起着重要作用。扶贫开发政策和农村低保制度实现有效衔接是推进精准扶贫的必然要求，是实现全面建成小康社会的基础性条件。从江西省和国内其他省区的社会保障扶贫工作实践来看，单纯强调社会保障的兜底功能或许并不利于贫困问题的解决，甚至可能助长部分贫困户“等、靠、要”的思想。较好的做法是把社会保障和扶贫开发结合起来，既兜住部分因病、因残等致贫的贫困户的最低生活底线，又不使他们完全依赖兜底政策，使他们尽可能通过自强自立来改善生活处境。“农村低保＋脱贫开发”模式就是将农村低保的社会保障功能与扶贫开发工作较好地结合起来的一种模式。例如，吉安县加强了农村低保对象与扶贫对象的衔接工作，将农村低保对象、五保对象名单与贫困户建档立卡的名单逐户比对，摸清农村低保对象、五保对象未纳入贫困户建档立卡范围的具体情况，严格按照“应保尽保、应扶尽扶”要求，推进贫困线和低保线“双线合一”，进一步提高农村低保对象与扶贫对象的重合率。永丰县也将低保和扶贫对象进行精心比对，努力把牢“兜底关”。永丰县民政、扶贫和移民部门分别在 4 月和 9 月开展两次农村低保对象与扶贫对象的台账比对。将“建档立卡”的“扶贫低保户”“纯低保户”“五保户”名单，与民政部门建立的农村低保对象、五保对象名单逐户比对，摸清县、乡、村农村低保对象、五保对象未纳入扶贫“建档立卡”范围的具体情况。

6.3 同步小康视角下扶贫模式选择的建议

上述五个方面的精准扶贫模式中，搬迁扶贫的集中安置模式和社会保障扶贫的“农村低保+脱贫开发”模式都具有一定的普适性，对于江西省各个地方的搬迁扶贫和社会保障扶贫工作都有很好的借鉴意义。但是在产业扶贫和教育扶贫等方面，还需要结合不同贫困地区的实际，选择最适宜的扶贫模式进行重点推广。下面根据对江西省不同贫困区域特点的分析，提出下一阶段精准扶贫工作中扶贫模式选择的建议。

6.3.1 国定贫困县和罗霄山连片特困地区

(1) 区域贫困基本情况

江西省目前有 21 个国定贫困县，其中大部分集中在罗霄山集中连片特殊困难地区，属于原井冈山革命根据地和中央苏区范围，是我国著名的革命老区。该区域是当前贫困发生率较高、贫困程度较严重的地区，也是国家新一轮扶贫开发攻坚战主战场之一。国定贫困县和罗霄山连片特困地区在行政区划中以赣南的赣州市和吉安市为主，还包括上饶、抚州、萍乡、九江等市的部分县区。这一区域的扶贫工作是江西脱贫攻坚的重点，也是脱贫攻坚实现同步小康的重要基础。

(2) 区域精准扶贫的优势和困难

这一区域精准扶贫既有一定的优势，也面临一些特殊的困难。从资源禀赋和社会经济发展条件来看，该区域精准扶贫的优势主要有：①区位优势。该区域连接鄱阳湖生态经济区和海峡西岸经济区，邻近珠江三角洲及长江三角洲地区，直接面向东南沿海的消费市场，在承接产业转移方面具有很强的区位优势。②资源优势。一方面，该区域自然资源丰富，土壤和气候条件优越，生态环境良好，适合发展柑橘、油茶等特色农林产业。另一方面，该区域历史文化资源也非常丰富，革命遗址众多，客家文化源远流长，适合发展红色旅游和文化旅游等产业。③政策优势。该区域的贫困状况已经引起国家层面的关注，中央已经制定了《罗霄山片区区域发展与脱贫攻坚规划（2011—2020 年）》。同时，江西省对该区域的脱贫攻坚高度重视，从人、财、物等各个方面给予大力支持和政策倾斜，使得该区域的脱贫攻坚工作得到有力的政策保障。

该区域精准扶贫面临的主要困难有：①贫困程度深，脱贫任务重。大部分农户家庭积累很少，缺乏自我发展和抵御市场风险的能力。不少农户还居住在土坯房里，住房改造任务很重。②基础设施薄弱，瓶颈制约明显。许多地方道路、饮水、输变电设施等基础设施建设滞后，构成当地经济社会发展的瓶颈。一些地方病险水库较多，防洪基础设施薄弱，构成当地人民生活的安全隐患。③社会事业发展滞后，基本公共服务能力不足。在教育方面，许多地方的普通中小学教育缺乏师资，职业技术教育学校数量少，专业设置也不尽合理。在医疗方面，基础设施条件差，妇幼保健力量以及基层卫生服务能力不足。在农业技术服务方面，农业技术推广体系不健全，农业科技服务队伍数量不足。④自然灾害较多，生态保护任务较重。该区域很多地方自然灾害频发，部分地区水土流失较为严重，石漠化的潜在风险大。该区域是赣江等重要流域的生态安全屏障，在水源涵养、水土保持和环境污染防治等方面的任务较重。

（3）区域精准扶贫模式选择的建议

根据对该区域资源禀赋条件和经济社会发展条件的分析，对该区域下一阶段精准扶贫模式选择的建议如下：

在产业扶贫的主导产业选择方面，建议以“绿色＋产业发展”和“旅游＋产业发展”模式为重点。通过“绿色＋产业发展”模式，可以充分利用该区域良好的生态环境优势，守住该区域的“绿水青山”，就是今后贫困户的“金山银山”，对于贫困户长期稳定脱贫至关重要。在“旅游＋产业发展”方面，特别要发挥该区域原中央苏区红色旅游资源的独特优势。不仅要通过红色旅游带动当地群众脱贫致富，还要通过发展红色旅游传承当地的红色文化。

在扶贫产业的组织带动方面，可选择“合作社＋基地＋贫困户”模式和“党建＋扶贫”模式作为重点。“合作社＋基地＋贫困户”模式可以解决贫困户产业发展分散、效果差等问题，特别有利于带动分散的贫困户发展产业。“党建＋扶贫”则可以通过基层党组织的建设带动整个贫困村发展产业。因此这两种模式对于贫困发生率还较高的地区发展扶贫产业都是非常有效的模式。

在教育扶贫方面，可以重点选择“教育＋产业”模式，因为这种模式可以把教育扶贫和产业扶贫结合起来，对于基础条件较差的贫困县来说，既可以解决当务之急，提高拓宽发展扶贫产业的门路，又可以保障贫困人口的子女得到平等的教育条件，为阻断贫困的代际传递打下基础。

6.3.2 江西其他区域的非贫困县

(1) 区域贫困基本情况

江西的非贫困县主要集中在赣北、赣东北、赣中等地区。赣北包括南昌市、九江市2个地级市，位于长江中下游南岸，赣江下游、鄱阳湖沿岸，是江西省经济、政治、文化、商业、科教、交通的中心，也是江西省最发达的区域。赣东北主要包括江西省东北部的上饶、景德镇、鹰潭等市。赣中主要包括宜春、新余、抚州等市。这些地区的非贫困县虽然也有一定数量的贫困村和贫困人口，但是总体而言贫困发生率较低，贫困人口的分布也较为分散。

(2) 区域精准扶贫的优势和困难

该区域的优势主要有：①区位优势。赣北是长江中游城市群核心、环鄱阳湖城市群核心、长江经济带核心、全国重要的区域性综合交通枢纽和现代化制造业基地，也是我国华东地区与华中地区的枢纽地带。赣东北一带与周边省份中的皖南、浙西、闽北等地接壤，是江西省对接皖江城市带、长三角城市群以及海西经济区的枢纽，该区域的景德镇市、鹰潭市已整体划入鄱阳湖生态经济区，同时还被纳入海峡西岸经济区的规划范围。②资源优势。赣北地区位于长江、鄱阳湖、赣江沿岸，境内丘陵起伏、港汊纵横、水域宽广、江湖交错、土地肥沃、气候湿润、物产丰富，属于江南丘陵地形地貌，农业渔业发达，水乡特色浓郁，是“江南鱼米之乡”。

该区域精准扶贫面临的主要困难有：①贫困人口的精准识别难度较大。虽然贫困人口总数并不多，但是基于“不落下一个贫困家庭”的理念，需要做的精准识别工作量并不小。②贫困人口较为分散，不利于集中发展扶贫产业。在这些地区的非贫困县，扶贫产业发展往往不容易找到突破口，因为很难为了零星的几个贫困户而去推动一个产业在一个地方的发展。③政策方面的支持力度较弱，人员和资金方面存在一定的缺口。

(3) 区域精准扶贫模式选择的建议

对于上述区域的非贫困县而言，虽然“十三五”脱贫攻坚的任务相对轻一些，但是非贫困县要从根本上解决贫困问题，也有很大的难度，因此更需要选择合适的扶贫模式。

在产业扶贫的主导产业选择方面，虽然该区域基础条件较好，但是普遍缺乏集中发展扶贫产业的经验，因此建议把“电商＋产业发展”和“旅游＋产业发展”的模式作为主导产业发展模式。“电商＋产业发展”可以充分发挥该区域基础设施较为完善、特色产业发展基础较好的优势，同时可以借助互联网技术和电商平台的优势来克服该区域产业精准扶贫经验较为欠缺的不足。在“旅游＋产业发展”方面，建议该区域以绿色旅游为重点，充分发挥绿色资源较为丰富的优势。

在扶贫产业的组织带动方面，由于该区域可选择“科技＋扶贫”模式作为重点。通过科技带动，发挥该区域基础条件较好的优势，使得扶贫产业实现健康、可持续的发展。

在教育扶贫方面，可以重点选择“教育＋就业”模式，因为这种模式有利于吸纳分散的贫困户接受教育培训，同时为他们接受培训后迅速提升收入提供渠道。

第 7 章　江西精准脱贫的路径选择

7.1　江西脱贫攻坚的环境分析

7.1.1　江西脱贫攻坚的主要有利条件

(1) 扶贫开发事关治国理政，成为江西脱贫攻坚的根本遵循

习近平同志指出“消除贫困、改善民生、逐步实现共同富裕，是社会主义的本质要求，是我们党的重要使命。”党的十八大以来，以习近平同志为核心的党中央立足治国理政的新常态，把扶贫开发提升到事关全面建成小康社会、实现第一个百年奋斗目标的新高度，以“五位一体”总体布局和“四个全面”战略布局的新思维进行决策部署，加大扶贫投入，创新扶贫方式，出台系列重大政策措施，成为新时期我国扶贫开发的根本遵循，为江西革命老区决胜脱贫攻坚创造了重要的政治条件。

(2) 全省综合实力显著增强，成为江西脱贫攻坚的坚实基础

近年来特别是党的十八大以来，在以习近平同志为核心的党中央正确领导下，江西省深入实施“发展升级、小康提速、绿色崛起、实干兴赣”工作方针，经济社会发展各项事业取得新成就，为打赢脱贫攻坚战奠定了坚实基础。一是经济实力得到新提升。主要经济指标增速位居全国前列，生产总值由 2011 年全国第 21 位前移至第 18 位，三次产业结构不断优化，粮食生产连续十二年丰收。二是改革开放取得新进展。全省多项重点领域改革走在全国前列，大众创业万众创新生机蓬勃，非公有制经济稳健发展，实际利用外资位居中部前列，外贸出口实现翻番，工业园区、综合保税区、出口加工区等各类新型发展平台实力增强。三是绿色生态凸显新优势。江西全境列入全国生态文明先行示范区，被确定为国家生态文明试验区。鄱阳湖生态经济区建设深入推进。区域内主要河流监测断面水质达标率 82.4%，森林覆盖率稳定在 63.1%，万元 GDP 能耗明显下降，生态环境质量保持全国前列。在全国率先实行全境流域生态补偿和“河长制”。四是区域发展呈现新格局。按照“龙头昂起、两翼齐飞、苏区振兴、绿色崛起”的区域发展格局和思路，不断推进和完善昌九一体化建设，赣南等原中央苏区加快振兴发展，赣东北扩大开放合作、赣西转型发展。全省新型城镇化率达 51.6%，城镇人口首次超过农业人口。高速公路、高铁、地铁、机场等综合交通网络体系及大型能源、水利、信息重大工程等基础设施日益完善。县域经济发展壮大，新农村建设实现了行政村村村通水泥路、通广播电视、通电话、通宽带。五是民生福祉实现新改善。在持续扩大城乡就业中实现城镇、农村居民人均可支配收入分别由 2011 年全国第 22 位、第 14 位前移至第 15 位、第 12 位。财政对教育投入翻番极大促进教育公平和普及程度。养老保险、社会救助、基本医疗保险和大病保险等社会保障实现全覆盖。

（3）精准扶贫脱贫首战告捷，成为江西脱贫攻坚的宝贵经验

2016 年是“十三五”脱贫攻坚的首战之年，以井冈山率先脱贫摘帽为标志，江西深入推进精准扶贫脱贫初战告捷，为深化脱贫攻坚积累了丰富而宝贵的经验。一是贫困人口规模下降、收入增长。全省贫困人口由年初的 200 万减少到年底的 113 万，净减 87 万。贫困地区农民可支配收入预计达到 9 113 元，增长率达 11%左右，继续高于全省平均水平 2 个百分点。二是井冈山率先实现贫困县脱贫摘帽。全省 500 个贫困村退出。井冈山市和吉安县通过第三方严格评估核查，兑现在全省率先脱贫摘帽的“军令状”。其中，井冈山市贫困人口大幅减少到 539 户 1 417 人，贫困发生率降至 1.17%，远远低于国家 2%的贫困县退出标准。贫困户人均纯收入增长到 4 500 元以上，贫困村减少到 6 个，退出率达 83%，远远高于省定 60%的贫困县退出要求。三是贫困对象识别精准度提高。按照动态管理原则，2016 年组织全省精准识别“回头看”核查，共删除不合格贫困人口 19.52 万人，新进符合条件人口 9.06 万人，建档立卡贫困户信息人口基本得到完善。通过第三方评估，江西贫困人口精准识别准确率达 98.6%。四是合力攻坚氛围显著增强。充分发挥各级党委总揽全局、协调各方的领导核心作用，严格执行脱贫攻坚一把手负责制，形成省、市、县、乡、村五级书记一起抓，扎实开展了各级部门定点帮扶贫困村工作，全省共有 3 792 个单位、10 656 名干部进驻 2 900 个贫困村开展帮扶工作，安排落实 30 万结对帮扶责任人。各级集中选派了 2 900 名党员干部到 2 900 个贫困村担任第一书记，其中，1 744 名第一书记兼任驻村帮扶工作队队长。通过评估，贫困户满意度达95%。1 450家民营企业积极投身到脱贫攻坚主战场，助推贫困人口脱贫、贫困县摘帽。

7.1.2 江西脱贫攻坚面临的主要困境

“十三五”时期决胜全面建成小康社会，建设富裕美丽幸福江西，贫困问题仍然是最突出的“短板”。坚决打赢脱贫攻坚战依然受到诸多因素的制约和挑战。这里主要从两个方面加以分析、研判。

(1) 从江西总体省情特征看

主要表现为：一是经济总量不大。2015年全省GDP16 723.8亿元，比上年增长9.1%，但增速连续7年放缓。二是财政收入增速下降。2015全省财政总收入3 021.5亿元，比上年增长12.7%，但增速较去年下降1.0个百分点。三是投资效率偏低。2015年固定资产投资（不含农户）16 993.9亿元，虽然增长16.0%，但投资额超过GDP的270.1亿元。四是产业结构不合理。按照国际经验，一个国家或地区人均GDP在5 000美元左右时服务业比重一般为50%。2015年全省人均GDP折算为5 898美元，三次产业结构为10.6∶50.8∶38.6，第三产业占比GDP的比重仅为38.6%，低于全国50.5%的近12个百分点。五是发展后劲仍然不足。主要差距表现为工业发展不足。受国家宏观经济政策调整的影响，特别是供给侧结构性改革带来的冲击，一方面占主导地位的传统产业，如建材、纺织、钢铁、农副产品加工、有色金属、石化等将难以通过大规模上项目获得扩张；另一方面高新技术产业、战略性新兴产业等难以在短时间内形成足够规模。加快工业园区发展的任务依然繁重。2015年年末工业园区实际开发面积618.8平方千米，投产企业9 645家，比上年增加679家；从业人员217.1万人，增长1.7%。主营业务收入超百亿元的工业园区73个，比上年增加2个；超500亿元的16个，增加8个；超千亿元的4个，增加2个。

以上分析进一步表明，发展不足仍然是江西省的主要矛盾，欠发达仍然是江西省的基本省情，相对落后仍然是江西省的最大现实。江西省的省情客观上决定着脱贫攻坚将面临更大压力，应当奋力前行。

(2) 从精准扶贫脱贫现状看

一是减贫脱贫任务重。目前，全省还有110多万农村建档立卡贫困人口，23个贫困县和2 400个建档立卡贫困村，且多数贫困程度更深、减贫成本更高、脱贫难度更大，非超常规举措难以如期脱贫。二是扶贫与防止返贫相互交织。调研中发现，一方面现有贫困人口的扶贫脱贫进展不平衡，给动态精准“回头看”、再识别带来难度、增加成本。另一方面对已经脱贫的贫困人口更加有效实施“扶上马、送一程”精准帮扶，在“脱贫不脱策”基础上精准施策亟待探索、积累和创新。三是扶贫资金需求量大且配置滞后。不少贫困县反映，扶贫花的钱 80%以上来自上级财政专项资金，且多数产业项目要求按 1∶1 比例配套，虽经整合下放了使用权，便于集中发力，但在解决“配套”“先闻项目声、急盼资金归”问题上却让贫困县发愁犯难，甚至担心出现“群众脱了贫，基层背上债”的窘境。四是贫困人口内生动力难以激发。调查中发现，有的贫困群众仍习惯“养猪过年，养牛犁田”的自然经济状态；有的固守“懒、散、闲”习气，或成天“云游”，过一天算一天，或闲聊找“穷乐”，甚至扎堆打牌赌博；有的“等、靠、要”思想严重，宁可靠低保、要救济过清苦日子，嫌送上门的工作收入低，不愿干；有的为自己贫困寻找各种理由和借口，眼高手低，精神空虚，总是怨天、怨地、怨政府。五是精准结对帮扶效果不理想。有些地方缺少足够认识，满足于应付任务，只管下发文件提要求，硬性列名单摊派人，很少过问结对进展、跟踪帮扶过程；有的单位同时在多个村组有结对帮扶任务，有条件的常常感到资源过于分散，无法形成应有效应，小单位连人手都匀不出，其他更是无暇顾及；有的单位逢年过节安排领导走访慰问，平时派几个年轻干部下去蹲蹲点；有的农村基层干部和群众对结对帮扶期望值过高，依赖于资金、项目等“一条龙”服务，轮到配合支个架、搭个棚就左缺材右少料。

针对精准扶贫脱贫实践中上述存在的状况和产生的现象，既要做到因地制宜统筹整体规划与制定具体办法“双管齐下”，又要注重物质扶贫与精神扶贫“两头发力”。

7.2　江西脱贫攻坚的路径选择

7.2.1　持续推进产业发展精准扶贫断“穷根”

（1）坚持产业发展的“绿色导向”

坚持绿色发展理念选准扶贫产业。一是大力发展绿色种养。注重发展群众基础好、带动能力强的绿色扶贫产业，做到宜种则种、宜养则养、种养结合、林牧结合，产业升级与精准扶贫协同推进。在品种选择上立足当地特色资源，坚持绿色导向，发展“一村一品”或“一村多品”特色产业。在生产模式选择上大力推进绿色生态农业发展模式，如“猪—沼—果”“猪—沼—菜”“猪—

沼一茶”等。二是注重打造绿色品牌。如，遂川县的“三件宝”即“金橘、板鸭、狗牯脑”；井冈山市的井冈皇菊、井冈山灵芝等系列品牌产品；都昌县的“中国淡水珍珠之乡”等品牌优势。三是扶持发展绿色业态。因地制宜培育和发展“电商＋扶贫”“旅游＋扶贫”“光伏＋扶贫”，在改造和提升传统产业过程中壮大扶贫产业。

(2) 重视产业发展的“龙头带动”

一是龙头企业带动。以“公司＋贫困户”为基本模式，通过龙头公司与贫困户对接，龙头公司发挥在资金、技术、市场等方面的优势，贫困户发挥劳动力、场地等方面的优势，双方优势互补，互利共赢。二是合作社带动。以“合作社＋贫困户”为基本模式组建合作社，为贫困户提供技术、市场等支持，贫困户通过土地流转、提供劳务等方式入社。三是产业基地带动。以“基地＋贫困户”为主要模式，主抓基地建设，为扶贫产业发展提供平台，通过基地发展带动贫困户扶贫产业的发展。

(3) 探索产业资金的“多元融资”

一是财政资金的奖补。全省各地财政按户均 0.5 万元的标准下拨资金用于贫困户产业发展等，不仅如此，各地还创新财政资金奖补办法。二是金融信贷的支持。积极探索金融信贷支持脱贫产业发展的小额贷款模式。如遂川的“财政惠农信贷通”“红色扶贫信贷”“金穗油茶贷”“金穗茶叶贷”等，切实帮助贫困户解决资金难题。三是工商资本的引入。通过政策优惠等吸引商业资本，尤其是沿海发达地区的商业资本注入扶贫产业。如修水县宁红茶产业招商引资项目带动贫困户 1 420 户共 7 200 余人就业，户均增收 800 元以上。

7.2.2 持续推进易地搬迁精准扶贫挪“穷窝”

(1) 合理制定安置方式

按照“整体搬得出、长期稳得住、逐步能致富”的思路和要求，在充分尊重农民意愿的前提下，既坚持整体搬迁，又合理梯度安置。一是县城（工业园区）安置。引导家庭经济条件相对较好，有劳动能力，尤其是已有家庭成员在县城或工业园区务工的，重点在县城或工业园区集中安置。二是乡镇安置。将一部分条件稍差或要求留在乡镇生产生活的移民，向乡镇所在地集中安置。三是中心村安置。对没有离乡意愿和条件的、打算长期在农村发展的农民搬迁移民到中心村安置。四是集中供养安置。对需搬迁的五保对象，符合供养规定的，全部纳入敬老院、养老院集中供养安置。五是兜底住房安置。对无经济能力搬迁的建档立卡贫困户，由县统筹安排，在乡、村建设兜底安置住房，实施交钥匙工程。安置房周转使用。

(2) 切实保障合法权益

一是原有权益不伤害。对纳入重点搬迁的区域实行“两不变”（即移民搬迁后，原有土地、山林、水面经营权不变，已享受退耕还林补助的政策不变，收益权仍归移民户所有），引导移民依法自愿有偿流转。二是现有权益可增加。移民搬迁后享受搬迁移民扶贫补助或危房改造补助、土地增减挂政策补助，以及小额担保贴息贷款、创业服务贷款等，特困户还可以享受政策叠加补助。同时，配套实行“四减免”政策（移民建房免缴办理宅基地有关手续费及其他税费；免交建房自用材有关税费；办理户籍迁移手续时免交一切费用；移民户子女转入安置地学校，一律免收转学、借读等费用等）。三是未来权益可预期。实行“优惠政策跟着移民走”，使安置地“愿意接”“接得好”，对接受移民200人以上的村实行“六优先”（优先为安置村制定发展建设规划，规划费用由县财政负担；优先支持安置村的水、电、路、农田水利、学校、卫生所等基础设施及公益事业的建设；优先安排新农村建设项目；优先安排荒坡荒滩造地等土地整治工程；优先安排产业开发项目；优先扶持兴办农副产品加工企业）。

(3) 把握搬迁基本原则

一是政府主导。只有政府才能够整合和调动各方面资源，在短时间内实现推进目标。搬迁移民进城镇进园区，其出发点和落脚点都是为了农民，二是农民主体原则。充分尊重农民的意愿，保障农民的知情权、参与权、决策权、监督权，让他们参与规划、建设、管理的全过程。三是市场运作原则。在实施土地增减挂政策，在农民选择搬迁安置点、房屋楼层、房屋面积以及处置商品房店面等诸多方面，都可采用市场化运作方法。四是社会参与原则。建立健全社会投入及帮扶机制，引导社会扶贫和定点扶贫向搬迁进城进园的移民户特别是建档立卡贫困户覆盖和倾斜。五是全程评估原则。对出台的相关政策进行公平性评估，防止引发新的不公平；对集中安置点选择进行社会风险评估，评估安置地的承载能力，以及可能引发的社会风险；对安置地建设进行环境评估和地质灾害威胁评估，确保新的安置点环境安全。

7.2.3 持续推进生态补偿精准扶贫换“穷貌”

(1) 开展生态保护补偿扶贫

加大贫困地区退耕还林、天然林保护等生态工程项目和资金安排，大力发展生态旅游，优先安排有劳动能力的贫困人口就业。积极开发生态公益性岗位，利用财政资金购买劳务，在建档立卡贫困人口中选聘生态护林员，将江西省 24 个贫困县的 7 000 名建档立卡贫困人口就地转为生态护林员。

(2) 加强贫困村人居环境整治

加大贫困村村庄整治力度，在贫困村开展饮用水源保护、生活污水和垃圾处理、畜禽养殖污染治理、农村面源污染治理、乱埋乱葬治理等人居环境整治工作，保障处理设施运行经费，稳步提升贫困村人居环境水平。到 2020 年，90%以上贫困村的生活垃圾得到处理，普遍建立村庄保洁制度，设立保洁员岗位并优先聘用贫困人口。开展村庄卫生厕所改造，逐步解决贫困村人畜混居问题。提高贫困村绿化覆盖率。建设村内道路照明等必要的配套公共设施。

7.2.4 持续推进教育精准扶贫挖“穷兜”

(1) 全面落实教育资助政策

凡经县（市、区）扶贫机构确认的建档立卡困难户子女就读各级各类学校，可不经评审直接享受对应的学生资助政策，且资助分类等级以就高为原则。对建档立卡贫困家庭儿童新增 1 000 元，即按每人每年 1 500 元标准发放学前教育资助金。从 2016 年秋季学期起，对建档立卡家庭经济困难学生和残疾学生免除普通高中学杂费。

(2) 因地制宜落实贫困学校建设改善计划

一是强化精准识别。要充分吸收和借鉴贫困人口精准识别的做法和经验，在深入调研和摸清本地农村学校特别是乡村学校办学资源、办学能力、办学需求、办学效果等情况的家底，据此进行合理分类，为有效实施教育精准扶贫提供依据。二是科学制定符合本地的学校建设改善计划。充分运用精准识别成果，要本着“先乡（村），后县（镇）”的原则，继续争取国家“薄改”计划的项目和专项资金支持，突出加大改善乡村学校和教学点办学条件的力度，积极探索并建立符合本地乡村小规模学校实际情况的教育投入原则和标准。三是着力提高改造效率。针对当前农村贫困学校改善中遇到的项目立项和建设审批手续烦杂、项目资金批复迟缓等难题，坚持“放、管、服”三管齐下，不断简化项目立项审批手续。要加大相关资金的监管力度，确保资金能随项目按计划或预算一起落地，做到资金特别是专项资金专项专用、专款专用，确保项目实施进程，提高资金使用效率。

(3) 精准师资帮扶，重点扶持农村贫困乡村学校加强教师队伍建设

按照“扩编、增量、强能、优待”的思路，加强包括教学点在内的农村地区贫困乡村学校教师队伍建设。完善乡村教师补充和定向培养机制，根据贫困县需求，每年安排定向师范生招生计划，专门用于“本土化”乡村教师定向培养。要重视改善乡村学校教师队伍结构，重点解决好乡村小学或教学点音乐、体育、美术和计算机等课程师资力量严重短缺的困难。优先安排贫困县乡村教师参加“国培计划”和“省培计划”培训，加强贫困县现有及新入职的乡村教师的全员培训。对贫困县符合条件的乡村教师，落实好艰苦边远地区农村教师特殊津贴、连片特困地区乡村教师生活补助和乡镇工作补贴等三项津贴补助政策，提高农村教师待遇。

(4) 着眼长远帮扶，加快发展农村贫困地区职业教育

一是多方引领，积极营造农村职业教育发展的健康氛围。进一步加大对国家发展农村职业教育特别是贫困人口群体职业教育免费政策的宣传力度。重视发挥典型示范作用，大力开展因职业教育和就业技能培训受益脱贫的贫困人员先进典型表彰。二是完善和创新职业教育和就业创业资助政策，鼓励用工单位优先录用取得职业教育学历或证书的贫困劳动力，对录用的贫困劳动力给予更高工资待遇。其中，超出非贫困劳动力的工资部分由政府直接补贴给被录用贫困劳动力，并相应实行动态管理。三是整合资源，加快农村贫困地区职业教育发展。进一步优化贫困县职业院校布局，整合县域内中等职业教育资源，通过撤销、合并、划转等措施，支持和鼓励每个贫困县重点建设 1～2 所符合县域产业发展和人才需求实际的职业院校，并推进中等职业学校和技工学校“双证互通”。突出把“双师型”教师队伍建设作为重点，特别要在行业企业中遴选一批专业技术人员，为职业院校建立校外“双师型”教师库，以适应和满足贫困地区劳动力就业技能培训的不同需求。不断完善专业设置、创新教学内容、改进教学方法，强化教学实训。把恢复和加强乡镇“五站”建设，作为加强农村贫困地区职业教育体系的重要基础，充分发挥“五站”在农业技术推广应用、联系和帮扶贫困户的作用。采取“互联网＋”模式，大力推进现代职业农民网络教育，加强贫困地区农村劳动力实用技术技能培训，促进技能富民，帮助家庭脱贫。四是深化合作，构建农村贫困地区职业教育社会网络。要以促进本地劳动力特别是贫困劳动力群体就业为导向，推动职业院校与行业企业合作。促进与高校合作。依托高校，以贫困地区资源和产业发展需要导向，以扶贫技术项目为纽带，面向 25 个贫困县组织一批高校技术帮扶队，帮助贫困地区进行落后产能改造升级和培育新产业，免费培养农村技术人员或养殖专业户。每年安排一定招生计划，面向25个贫困县订单免费培养农业种养技术、企业经营管理、卫生健康服务等乡村急需专业人才。五是强化扶持，加大贫困家庭子女职业教育资助力度。继续实施“雨露计划”职业教育助学补助政策，鼓励贫困家庭“两后生”就读职业院校并给予政策支持。落实好中等职业学校免学费和国家助学金政策。

7.2.5 持续推进社会保障健康精准扶贫兜“穷底”

(1) 大力开展就业保障扶贫

把促进贫困人口就业作为最大民生保障，对符合条件的扶贫对象全部建档，加大以“培训一人，就业一人，脱贫一户”为目标的转移就业，为扶贫对象提供就业创业政策咨询、就业指导、职业介绍、技能或创业培训等免费服务，提升扶贫对象就业创业能力、实现稳定就业。鼓励贫困县创建就业扶贫车间引导就业、鼓励企业吸纳贫困家庭劳动力就业、发展“一村一品”帮扶就业、开发扶贫就业专岗保障就业和促进转移输出就业等，将社保补贴、公益性岗位补贴等政府补贴政策用足用好。

(2) 强力推进农村低保障与扶贫开发政策有效衔接

加大最低生活保障救助力度，坚持应保尽保、动态调整，逐年提高农村低保标准和五保人员供养标准。鼓励各地在省级指标的基础上出台更高的补助标准。健全留守儿童、留守妇女、留守老人和残疾人关爱服务体系。加大对儿童福利院、救助保护机构、特困人员供养机构、残疾人康复托养机构、社区儿童之家、养老设施建设的投入力度。对重度残疾人、农村孤儿和事实无人抚养儿童等严重困难群体加大救助力度。落实困难残疾人生活补贴和重度残疾人护理补贴制度。推进康复扶贫贷款贴息重点投向适合残疾人特点的种植业、养殖业、农副产品加工业、家庭手工艺制作、零售商业及各类服务业项目。加快完善城乡居民基本养老保障制度，适时提高基础养老标准，引导农村贫困人口积极参保续保、逐步提高保障水平。

(3) 全力加快健康保障脱贫步伐

一是建立健全健康保障政策体系。不断建立完善健康扶贫工程、城市三级医院对口帮扶贫困县县级医院、建立农村贫困人口重大疾病商业补充保险制度等工作实施方案，切实解决贫困人口就医难、报销难、治病难的问题。二是筑牢健康保障四道防线。围绕贫困人口“看得上病、看得起病、看得好病、更好防病”的目标，构筑新型农村合作医疗、新农合大病保险、农村贫困人口重大疾病商业补充保险、城乡医疗救助四道防线，切实降低贫困群众医疗费用支出提高贫困群众医疗保障水平，稳步提升贫困地区医疗服务水平。三是完善贫困地区预防为主的公共卫生服务体系。财政资助所有建档立卡贫困人口免费参合，提高新农合大病保险补偿比例，对建档立卡贫困人口新农合大病保险报销起付线下降 50%，同时补偿比例提高 5 个百分点。将建档立卡贫困人口门诊慢性病补偿比例由 40%提高到 50%，年度封顶线由 3 000 元提高到 4 000 元，进一步缓解贫困户慢性病诊治负担。四是完善重大疾病商业补充保险制度。为建档立卡贫困人口购买重大疾病商业补充保险，筹资标准每人每年不低于 90 元。

第 8 章　区域脱贫攻坚与乡村振兴协同推进现状研究

8.1　乡村振兴水平研究

乡村是具有自然、社会、经济特征的地域综合体，兼具生产、生活、生态、文化等多重功能，与城镇互促互进、共生共存，共同构成人类活动的主要空间。乡村兴则国家兴，乡村衰则国家衰。我国人民日益增长的美好生活需要和不平衡不充分的发展之间的矛盾在乡村最为突出，我国仍处于并将长期处于社会主义初级阶段的特征很大程度上表现在乡村。全面建成小康社会和全面建设社会主义现代化强国，最艰巨最繁重的任务在农村，最广泛最深厚的基础在农村，最大的潜力和后劲也在农村。产业兴旺是乡村振兴的重点，深化农业供给侧结构性改革，构建现代农业产业体系、生产体系、经营体系，实现农村一二三产业深度融合发展。乡风文明是乡村振兴的保障，深入挖掘农耕文化蕴含的优秀思想观念、人文精神、道德规范，结合时代要求在保护传承的基础上创造性转化、创新性发展。治理有效是乡村振兴的基础，加强农村基层基础工作，健全乡村治理体系，确保广大农民安居乐业、农村社会安定有序。生活富裕是乡村振兴的根本，不断拓宽农民增收渠道，全面改善农村生产生活条件，促进社会公平正义。本书将从产业兴旺、生态宜居、生活富裕、乡风文明和治理有效五个维度来构建乡村振兴综合水平评价体系，建立了 5 个乡村振兴二级指标以及 21 个乡村振兴三级指标。

8.1.1　乡村振兴指标体系

本书从产业兴旺、生态宜居、乡风文明、治理有效、生活富裕的五个方面构建江西省乡村振兴水平的测度指标体系，分析江西省不同区域、不同阶段乡村振兴水平，寻求各区域、各阶段的乡村振兴水平差异。指标数据来源于 2007—2017 年的《中国统计年鉴》《江西统计年鉴》以及各地市的统计公报。

(1) 产业兴旺指标构建

产业兴旺是乡村振兴的经济基础，没有产业的推动，乡村振兴不能顺利推展。其中一二三产业融合发展的现代农业综合体是振兴乡村建设的一个重要思路，要以城乡融合助力乡村振兴，建立健全城乡融合发展新机制体制；通过优化产业结构，因地制宜发展乡村旅游，促进农民增收；利用科技创新引领现代农业发展，提高农民收益。综合考虑乡村振兴战略规划主要指标和数据的可获得性，本书选取人均 GDP、农业劳动生产率、土地利用效率、接待游客人次四个指标来作为产业兴旺的评价指标。

①人均 GDP。该指标代表了该区域总体经济运行水平，且指标越大，表明产业兴旺条件越好，设为正指标；②农业劳动生产率。本书借鉴（钱龙，2018；李谷成，2010）的研究，使用第一产业增加值与第一产业就业人数的比值得出单位劳动力第一产业增加值来作为农业劳动生产率的衡量指标，指标越大，表明产业兴旺条件越好，设为正指标；③土地利用效率。本书参考（Lamb，2003）等人的研究，采用粮食作物的单位面积产量来衡量土地利用效率，粮食作物单产的计算方法为粮食作物年总产值与年粮食作物播种面积的比值，该指标为正指标；④接待游客人次。该指标代表了第三产业的发展情况，考虑数据的可获得性及准确性，利用每年国内接待游客人次加上国际接待游客人次的总和来表示接待游客人次，该指标也为正指标。

(2) 生态宜居指标构建

乡村振兴战略是党的十九大报告中提出的，“三农”问题一直是关系国计民生的根本性问题，必须始终把解决好“三农”问题作为全党工作重中之重。其中乡村振兴中的生态宜居也是关乎农民切身利益的，良好生态环境是农村最大优势和宝贵财富。必须尊重自然、顺应自然、保护自然，推动乡村自然资本加快增值，实现百姓富、生态美的统一。对此我们选取了废污水排放量、森林覆盖率、自然保护区占辖区面积比重、床位数以及用水量这五个指标来构建生态宜居评价体系。

①废污水排放量。是指工业、第三产业和城镇居民生活等用水户排放的水量，包括经本企业净化处理，达到环保排放标准的废水、未经过净化处理的废水和虽经净化处理但未达到环保排放标准的废水。②森林覆盖率。是指森林面积占土地总面积的比率，是反映一个国家（或地区）森林资源和林地占有的实

际水平的重要指标。胡艳琳等（2005）对城市森林生态系统生态服务功能的评价中运用森林覆盖率指标进行分析，并根据结论进行合理的森林规划。③自然保护区占辖区面积比重。自然保护区是指对有代表性的自然生态系统、珍稀濒危野生动植物物种的天然集中分布、有特殊意义的自然遗迹等保护对象所在的陆地、陆地水域或海域，依法划出一定面积予以特殊保护和管理的区域。④床位数。是指通过每个地区的人口数量以及医院床位数，计算每万人口医院床位数用来说明一个地方医疗资源的情况。通过这个指标来判断地区医疗资源总量、配置结构是否与就医需求量一致。⑤用水量。水资源是世界上分布最广，数量最大，也是最为宝贵的一部分资源。我国水资源分布不均匀，需要合理利用现有的水资源。本书选取农田灌溉用水、林牧渔畜用水以及农村居民用水占总用水量的比重这一指标，对江西省各市用水量与全国现有水平进行对比。

（3）乡风文明指标构建

乡风文明建设既是乡村振兴的重要内容，也是乡村振兴的重要推动力量和软件基础。加强乡风文明建设，既要传承优秀传统文化，更要发挥好先进文化的引领作用，同时，充分尊重乡村本位和农民主体地位，围绕农民需要提供文化服务，组织农民开展文化活动，提升农民素质和乡风文明程度。理论上，乡风文明建设是乡村振兴的软件基础，这个软件不能软；实践上，乡风文明建设是乡村振兴的难点，这个难点要突破。综合考虑乡村振兴战略规划主要指标和数据的可获得性，本书选取文化事业单位数、小学及特殊教育毕业生数、出生政策符合率、中专毕业生和中学毕业生及教职工的总数四个指标来作为乡风文明的评价指标。

①文化事业单位数。该指标代表了该区域文化事业单位的总数，且指标越大，表明乡风文明基础条件越好，设为正指标；②小学及特殊教育毕业生数量。该指标代表了区域内接受基础教育的人数规模，指标越大，表明乡风文明条件越好，设为正指标；③出生政策符合率。本书采用出生政策符合率为衡量乡风文明的正指标；④中专毕业生、初中毕业生、高中毕业生及教职工数量。该指标代表了该区域受中等教育的程度和规模，设为正指标。

（4）治理有效指标构建

治理有效是国家治理体系和治理能力现代化建设向广大乡村的历史性延伸，是对乡村治理在新时代提出的更高要求。治理有效是整个乡村振兴大政策方略的基础，如果乡村振兴的基石不牢固，那么整个战略道路将走得泥泞坎坷，不能顺利达到政策目标。①离婚率。离婚是指夫妻双方通过协议或诉讼的方式解除婚姻关系，终止夫妻间权利和义务的法律行为。各地区离婚率是指各地区离婚数和结婚数之比，即人们结婚后又离婚的比例，可以反映一个地区的幸福指数，也代表一个地区的治理成果，是否有效。②火灾发生数。火灾一直是危害各地区人民人身财产的代表性灾害之一，消防工作也是各地区政府工作的重点，全国消防工作由国务院领导，由地方各级人民政府负责。火灾发生的数量可以代表各地区政府预防工作有没有做到位，社会治理工作有没有成效。③交通事故数。道路交通事故是指车辆在道路上因过错或者意外造成的人身伤亡或者财产损失的事件。交通事故数可以反映一个地区道路是否畅通，相关政策法规是否完善，执法人员执法是否坚决贯彻，是反映社会治理是否有效的一个重要指标。

(5) 生活富裕指标构建

生活富裕是乡村振兴战略最根本的要求，实现生活富裕，必须提高农民收入、完成脱贫攻坚的任务、促进农民的全面发展。

①城乡居民收入之比。城乡收入比是衡量城乡收入差距的一个重要指标，也是衡量农村居民生活水平的一个重要指标。②城乡居民消费水平之比。生活水平不仅仅看收入，也要看居民的消费水平，收入很高消费水平却不高，居民生活质量也没有处于很好的水平。③恩格尔系数。是食品支出总额占个人消费支出总额的比重。19世纪德国统计学家恩格尔根据统计资料，对消费结构的变化得出一个规律：一个家庭收入越少，家庭收入中（或总支出中）用来购买食物的支出所占的比例就越大，随着家庭收入的增加，家庭收入中（或总支出中）用来购买食物的支出比例则会下降。推而广之，一个国家越穷，每个国民的平均收入中（或平均支出中）用于购买食物的支出所占比例就越大，随着国家的富裕，这个比例呈下降趋势。④公路里程数。民间有句谚语“要想富，先修路”，公路里程数一定程度上代表了一个地区的经济水平和发达程度。

8.1.2 乡村振兴各指标发展水平

(1) 产业兴旺发展水平

人均GDP。我国2017年人均GDP达到59 660元，且近11年一直保持稳定增长，江西省2017年人均GDP为45 187元，较2007年的13 278元提高了31 909元。近11年也同样保持了稳定增长，但总体水平依旧低于全国平均水平，说明江西省的经济发展水平与全国平均水平仍有一定差距。从江西省内来看，人均GDP最高的两个市分别为南昌市、新余市，分别为95 360元、94 165元，而最低的两个市为赣州、上饶，分别为29 308元、30 372元。江西省内地区之间经济发展水平差距明显，具体数据见图 8-1。

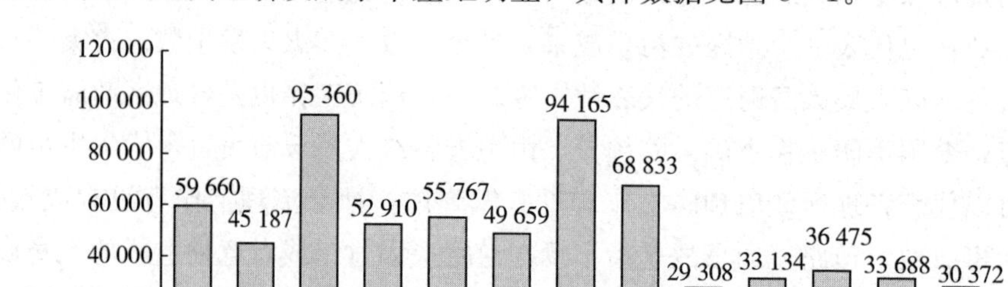

图 8-1　2017 年江西各市人均 GDP（单位：元）

另外从近 11 年来看，全国及江西各省市都呈稳定增长趋势，增长较快的市有南昌、新余、景德镇，其中增幅最快的为新余市，由 2007 年的 25 103 元提高到 2017 年的 94 165 元，在 2010—2011 年增幅最快，达到 22.71%。南昌市人均 GDP 增幅也较快，并在 2017 年首次超过新余市，成为江西省内人均 GDP 最高的市。此外赣州市的人均 GDP 一直处于较低水平，虽然逐年在增长，但赣南山区经济发展由于受一些条件的制约，增长速度较其他市较慢。

农业劳动生产率偏低，产业附加值不高。如图 8-2 所示，2017 年我国单位劳动力第一产业增加值为 31 258 元，高于江西省平均水平 6 888 元，江西各市中仅有南昌高于全国值，其余 10 个市均低于全国值，且景德镇、赣州、上饶均处于 20 000 元左右的较低水平，说明农业产业的产值偏低，产业附加值亟待提升。

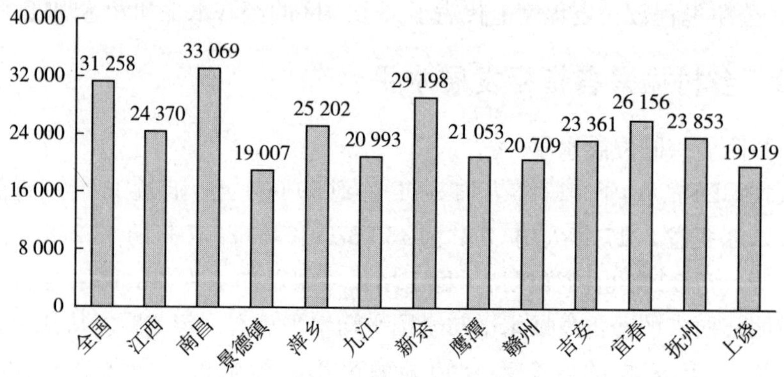

图 8-2　2017 年单位劳动力第一产业增加值（单位：元）

另外从近11年的增长趋势来看，全国和江西以及各市都呈现增长趋势，但江西省增长速度明显低于全国平均水平，在江西省内，新余市、南昌市一直处于一个较高水平并持续保持增长，2016年新余市的同比增长率达到19.44%，2017年南昌市同比增长9.44%。其中景德镇市在2007—2015年保持稳定增长，但在2016年下降至18 132元；另外上饶市的农业劳动生产率在江西省处于最低水平，2017年的单位劳动第一产业增加值为30 372元，低于江西省平均水平，与增长较快的南昌市、新余市差距逐渐拉大，具体如图8-3所示。

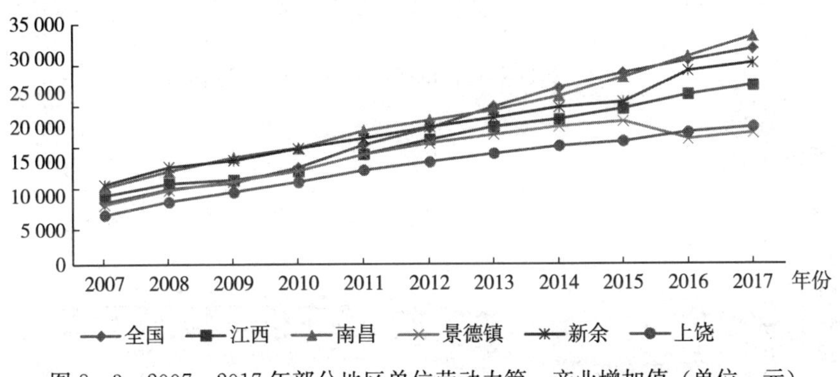

图8-3　2007—2017年部分地区单位劳动力第一产业增加值（单位：元）

土地利用效率高于全国水平。2017年我国平均每公顷粮食产量为5 421千克，江西平均每公顷粮食产量5 800千克，江西省的平均粮食单位产量略高于全国平均水平。根据统计数据显示，江西各市的粮食单位产量均高于全国水平，其中南昌市的粮食单位产量最高为7 138千克每公顷，其次为萍乡市为7 067千克每公顷，最低的赣州市为5 648千克每公顷。说明江西省的粮食单产较高，土地利用率处于比较高的水平。具体数据如图8-4所示。

另外从近11年的增长趋势来看，全国和江西以及各市大致呈增长趋势。除在2009年全国有小幅下降，2009年、2010年江西省有小幅下降外，全国及江西省均保持增长。从江西省内来看，萍乡市的粮食单产较高，但波动也最大，其中在2009年同比下降了15.68%，在2015年同比增长4.63%；抚州市的粮食单产也处于较高水平，且一直处于平稳增长趋势；赣州市与鹰潭市也呈大致增长趋势，但两市的粮食单产有在2010年小幅提升到2011年又下降的过程。总体而言，我国的粮食单产处于良好水平，土地利用效率呈现逐步优化的趋势。2007—2017年我国部分地区粮食单产如图8-5所示。

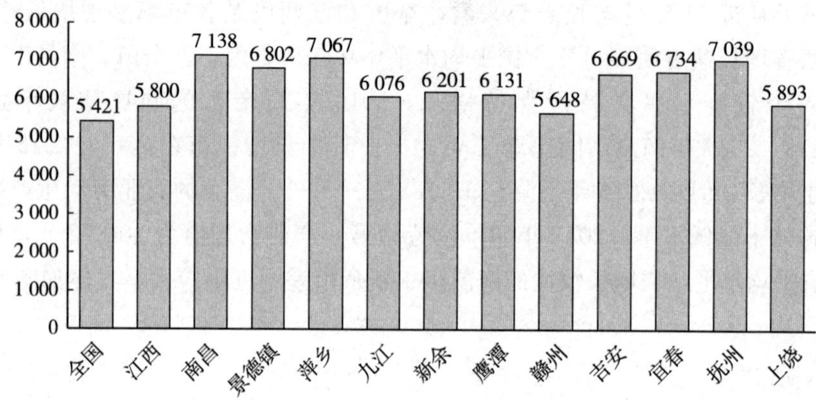

图 8-4　2017 年粮食单产（单位：千克/公顷）

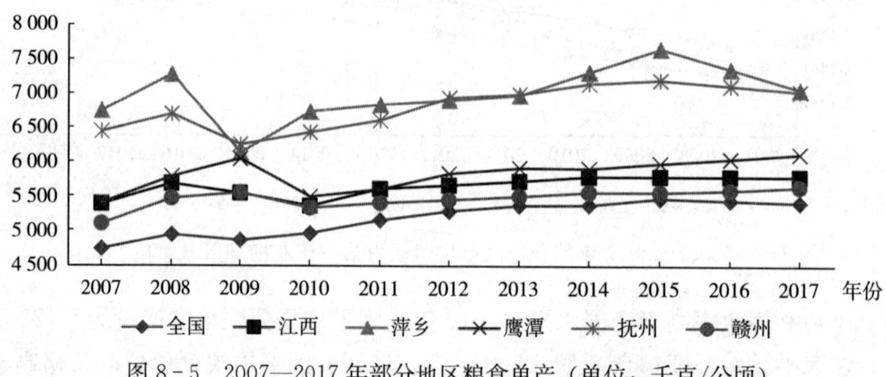

图 8-5　2007—2017 年部分地区粮食单产（单位：千克/公顷）

接待游客人次。如图 8-6 所示，我国接待游客人次从 2007 年的 16.1 亿人次增长到 2017 年的 50.3 亿人次，并保持每年持续稳定的增长，其中 2011 年增速较快，同比增长率高达 25.31%，2011 年之后接待游客人次均保持 10%以上的增长率。2017 年的江西接待游客人次为 57 239 万人次，近 11 年来江西省的接待游客人次保持高速增长，2011 年和 2012 年同比增长率分别高达 47.79%和 56.36%，并且在 2014 年至 2017 年接待游客人次同比增长率均在 20%以上。根据统计数据显示，江西各市接待游客人次存在比较大的差异，2017 年接待游客人次最多的为南昌市的 7 219 万人次，其次为九江市的 6 723 万人次和上饶市的 6 603 万人次，新余市的接待游客人次最低，2017 年接待游客人次为 3 003 万人次（图 8-7）。

从近 11 年的增长趋势来看，南昌市的增长量最大，由 2007 年的 899 万人

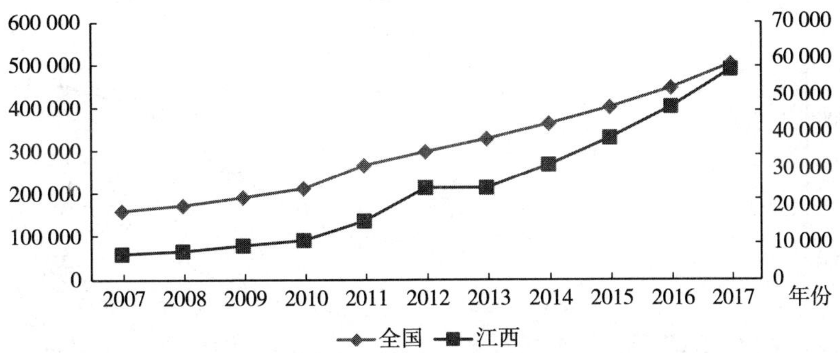

图 8-6 2007—2017 年全国及江西游客接待人次（单位：万人次）

图 8-7 2017 年接待游客人次（单位：万人次）

次增长至 2017 年的 7 218 万人次，其次是上饶市，由 2007 年的 699 万人次增长至 2017 年的 6 603 万人次，增长近 10 倍；江西各市每年的接待游客人次均保持较高增速，其中宜春市在 2017 年的增速高达 74.40%，说明江西省的旅游发展稳步上升，产业发展潜力巨大，具体如图 8-8 所示。

(2) 生态宜居发展水平

废污水排放量情况。2017 年江西省废污水排放量达到 439 075 万吨，比 2007 年废污水排放量提高了 59.56%。2017 年全国的废污水排放量相较 2007 年提高了 49.56%，江西省废污水排放量比全国排放量多了 10 个百分点。全国废污水排放量递增趋势明显，江西省废污水排放量有缓慢下降的趋势，表明省内各市正在逐渐控制废污水的排放。由 2007—2017 年的统计数据进行统计，江西省废污水排放量与全国废污水排放量进行对比，得到的统计数据如图 8-9 所示。

但是从图 8-10 中可以看出江西全省各市之间的废污水排放情况差距异常

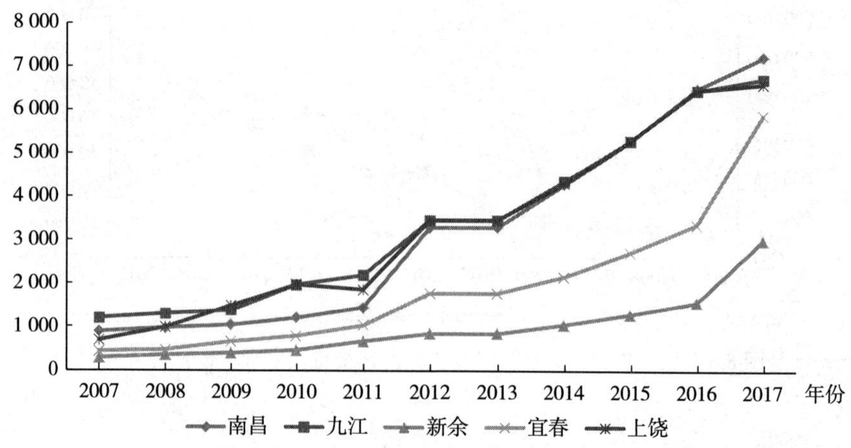

图 8-8　2007—2017 年部分地区接待游客人次（单位：万人次）

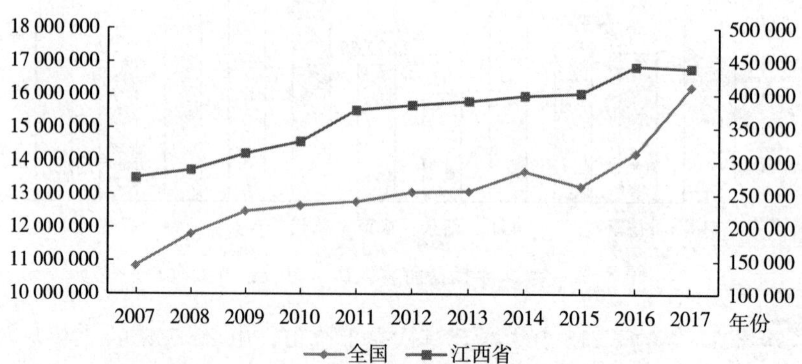

图 8-9　全国与江西省废水排放量情况对比（单位：万吨/年）

明显，2017 年废污水排放量最多的是南昌市（88 145 万吨），排放量最少的为鹰潭市（17 530 万吨），两者相差 70 615 万吨。如图 8-11 所示，从人均废污水排放量来看，新余市虽有下降趋势，但仍处最高水平，从 2007 年 211.58 吨/年下降到 2017 年 194.12 吨/年；南昌市、萍乡市、鹰潭市和景德镇市处于较高水平，除了萍乡市以外，均有上升趋势；九江为中等水平；宜春市、吉安市、抚州市、上饶市和赣州市处于较低水平，其中赣州市最低，即从 2007 年的 53.79 吨/年上升到 2017 年的 64.33 吨/年。从人均废污水排放增长量来看，与 2007 年相比，2017 年人均废污水排放量增长幅度最大为上饶市、九江市和吉安市，分别增加了 0.301、0.240 和 0.223 吨/年。可以看出省内各市人均废污水排放量差异较大，但整体增长水平略低于全国增长水平，增势较慢。

图 8-10　2017 年江西省各市废水排放量情况（单位：万吨/年）

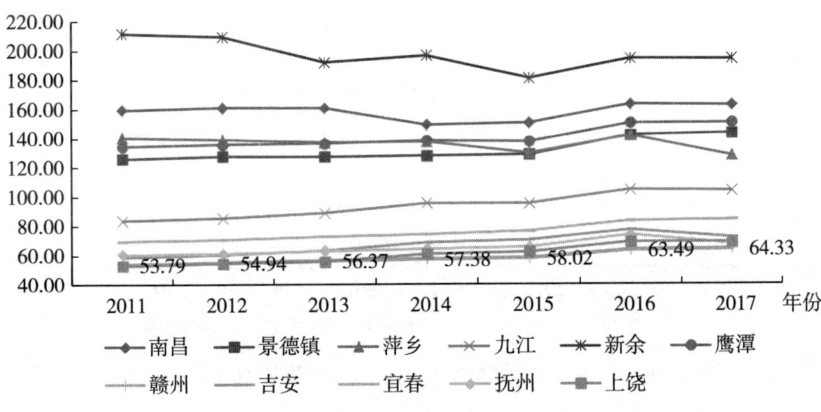

图 8-11　江西省各市人均废水排放量情况趋势图（单位：吨/年）

森林覆盖率情况。2017 年江西省各市的森林覆盖率水平最高的是赣州的 76.20%，最低的是南昌的 21.96%，但其最低森林覆盖率依旧高于全国水平；江西省平均森林覆盖率水平为 59.26%，其中有 5 个市的森林覆盖率低于全省平均水平，这表明江西省内部各市的森林覆盖率存在一定的差距，江西省各市森林覆盖具体情况如图 8-12 所示。

2017 年，江西省森林覆盖率高达 63.10%，这是人与自然和谐共生的生动诠释，是江西省秉持绿色发展理念的持续接力。从图 8-13 来看，江西省森林覆盖率一直保持平稳上升的态势，远远高于全国森林覆盖率。2017 年全省的森林覆盖率较之 2007 年的 55.86%上升了 7.24%，2017 年全国的森林覆盖率比 2007 年的 20.36%提升了 1.27%，从江西省与全国的比较来说，江西省森林覆盖率无论是从其增长率还是森林覆盖率都高于全国平均水平。

图 8-12　2017 年江西省各市森林覆盖率图（单位：%）

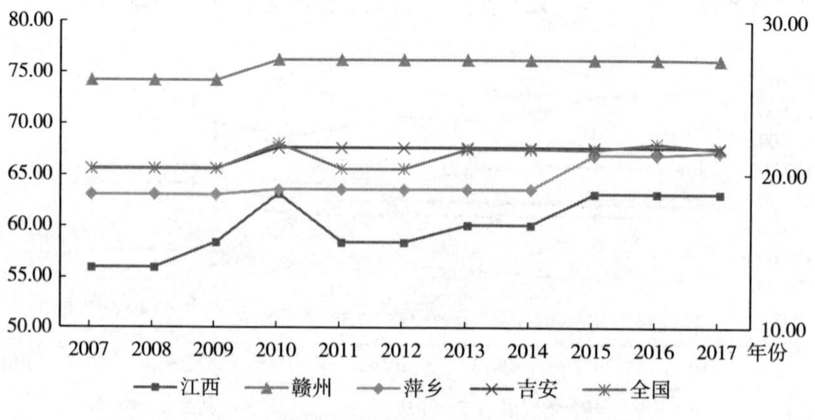

图 8-13　全国与江西省各市森林覆盖率趋势图（单位：%）

自然保护区占辖区面积比重。江西省生态保护红线涵盖了生态功能极重要区和生态极敏感区及各类受保护区域，为优化生态安全格局、保障人居生态环境安全提供有力保障，自然保护区的设立也是生态保护的一项重要内容。

从自然保护区占辖区面积比重情况来看，江西省自然保护区所占面积相对较少。其具体统计数据如图 8-14 所示。通过统计数据可以看出，江西省的自然保护区占辖区面积比重 7.30%，明显低于全国水平 14.30%。其中从江西省各市情况来看，南昌市自然保护区占辖区面积比重最高为 17.43%，最低的为新余市仅有 0.88%，两者差距较大，省内各市有关自然保护区的设立存在不平衡的现象。从图 8-15 中可以看出江西省自然保护区占辖区面积比重近几年波动较大，2017 年较 2016 年增长了 0.95%，全国自然保护区占辖区面积比重近些年一直较为平稳，处在一个较高的水平。江西省自然保护区面积整体处于上升趋势，与全国趋势保持一致，但总量较全国更少，应加强自然保护区的设立，创造更加良好的生态生活环境。

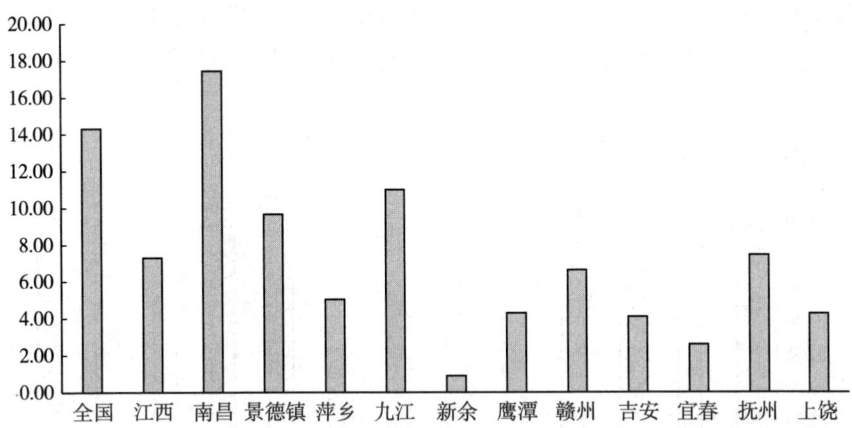

图 8-14　全国与江西省各市自然保护区占辖区面积比重情况（单位：%）

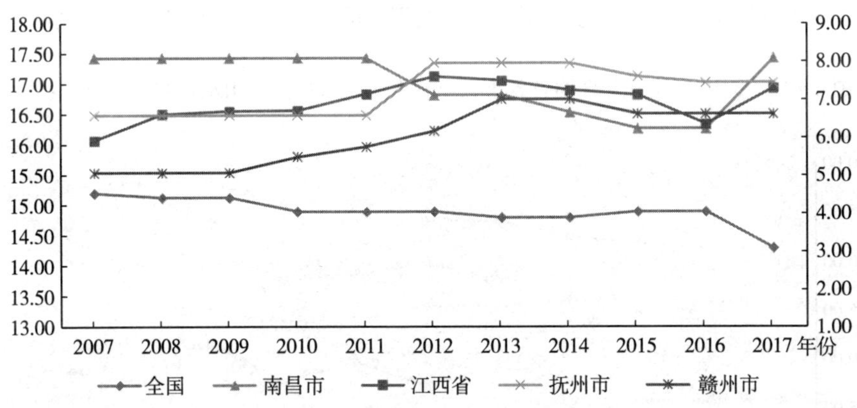

图 8-15　全国与江西省各市自然保护区占辖区面积比重趋势图（单位：%）

农业以及生活用水量占总用水量之比。江西省是江南“鱼米之乡”，古有“吴头楚尾，粤户闽庭”之称。选取农田灌溉用水、林牧渔畜用水以及农村居民用水占总用水量的比重作为生态宜居的评价指标之一。从图 8-16 可以看到，江西省内有 4 个市农业以及农村居民用水量所占比重大于全国水平。2017 年全国农田灌溉用水、林牧渔畜用水以及农村居民用水占总用水量的比重为 74.07%，高于江西省的 68.92%，差距较小，这也体现出江西省农业大省的本质。从图 8-17 中看出全国以及江西省各市农田灌溉用水、林牧渔畜用水以及农村居民用水占总用水量的比重增长趋势基本一致，呈现出平稳态势，每年以较小的幅度在增长。2017 年全国用水量占比为 74.07%相较

2007 年的 76.19%下降了 2.12%，江西省 2017 年农田灌溉用水、林牧渔畜用水以及农村居民用水占总用水量的比重则相较 2007 年上升了 2.90%。这也进一步表明江西省农业较为发达，一直重视农业的不断发展，坚守耕地红线的准则。

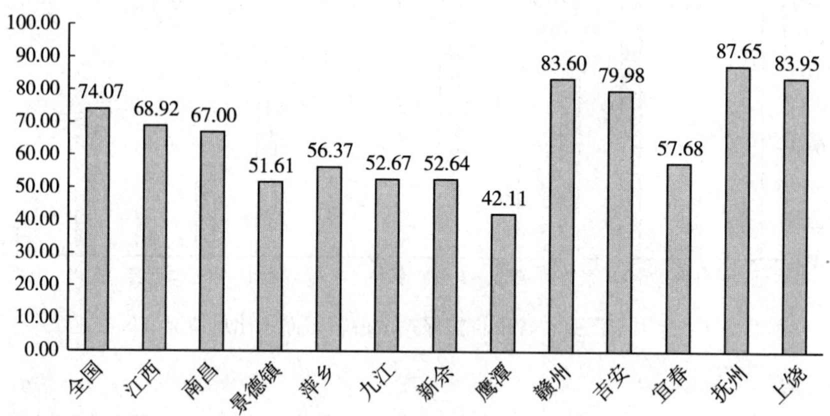

图 8-16　2017 年全国与江西省各市农业及生活用水量占总用水量之比（单位：%）

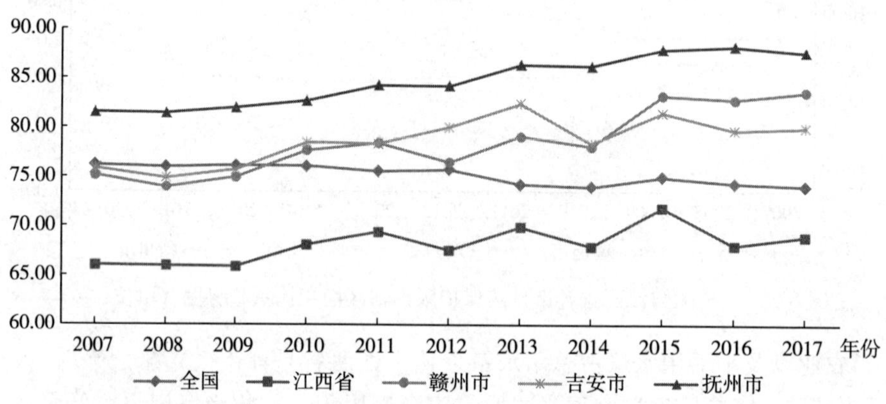

图 8-17　全国与江西省各市农业以及生活用水量占总用水量之比趋势图（单位：%）

医院床位数。地区医疗卫生水平的高低对该地区的生活质量有影响，落后的医疗卫生条件会降低人们的生活质量，增加生活成本，阻碍经济的发展，而较完善的医疗卫生系统则为人们的健康和经济的发展提供了更有力的保障。本研究对全国以及江西省各市每万人拥有的医院病床位数这一指标进行统计，测度江西省各市的医疗卫生水平的高低。

由图 8-18 中可以看出，2017 年江西省各市每万人拥有医院病床位数有较大差距，其中鹰潭市每万人拥有 62.05 张床位，而同年抚州每万人仅拥有 33.92 张床位，小于全省平均水平每万人 50.52 张床位，这反映在医疗卫生水平上各市之间存在较大差距，还可以发现江西省部分市的每万人床位数低于全省和全国的平均水平，医疗卫生建设还有待加强；与此同时，从增速的角度来看，如图 8－19 所示，全省各市与全国的增长势头趋于一致，现在全省床位数平均水平已经高于全国标准。这也使得省内各市之间医疗资源的合理配置显得更加重要，将有限的资源充分利用。

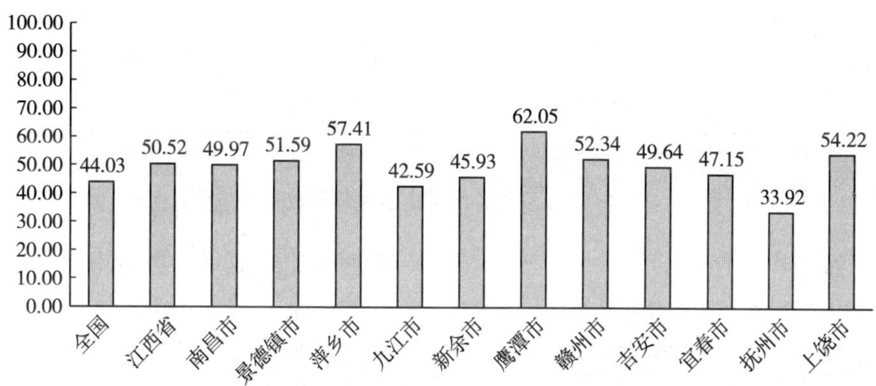

图 8－18　2017 年全国与江西省各市医院床位数情况（张/万人）

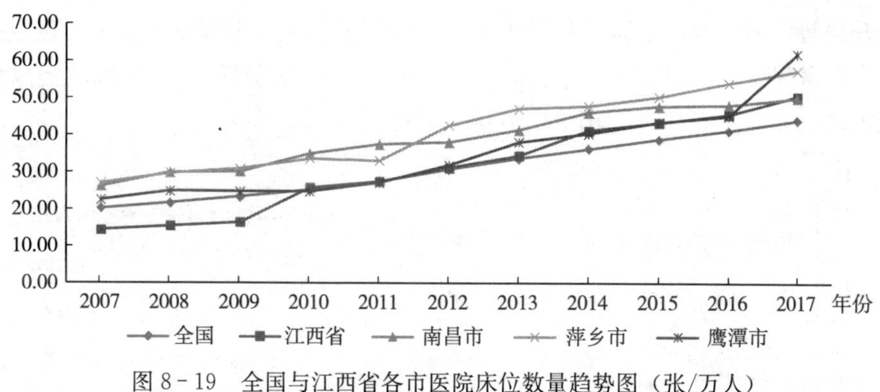

图 8－19　全国与江西省各市医院床位数量趋势图（张/万人）

（3）乡风文明发展水平

文化事业单位数。乡风文明建设是乡村振兴战略不可或缺的一部分，在积极实施政策的同时也离不开各级政府的大力支持，由此我们选择近 11 年文化事业单位数量的变化作为衡量乡风文明的指标之一。由图 8－20 我们可以看出，2017 年各市文化事业单位的数量中，最多的是赣州市 66 个，最少的是新余市 11 个，两者相差较大，这表明省内各市关于乡村文化体系的建设存在差距。

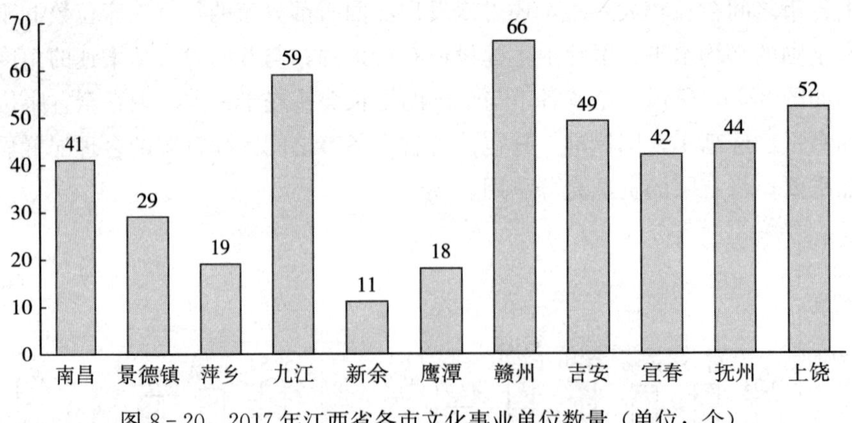

图 8-20　2017 年江西省各市文化事业单位数量（单位：个）

如图 8-21 所示，2007 年至 2015 年，我国文化事业单位数量由 7 146 个增至 9 475 个，在 2015 至 2016 年存在下降趋势，由 9 475 个减少至 7 809 个，但在 2017 年上升至 9 168 个。11 年来我国文化事业单位数量呈上升趋势，共增加 2 022 个，增长率为 28%。江西省文化事业单位数量由 379 个增至 437 个，增加 58 个，增长率为 15%。这表明全国和江西省文化事业单位数量都呈上升趋势，但江西的增长速度慢于全国。江西省各个市中仅有吉安市文化事业单位数量减少，11 年来由 53 个减至 49 个；萍乡、新余等 10 市均以较慢涨幅稳定增长，江西省 5 市文化单位数量趋势见图 8-22。

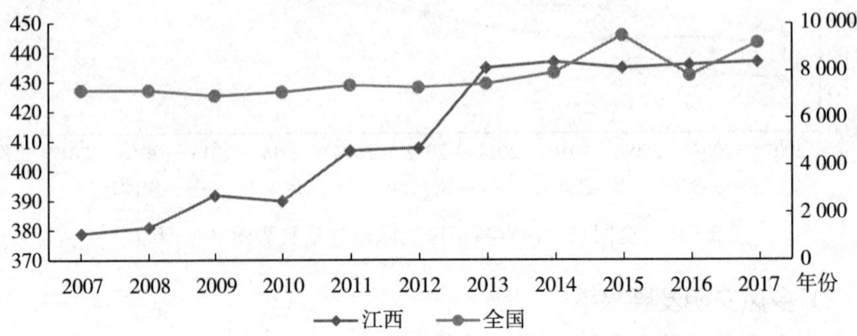

图 8-21　全国与江西省文化事业单位趋势图（单位：个）

小学及特殊教育毕业生数量。小学及特殊教育毕业生数量在一定程度上可以体现农村对于文化教育的重视程度。如图 8-23 所示，我们可以看出，2017

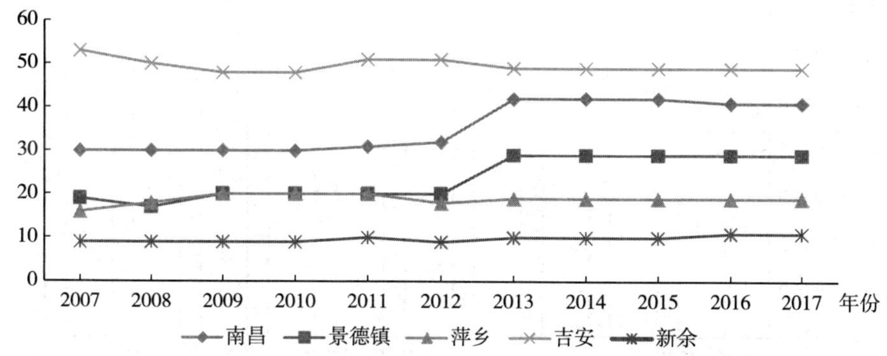

图 8-22 江西省5市文化事业单位数量趋势图（单位：个）

年各市小学及特殊教育毕业生最多的是赣州市 150 046 人，最少的是新余市 16 611 人，两者相差很大。如图 8-24 所示，在毕业生数量占全市人口比例中，上饶市占比最大，为0.011 940；南昌市占比最小，为0.011 938，两者相差及其微小，这表明江西省各市之间的基础教育差距非常小。

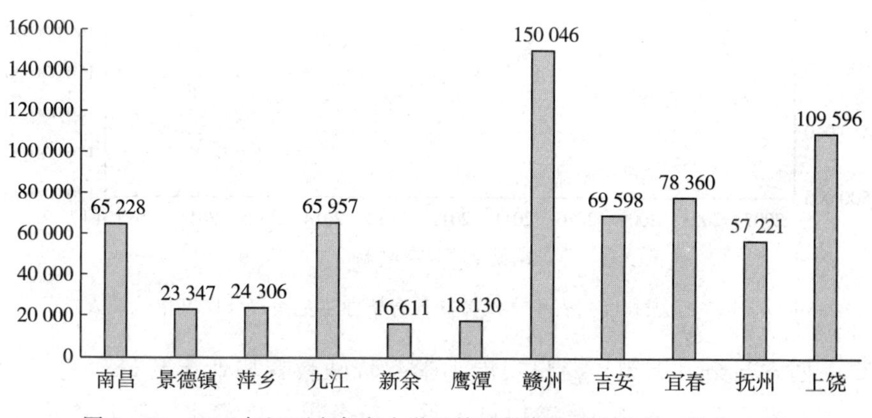

图 8-23 2017年江西省各市小学及特殊教育毕业生数量（单位：人）

如图 8-25 所示，在 2007 至 2015 年，全国小学及特殊教育毕业生数量持续减少，由 18 752 000 人减少至 12 882 800 人，但在 2015 年至 2017 年上升至 13 912 401 人。10 年内总体数量呈下降趋势，减少人数为 4 839 599 人。江西省小学及特殊教育毕业生数量在 2007 年至 2009 年由 542 814 人上升至 694 818 人，但从 2009 年至 2015 年数量逐年减少，由 678 534 下降至 593 894 人，随后到 2017 年上升为 678 400 人。这表明自 2009 年始，江西省与全国小学及特殊教育毕业生数量增减趋势几乎相同。

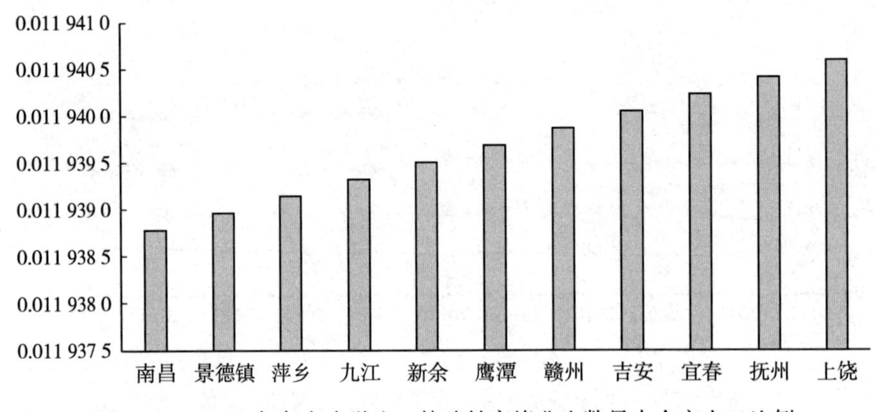

图 8-24　2017 年各市小学生、特殊教育毕业生数量占全市人口比例

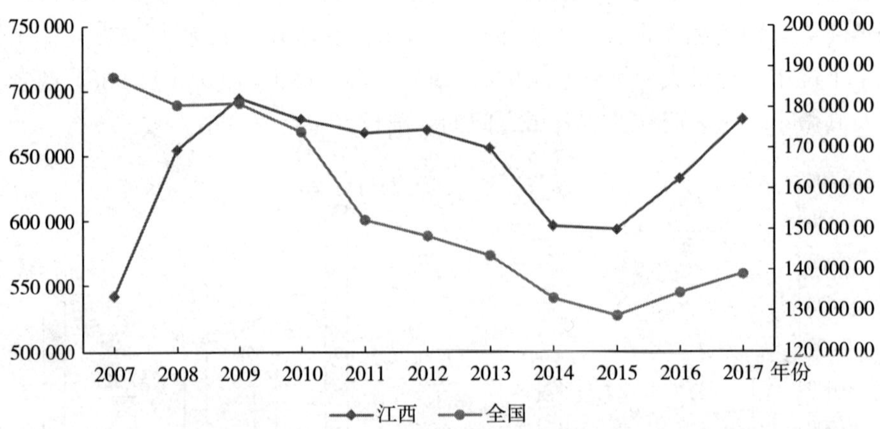

图 8-25　全国和江西省小学及特殊教育毕业生数量趋势图（单位：人）

江西省新余、鹰潭、赣州三市小学及特殊教育毕业生数量如图 8-26 所示，从江西省内各市 10 年趋势来看，新余市、鹰潭市、赣州市毕业生人数在 2007 年至 2009 年快速增长后达到平稳，直至 2015 年再次开始快速增长，10 年内增长近 1 倍，其余各市毕业生变化不大。这表明新余市、鹰潭市、赣州市 10 年内基础教育的人数规模增长迅速，其余各市应加大教育投入。

出生政策符合率。如图 8-27 所示，2017 年全国出生政策符合率为 87%，江西省为 91.65%，这表明江西省出生政策的符合程度高于全国平均水平。江西省各市出生政策符合率最高的是新余市 95.42%，最低的是赣州市 89.38%。但江西省最低符合率的赣州市仍然高于全国平均水平。

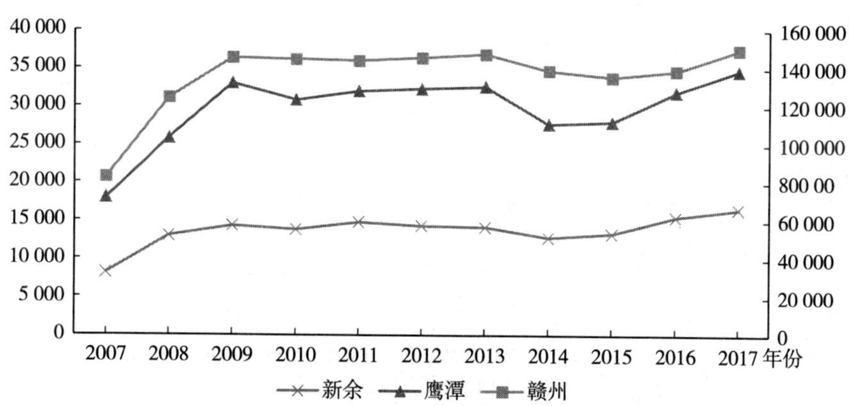

图 8－26　江西省三市小学及特殊教育毕业生数量趋势图（单位：人）

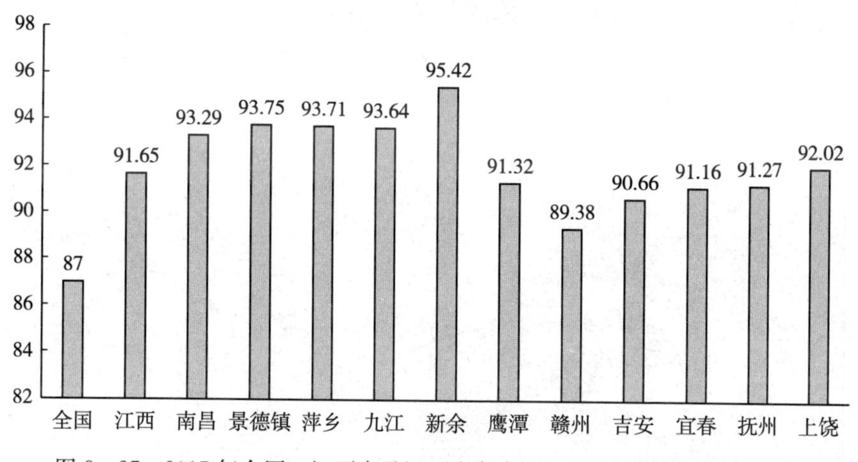

图 8－27　2017 年全国、江西省及江西省各市出生政策符合率（单位：%）

如图 8－28 所示，近 11 年全国出生政策符合率呈增高趋势，由 2007 年的 83%增长至 2017 年的 87%，江西省近 11 年总体呈上升趋势，但波动较大。2007 年至 2009 年由 85.17%增长至 86.87%；在 2010 年至 2014 年波动下降至 79.44%达到最低；2015 年至 2017 年快速增长至 91.65%。这表明自 2015 年后，江西省出生政策符合率处于快速上升阶段，与全国趋势一致，但增长速度远远高于全国平均水平。

如图 8－29 所示，江西省各市出生政策符合率 10 年内总体呈增长趋势，但在 2010 年，景德镇、吉安等市出生政策符合率都出现下降，在 80%左右，低于 2010 年全国平均标准的 83%；在 2011 至 2013 年，各市小幅度增长；在

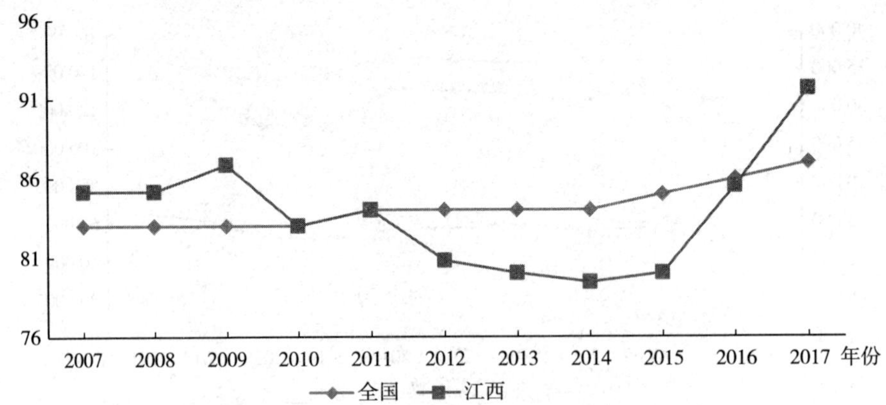

图 8-28 全国及江西省出生政策符合率趋势图（单位：%）

2013 年，各市再次出现出生率下降情况，降至 80%左右，低于 2013 年全国水平。在 2014 至 2017 年，各市出生政策符合率大幅度提升，除赣州为 89.38%外，其余各市全部增至 90%以上。

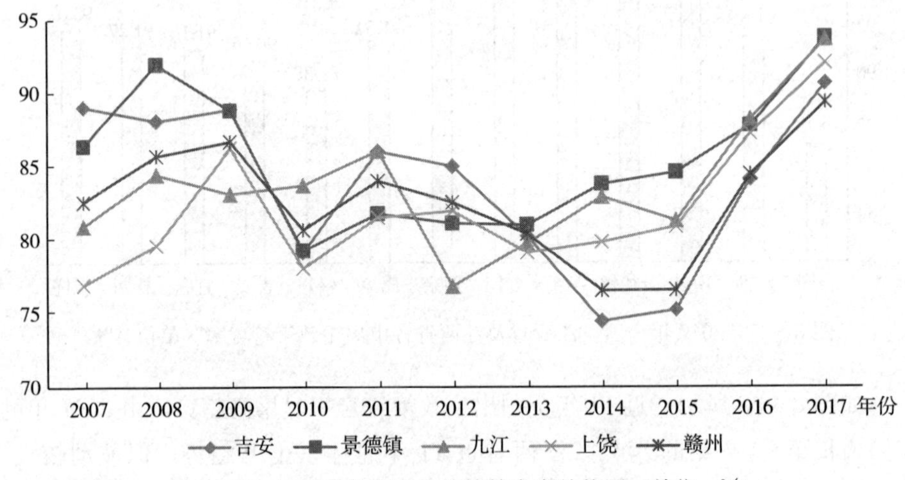

图 8-29 江西省各市出生政策符合率趋势图（单位：%）

中专毕业生、初中毕业生、高中毕业生及教职工数量。如图 8-30 所示，我们可以看出，2017 年各市中专毕业生、初中毕业生、高中毕业生及教职工数量最多的是赣州市 246 188 人，最少的是鹰潭市 25 227 人，两者相差较大。

如图 8-31 全国中专毕业生、初中毕业生、高中毕业生及教职工数量总体呈下降趋势。2007 年至 2010 年由 36 738 397 人下降至 35 281 267 人；在 2011 年上升至 35 767 606 人后，于 2012 年至 2017 年下降至 31 769 002 人，其中在

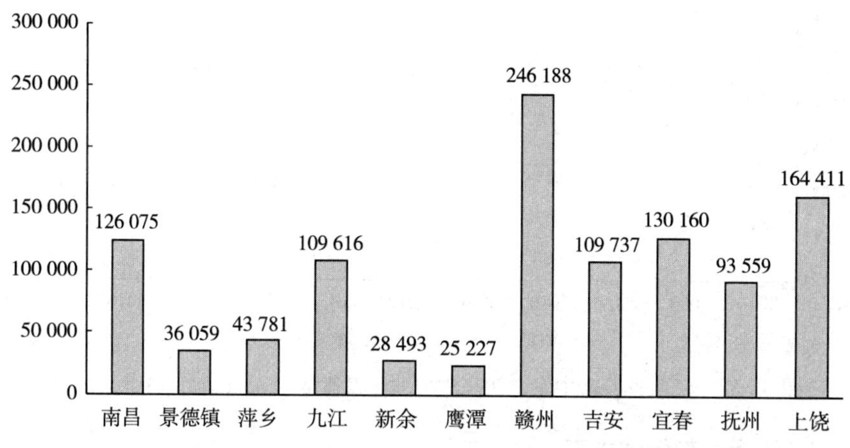

图8-30 2017年江西省各市中专、初高中毕业生及教职工数量（单位：人）

2013年至2014年大幅度减少，减少数量为2 582 405人。江西省中专毕业生、初中毕业生、高中毕业生及教职工数量波动较大，在2009年大幅度下降至1 052 925人；但在2011年则大幅度增至1 195 672人；之后在2011年至2017年波动下降至1 113 296人。这表明全国10年内中专毕业生、初中毕业生、高中毕业生及教职工人数呈下降趋势，减少人数至4 969 395人，下降幅度为13.52%。这表明全国中等教育毕业生人数及教职工数量呈下降趋势，江西省2011年后与全国趋势保持一致。

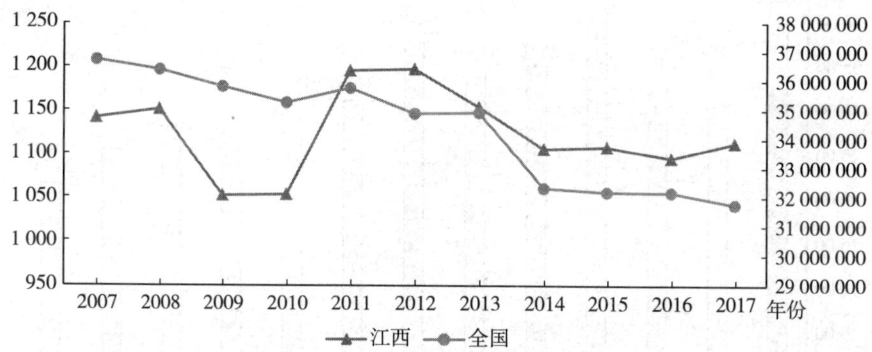

图8-31 全国江西省中专、初高中毕业生及教职工人数趋势（单位：人）

江西省各市中专毕业生、初中毕业生、高中毕业生及教职工人数趋势如图8-32所示，数量波动不大，这表明10年内各市中等教育的人数规模和江西省的人数规模趋势一致，都处于稳定状态。

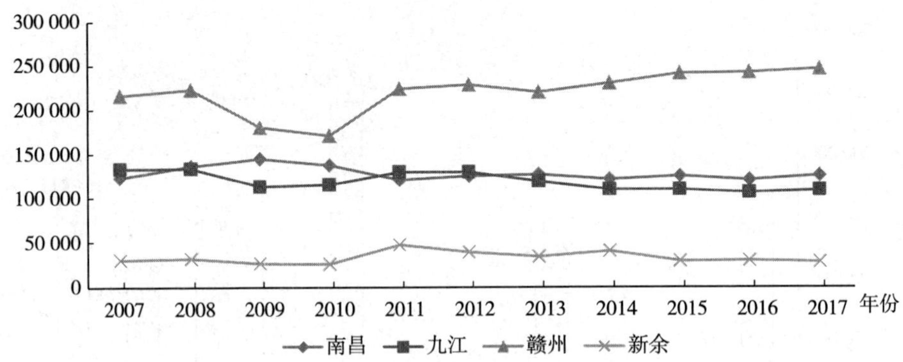

图 8-32　江西省各市中专、初高中毕业生及教职工人数趋势（单位：人）

(4) 治理有效发展水平

离婚率整体低于全国。2017 年江西省离婚率达到 28.6%，比全国低了近 13 个百分点。2017 年全国的离婚率相比较于 2007 年提高了 20%。江西省离婚率近 11 年也同样保持了波动增长，但总体水平低于全国平均水平，说明江西省的幸福指数是高于全国的。从江西省内来看，离婚率最低的两个市分别为吉安市、上饶市，分别为 24.06%、21.7%，而最高的两个市为景德镇市、新余市，分别为 41.76%、37.57%。江西省内地区之间离婚率差距明显，具体数据见图 8-33。

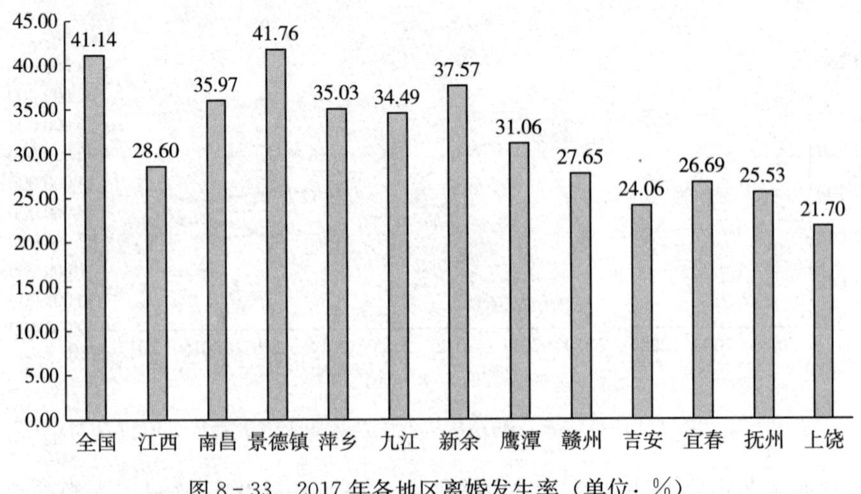

图 8-33　2017 年各地区离婚发生率（单位：%）

另外，从近 11 年来看，全国及江西各市离婚率都呈稳定增长趋势，增长较快的市有南昌、九江、景德镇、萍乡，其中增幅最快的为南昌市，离婚率由

2007 年的 20.6%提高到 2016 年的 46%，之后在 2017 年下降到 35.9%。此外赣州市的离婚率一直处于较低水平，虽然逐年在增长，但赣南山区离婚率一直不高，增长速度较其他市较慢，说明山清水秀的慢速环境有利于幸福指数的提高，2007—2017 年各地区离婚发生率趋势见图 8-34。

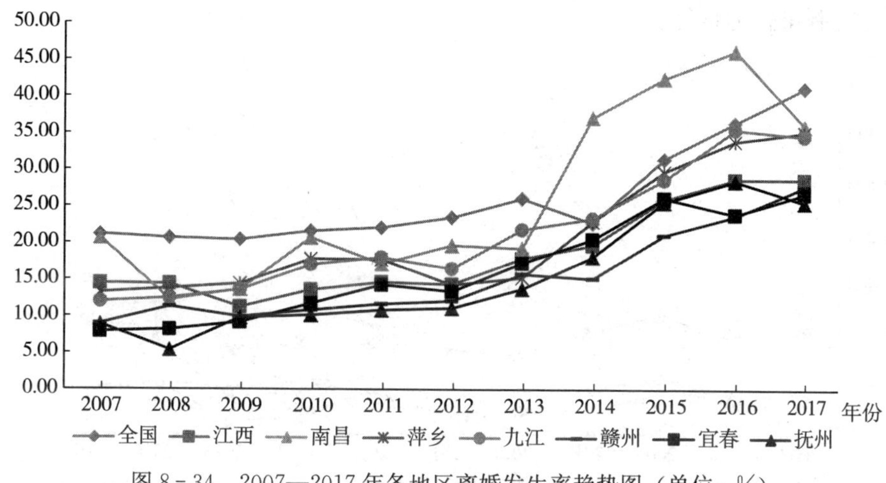

图 8-34　2007—2017 年各地区离婚发生率趋势图（单位：%）

火灾发生情况地区差异较大。我国火灾发生数从 2007 年的 16.4 万次增长到 2017 年的 20.3 万次，但是从图 8-35 中可以看出江西全省各市之间的火灾发生情况差距异常明显，火灾发生数较多的是南昌市、赣州市、宜春市、上饶市，火灾发生数较少的是景德镇市、抚州市、萍乡市、新余市。2017 年火灾发生数最多的是南昌市 1 562 次，火灾数最少的为景德镇市 189 次，两者相差 1 373 次。从中可以看出省内各市火灾发生情况差距较大，区域面积较大的地市火灾发生数较多，经济发达建筑物密集的地区次数较多。

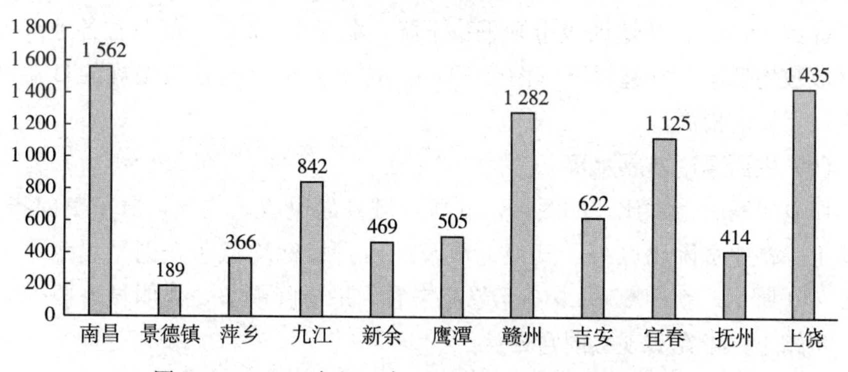

图 8-35　2017 年江西各地区火灾发生数（单位：次）

从近 11 年的增长趋势来看（图 8－36），南昌市的波动最大，波动大可能是受经济发展和制度完善影响，其次是赣州，由 2007 年的 407 次增长至 2017 年的 1 282 次，增长了 2 倍多，2012—2013 年增幅最大。江西其他各市每年的火灾发生数均保持稳定低速增长，说明江西省在经济发展的同时，消防安全问题也控制得较为良好。

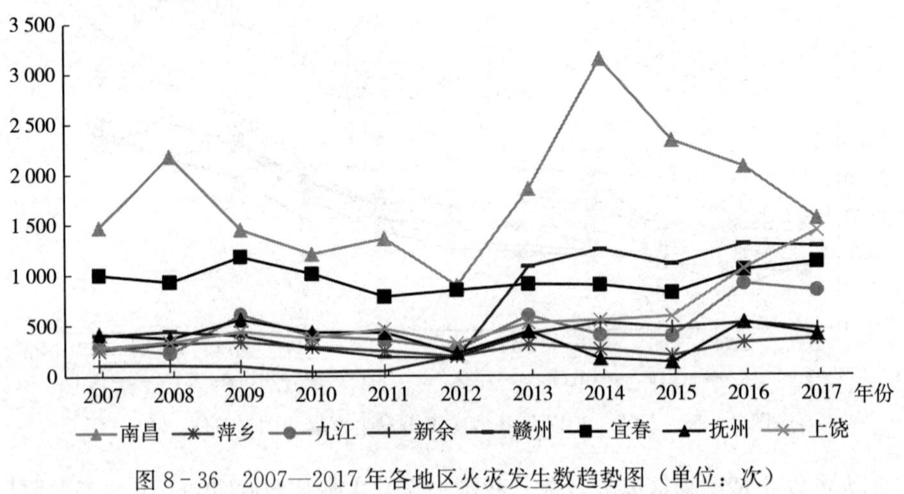

图 8－36　2007—2017 年各地区火灾发生数趋势图（单位：次）

各地区交通事故情况。交通事故数各地区差异也比较大，2017 年交通事故数较多的是九江市、赣州市、吉安市、上饶市，交通事故数较少的是景德镇市、鹰潭市、萍乡市、新余市。其中最多的是上饶市 466 起，最少的是新余和鹰潭市的 39 起，相差较大，数值为 427 起（图 8－37）。但可喜的是江西各市均为下降趋势，降速较为明显是赣州市和南昌市，南昌 2007 年交通事故为 811 起，2017 年下降到 145 起，赣州市 2007 年发生 2 574 起交通事故，2017 年下降到 411 起。其他地级市则平稳下降，截至 2017 年，江西省各地级市交通事故数均低于 500 起以下（图 8－38）。这得益于交通政策法规的日益完善和人民素质的提高。

(5) 生活富裕发展水平

城乡居民收入之比。如图 8－39 所示城乡居民收入之比，属于负向指数，整体上除赣州贫困山区外，其他地市及江西省指标均低于全国平均水平，如图 8－40 所示，就 2007—2017 年趋势来看，呈下降趋势，说明城乡收入差距进一步缩小，正在实现共同富裕。

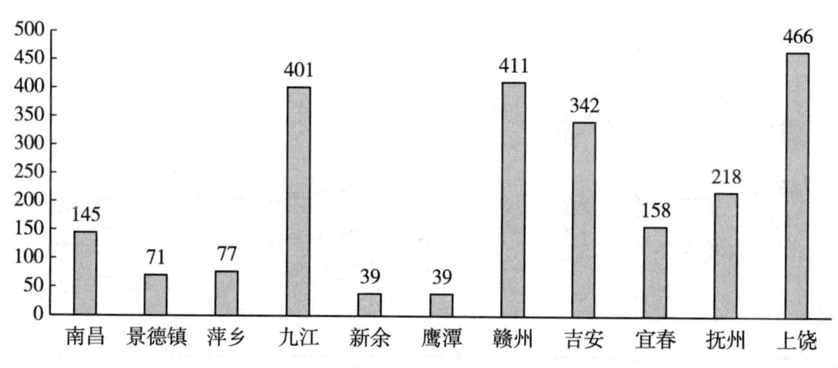

图 8－37　2017 年各地区交通事故数（单位：起）

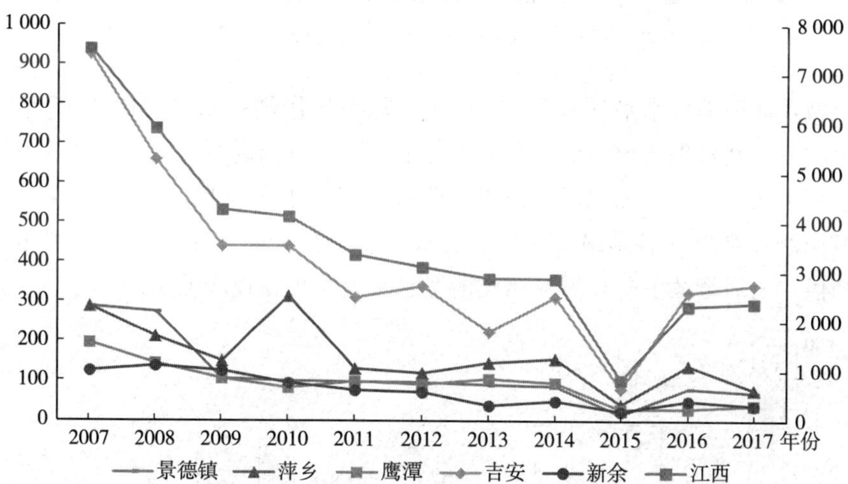

图 8－38　2007—2017 年江西及部分地区交通事故数趋势图（单位：起）

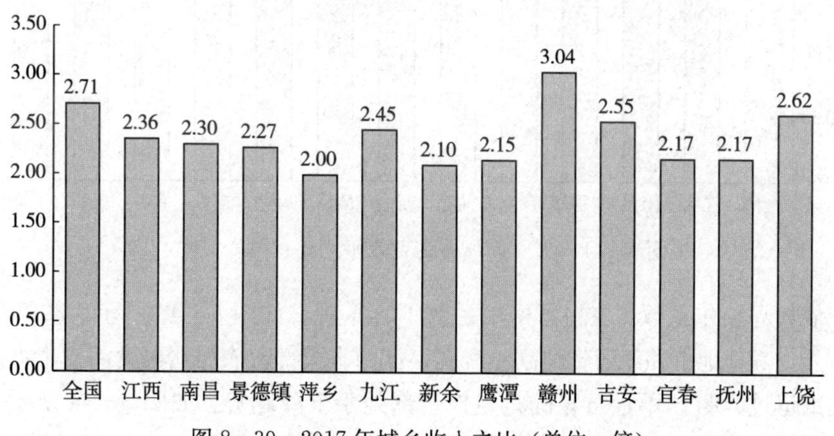

图 8－39　2017 年城乡收入之比（单位：倍）

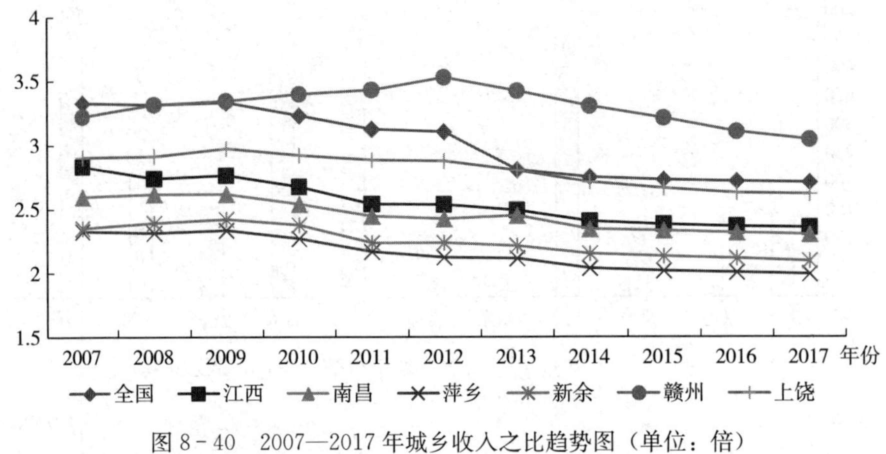

图 8-40　2007—2017 年城乡收入之比趋势图（单位：倍）

城乡居民消费水平。图 8-41 所示，城乡居民消费水平之比 2017 年江西各市城乡消费水平之比均低于全国平均水平，一方面说明江西省的城乡消费水平差距不大，另一方面也可能说明江西农村消费水平较高。如图 8-42 所示，2007—2017 年江西各地级市城乡消费水平差距在波动下降，2013 年到达一个小峰值，之后继续下降，城乡居民消费水平差距也在逐步缩小。

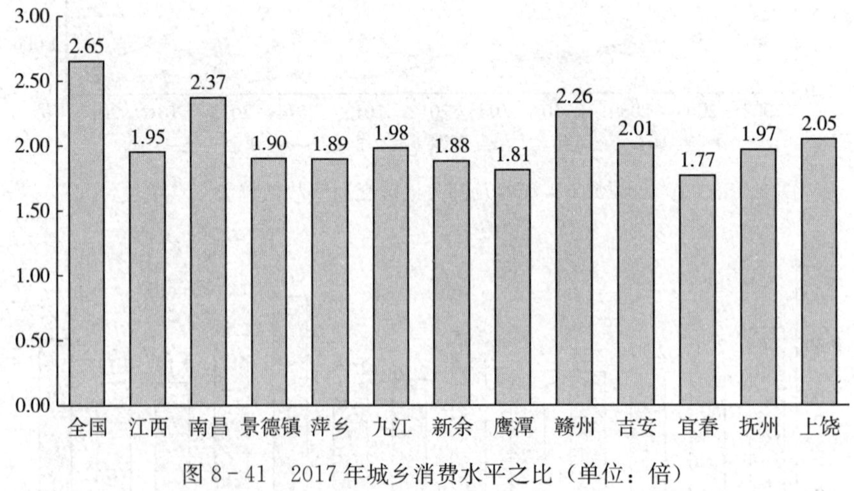

图 8-41　2017 年城乡消费水平之比（单位：倍）

农村恩格尔系数。农村恩格尔系数不容乐观，如图 8-43 所示，2017 年除吉安外，其他地市和江西省均高于全国，江西省大部分农村居民食品支出占总支出比重超过 30%。不过可喜的是整体全部处于下降趋势。如图 8-44 所示，就 2007 至 2017 年趋势来看，下降速度越来越快，农村居民整体生活质量在不断上升。

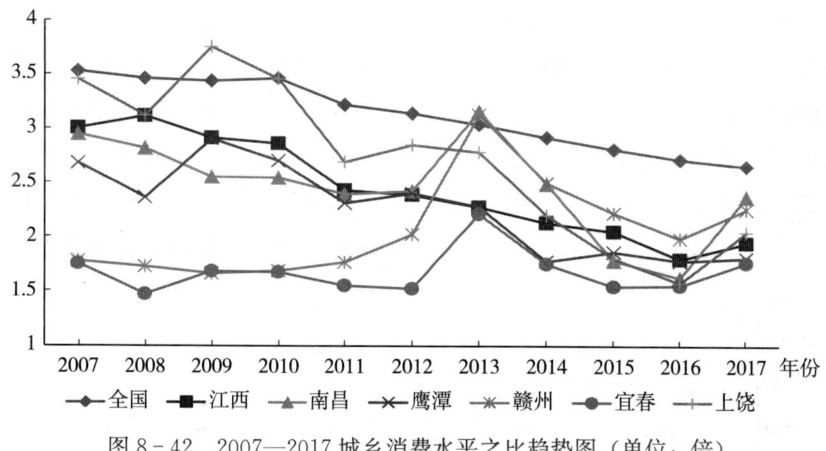

图 8-42　2007—2017 城乡消费水平之比趋势图（单位：倍）

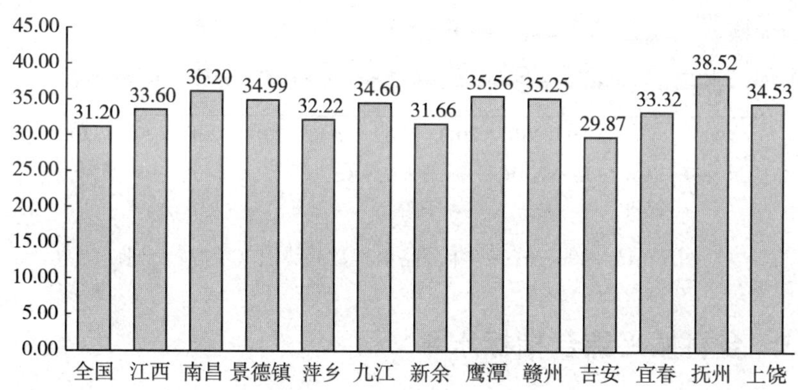

图 8-43　2017 年农村恩格尔系数（单位：%）

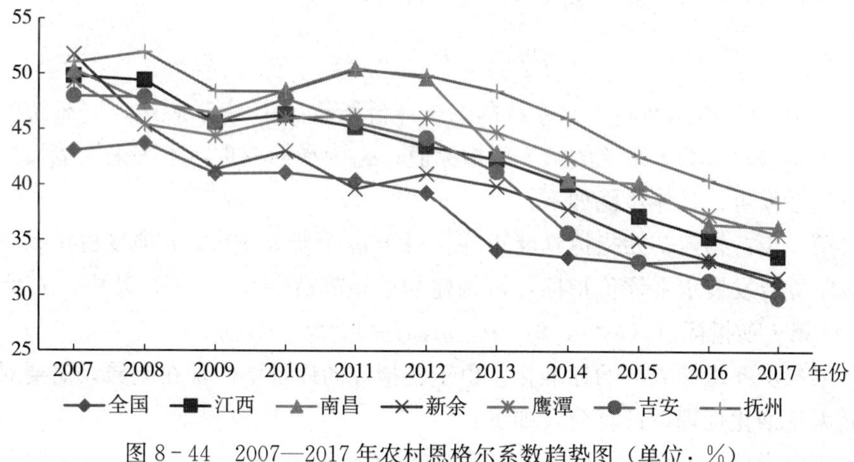

图 8-44　2007—2017 年农村恩格尔系数趋势图（单位：%）

公路里程数。公路里程数整体稳步上升，公路里程是反映公路建设发展规模的重要指标，也是社会经济发展水平的重要标志。如图 8-45 所示，从各地级市横向看，宜春、抚州、吉安、上饶，赣州、九江六市区域面积大，公路里程基数大，南昌、景德镇、萍乡、新余、鹰潭五市区域面积相对较小，公路里程基数小。从 2007—2017 年纵向来看，除赣州市增速稍快，其他地级市增速不快，慢速平稳上升，一定程度上反映江西省社会经济发展水平稳步上升。

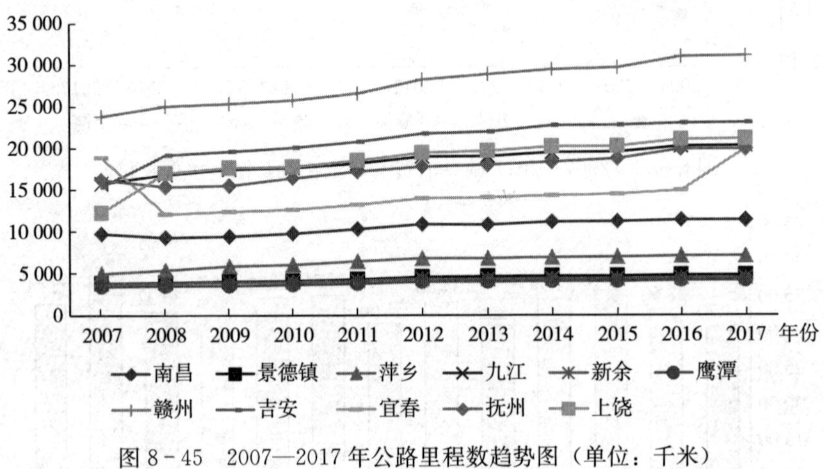

图 8-45　2007—2017 年公路里程数趋势图（单位：千米）

8.1.3　乡村振兴综合指标水平

(1) 研究方法

乡村振兴系统的综合发展水平计算公式如下：

$$U_{s=1,2} = \sum_{j=1}^{n} \omega_{sj} u_{sj} \tag{8-1}$$

其中，U_1 表示乡村振兴系统的综合评价函数；U_2 表示脱贫攻坚系统的综合评价函数；u_{sj} 为 s 系统的第 j 项指标值；ω_{sj} 为指标权重，本书采用熵权法来计算指标权重，具体步骤如下：

第一步：构建初始指标判断矩阵。对于 m 个研究城市，n 项乡村振兴与脱贫攻坚综合发展水平评价指标，可构建初始矩阵 $X=\{x_{ij}\}_{m\times n}$，其中，x_{ij} 为区域 i 的第 j 项指标值（$i=1, 2, \cdots, m$；$j=1, 2, \cdots, n$）。

第二步：指标数据的标准化。由于各指标的计量单位存在差异，需要对指标做无量纲化处理，计算公式如下：

正向指标：　$x_{ij} = x_{ij} - \min(x_{ij}) / \max(x_{ij}) - \min(x_{ij})$　　(8-2)

负向指标：　$x_{ij}=\max(x_{ij})-x_{ij}/\max(x_{ij})-\min(x_{ij})$　(8-3)

其中，$\max(x_{ij})$、$\min(x_{ij})$ 分别为指标的最大值和最小值。

第三步，指标同度量化：

$$P_{ij}=x_{ij}/\sum_{i=1}^{m}x_{ij} \tag{8-4}$$

其中，P_{ij} 为第 j 项指标下第 i 个区域所占的相对比重。

第四步，计算第 j 项指标的熵值 H_j：

$$H_j=-\frac{1}{\ln m}\sum P_{ij}\ln P_{ij} \tag{8-5}$$

其中，H_j 为第 j 项指标的熵值；$\frac{1}{\ln m}$为信息熵系数。

第五步，计算指标的信息效用价值；

$$d_j=1-H_j \tag{8-6}$$

其中，d_j 为第 j 项指标的效用价值；d_j 越大，指标的重要性越大。

最后，权重的计算公式为：

$$\omega_j=d_j/\sum_{j=1}^{n}d_j \tag{8-7}$$

(2) 权重计算

江西省乡村振兴综合水平各个指标的权重如表 8-1 所示。比较 5 个一级指标可以发现，乡风文明（0.275 4）＞产业兴旺（0.219 1）＞生活富裕（0.180 7）＞治理有效（0.171 1）＞生态宜居（0.153 6），由此可以得出目前乡风文明在江西省乡村振兴中成效较为显著。

表 8-1　乡村振兴综合水平评价体系

目标层	准则层		指标层	性质	权重
乡村振兴	产业兴旺	0.219 1	人均 GDP	+	0.390 7
			农业劳动生产率	+	0.185 4
			粮食作物单产	+	0.210 7
			接待游客人次	+	0.213 1
	生态宜居	0.153 6	废污水排放量	−	0.109 8
			森林覆盖率	+	0.100 3
			自然保护区占辖区面积比重	+	0.242 6
			床位数	+	0.312 7
			用水量	+	0.234 6

（续）

目标层	准则层		指标层	性质	权重
乡村振兴	乡风文明	0.275 4	文化事业数	+	0.193 8
			小学及特殊教育毕业生数	+	0.322 2
			出生政策符合率	+	0.177 3
			初、高中、中专毕业生及教职工数量	+	0.306 7
	生活富裕	0.180 7	城乡收入之比	−	0.255 7
			消费水平之比	−	0.251 7
			恩格尔系数	−	0.252 1
			公路里程	+	0.240 4
	治理有效	0.171 1	离婚率	−	0.350 7
			火灾发生起数	−	0.315 2
			道路交通事故发生起数	−	0.334 1

(3) 乡村振兴水平评价

产业兴旺指标水平评价。江西省各个城市产业兴旺综合水平变动趋势如图 8-46 所示。2007—2017 年江西省各市间的产业兴旺综合水平波动较小，南昌市产业兴旺指数 2007—2009 年处于下降，从 2009—2017 年一直在上升。从各个城市产业兴旺指标数值的绝对增量来看，11 年间产业兴旺指数上升最快的是南昌市，共增加 0.173 3，并且这几年上升速度在加快。下降最快的是景德镇市，共减少 0.109 3。江西省内产业兴旺指数变化不大，只有南昌市增长速度较快，作为省会城市具有一定的优势，更能够吸引投资商的到来。但其余城市产业发展并不活跃，需要相关部门及时进行调整。赣州市产业兴旺指数存在下降的趋势，表明其相关产业在市场上的反响并不是很好，政府需要给予支持，积极的引导。从 11 个城市的产业兴旺指标的均值来看，由大到小依次排列为：南昌（0.812 7）、新余（0.612 0）、萍乡（0.510 3）、景德镇（0.457 8）、九江（0.369 6）、鹰潭（0.338 8）、吉安（0.322 5）、宜春（0.322 1）、抚州（0.310 1）、上饶（0.255 2）、赣州（0.172 3）。

江西省是一个产业繁多的省份，各地都有自己的优势产业，但将其发展成为名牌产业仍有一定的差距。各地政府在积极引进优质投资商的同时，也要树立自己的品牌，将产业做好做精。

生态宜居指标水平评价。江西省各个城市生态宜居综合水平变动趋势如

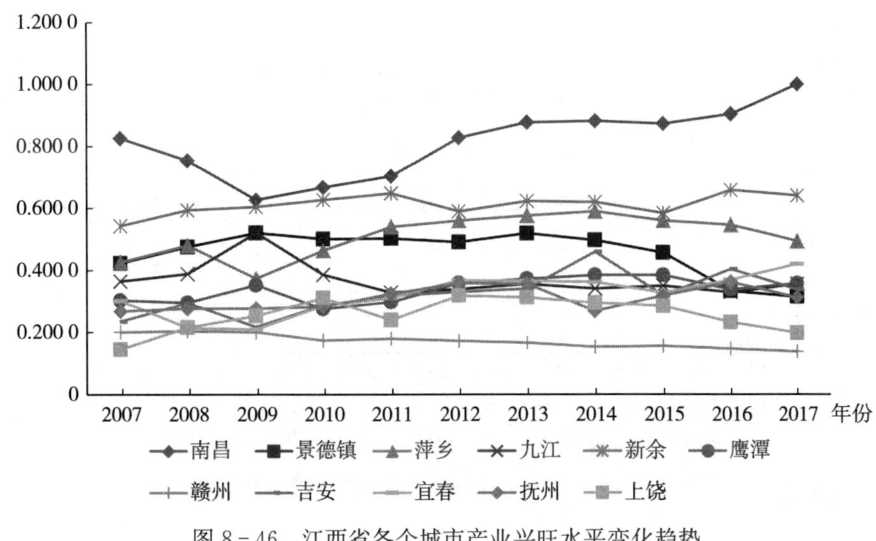

图 8-46　江西省各个城市产业兴旺水平变化趋势

图 8-47 所示。2007—2017 年江西省各市间的生态宜居综合水平差距明显，部分城市生态指标数值波动较大。从各个城市生态宜居指标数值的绝对增量来看，11 年间生态宜居指数上升最快的是赣州市，共增加 0.059 71，并且赣州市生态指标一直处于省内前列。下降最快的是宜春市，共减少 0.184 9。深入调查发现，宜春市近些年生态宜居指标一直在缓慢下降，归结于其产业主要以建材，机电等为主，企业废污水排放量较多，对于城市整体的生态环境有所影响，但是 2018 年以来宜春已经在做产业转换，将新能源作为重点发展产业。南昌市作为省会城市其生态宜居指标波动较大，处于一个低水平状态，这跟南昌在加快城市建设，到处施工有一定的关系。新余市生态宜居指标位于全省最后一位，2015—2017 年有缓慢的增长。从 11 个城市的生态宜居指标的均值来看，由大到小依次排列为：赣州（0.741 7）、上饶（0.677 6）、吉安（0.593 2）、抚州（0.591 7）、南昌（0.586 0）、九江（0.513 2）、宜春（0.486 9）、景德镇（0.383 4）、鹰潭（0.320 0）、萍乡（0.315 0）、新余（0.193 4）。

从未来的发展趋势来看，江西省各市的发展潜力还很巨大，部分生态宜居指标较低的地区还有很多可利用的资源优势没有发挥出来，并且也在不断地改变现有的产业结构，努力创造出更加宜居的生活环境。

乡风文明指标水平评价。江西省各个城市乡风文明综合水平变动趋势如图 8-48 所示。2007—2017 年江西省各市间的乡风文明综合水平差距明显，

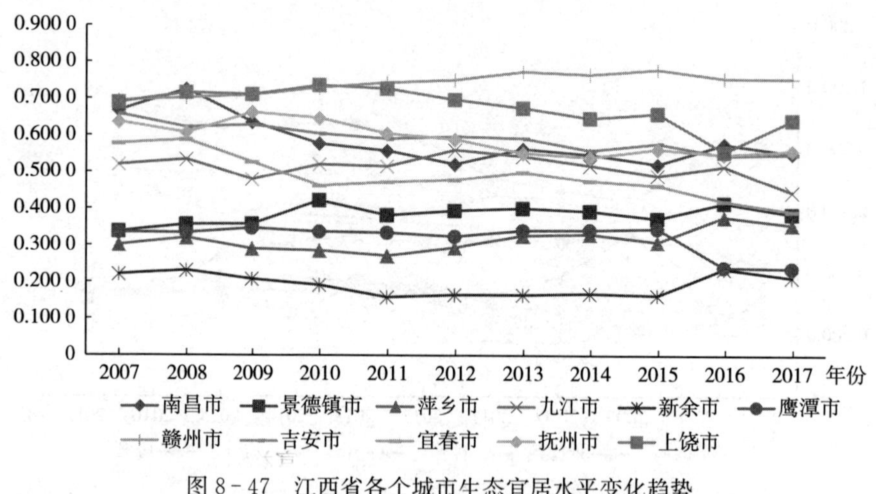

图 8-47　江西省各个城市生态宜居水平变化趋势

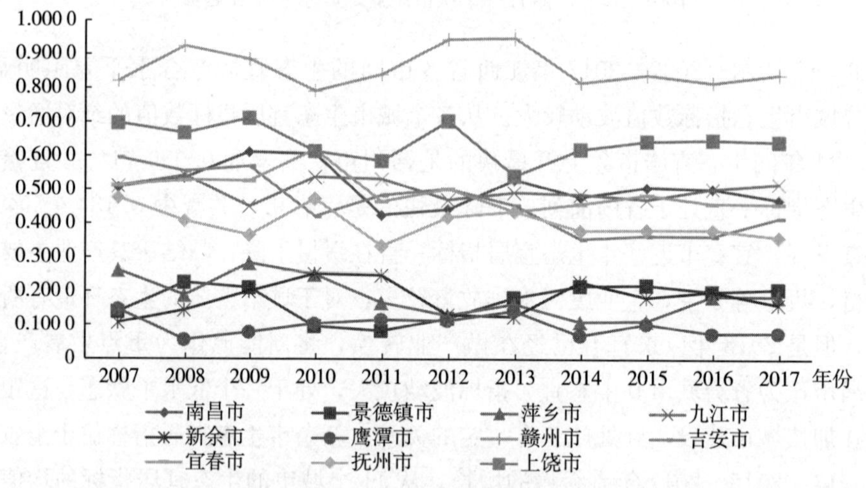

图 8-48　江西省各个城市乡风文明水平变化趋势

部分城市乡风文明指标数值波动较大。从各个城市乡村文明指标数值的绝对增量来看，11 年间乡风文明指数上升最快的是景德镇市，共增加 0.067 63，其波动水平也比较小。下降最快的是吉安市，共减少 0.177 6。深入研究发现，2010—2011 年江西省部分市乡风文明指标都存在下降情况，有可能是前期政策实施反馈的滞后性，相关建设还在探索阶段出现波动属于正常现象，但是 2011 年各市就加强了乡风文明的相关建设。赣州市乡风文明指标明显高于全省平均水平，这与其注重自身客家文化的发展有关，一直在不断地对传统文化风俗进行保护。鹰潭市乡风文明指标位于全省最后一位，2015—2017 年处于一个平稳的状态。从 11 个城市的乡风文明指标的均值来看，由大到小依次排列为：赣州（0.862 0）、上饶（0.643 8）、南昌（0.511 7）、九江（0.502 5）、宜春（0.496 3）、吉安（0.462 7）、抚州（0.402 3）、萍乡（0.186 2）、景德镇（0.173 5）、新余（0.180 8）、鹰潭（0.099 5）。

从目前情况来看，江西省各市的有关乡风文明的建设差距较大，需要各级政府对其加强重视，创建文明的乡村，让乡村文化绵延不断地传承下去，不仅仅要注重经济建设，更要重视农村乡风建设，传承农耕文化。

生活富裕指标水平评价。江西省各个城市生活富裕综合水平变动趋势如图 8-49 所示。2007—2017 年江西省各市间的生活富裕综合水平存在一定的波动，但整体水平处于上升的趋势，部分城市生活富裕指标数值波动较大。从各个城市生活富裕指标数值的绝对增量来看，11 年间生活富裕指数上升最快的是上饶市，共增加 0.311 9，上升趋势明显，这跟近些年上饶市积极发展旅游产业有关，为当地增加收入使得人民生活水平得到较大的提高。下降最快的是赣州市，共减少 0.218 6。省内贫富差距不大，都处在一个中等水平，个别城市因为产业调整的原因，生活富裕指标的增速较快。宜春的生活富裕指标在省内排在前列，这表明宜春市产业发展较为均衡，人民生活水平较高。上饶市从 2010 年开始，生活富裕指标上升速度很快，体现了上饶市旅游产业发展情况较好，带动当地的经济发展。其余城市处在一个中等水平，生活富裕指标相差不大。南昌市作为省会城市其生活富裕指标波动较大，有下降的趋势，这几

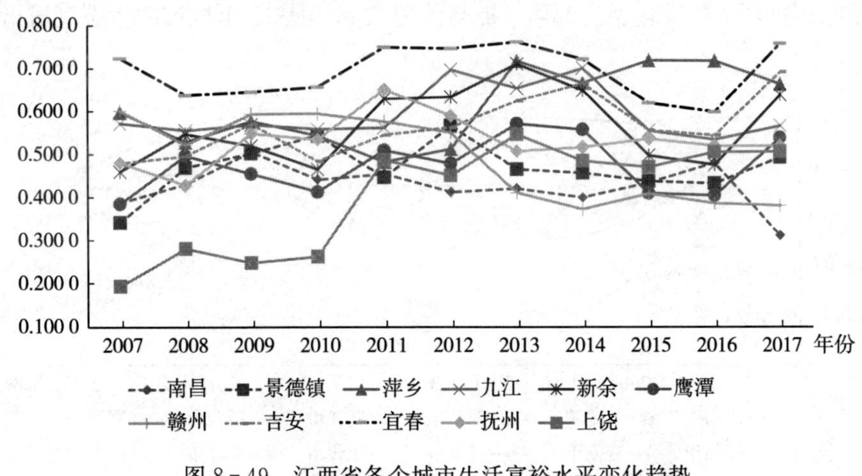

图 8-49　江西省各个城市生活富裕水平变化趋势

年南昌加快城市建设，建立生态城市，进行了产业调整，处于转型期。从 11 个城市的生活富裕指标的均值来看，由大到小依次排列为：宜春（0.693 0）、萍乡（0.611 9）、九江（0.593 2）、新余（0.566 4）、吉安（0.565 9）、抚州（0.530 5）、赣州（0.491 2）、鹰潭（0.475 1）、景德镇（0.469 4）、南昌（0.426 1）、上饶（0.403 8）。

江西省各地资源都很丰富，正在不断探索适合本城市的产业，带动当地经济发展使得人民生活水平提高。从发展趋势来看，江西省各市经济状况呈上升态势，整体情况较好。

治理有效指标水平评价。江西省各个城市治理有效综合水平变动趋势如图 8－50 所示。由图可以看出 2007—2017 年江西省各市间的治理有效综合水平存在一定的差距，这跟各个城市的治理方案有关联。从各个城市治理有效指标数值的绝对增量来看，11 年间生态宜居指数上升最快的是南昌市，共增加 0.176 4，且 2015—2017 年一直处于上升阶段，表明南昌市近几年对于城市治理较为重视，成效显著。下降最快的是上饶市，共减少 0.460 2。深入研究发现，省内大部分城市治理有效水平都处在中等水平，新余市治理有效水平在全省位居前列，南昌市一直是省内的最后一个，这有可能是南昌市近些年发展较为迅速，人流量较大，治理方面较小城市发展情况会更加复杂，单从数据来看就会出现指标数值较低的情况。这一点也提示南昌市相关管理部门需要加强各方面的治理，展示出南昌英雄城的风貌。新余市虽治理有效水平一直在前列，但近几年处于一个下降的趋势，需要引起相关部门的重视，面对经济的不断发展，新余产业的转换，要不断根据环境的变化做出调整，提高治理效率。从 11 个城市的生态宜居指标

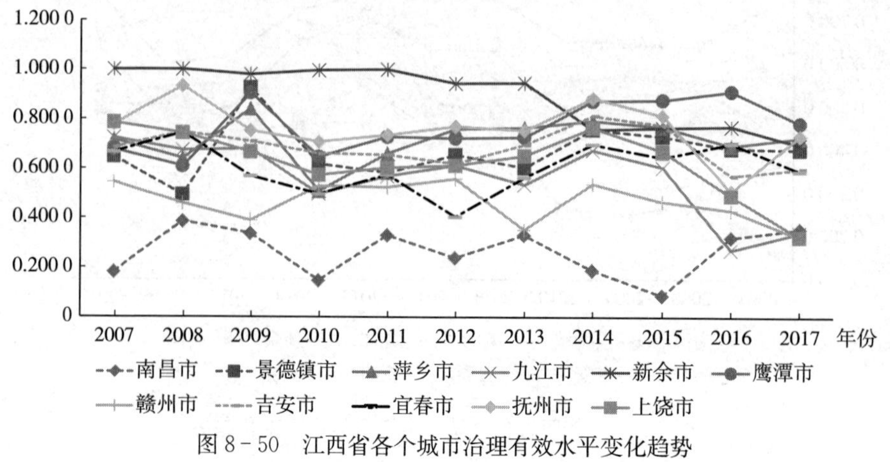

图 8－50　江西省各个城市治理有效水平变化趋势

的均值来看，由大到小依次排列为：新余（0.896 6）、鹰潭（0.769 5）、抚州（0.761 7）、萍乡（0.716 5）、吉安（0.685 5）、景德镇（0.670 8）、上饶（0.626 5）、宜春（0.605 5）、九江（0.562 5）、赣州（0.465 5）、南昌（0.264 2）。

治理有效水平跟各地区的环境有很大的关系，随着现在人口流动的加快，发达城市所面临的治理压力会更大，这也标识着发展迅速的地区要提高自身治理能力。从未来的发展趋势来看，江西省各市的治理水平普遍较高，也在不断地加强治理效率，呈现上升的趋势。

(4) 江西省乡村振兴综合水平评价分析

江西省乡村振兴综合水平及5个二级级指标的水平变动趋势如图8-51所示。从图中可知，2007—2017期间江西省乡村振兴综合水平波动较大，2007年乡村振兴指数为0.476 8，到2017年这一指数为0.375 0。

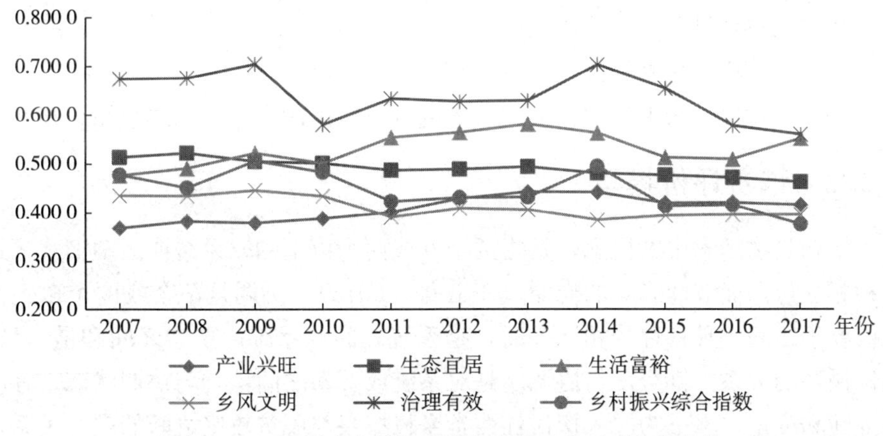

图8-51　江西省乡村振兴综合水平及各层面变化趋势

从乡村振兴指数的变化趋势来看，江西省乡村振兴进程比较缓慢，11年间乡村振兴指数有所下降。究其原因，这与江西省一直以来是农业大省，经济发展起步晚，乡村振兴水平制约发展整体水平。从未来的发展趋势来看，江西省的发展潜力还很巨大，还有很多可利用的资源优势没有发挥出来。从5个二级指标的变化趋势可以看出，乡风文明与治理有效11年间的波动趋势大致相似。可以认为近些年江西省对于管理层面比较注重，坚持将政策落实到基层。产业兴旺仅仅保持稳定上升的趋势，从2013年的0.176 8增长到2017年的0.221 1，经历过2008年的金融危机，在2008—2012年期间一直处于剧烈波动的状态，近几年的稳定表明江西省对经济的发展一直保持较高的重视程度。

而生活富裕呈现波动趋势的同时在2015—2017年下降趋势明显，这表明在我国经济快速发展时期，人民对于生活水平的要求也在不断提高。因此，在实施乡村振兴战略过程中，既要促进经济又快又好发展，也要重视人民对于生活水平的要求，同时加大社会保障力度和建设乡村基础设施，这样才能将乡村振兴战略这支“弓箭”做强大。

8.2 地区市级脱贫攻坚与乡村振兴耦合协调度分析

8.2.1 指标选取

利用指标—指数耦合链方法，对土地、资金、劳动力、技术等生产要素的协同需求，构建江西省脱贫攻坚能力与乡村振兴水平协同耦合理论模型。运用耦合模型评价不同区域乡村振兴水平的协同现状，找寻不同区域、不同阶段脱贫攻坚能力与乡村振兴水平协同瓶颈。

（1）脱贫攻坚水平指数：1－贫困发生率

（2）乡村振兴水平指数：上文层次熵分析得出的乡村振兴水平综合指数。

8.2.2 耦合评价模型

耦合是物理学中的概念，是指两个（或两个以上的）系统或运动形式通过各种相互作用而彼此影响的现象（王毅等，2015）。协调是两个或两个以上系统或要素之间一种良性的相互关联，是系统之间或系统内要素之间和谐一致、良性循环的关系。耦合度与协调度是对系统或要素之间耦合与协调状态、程度的描述和度量。本书为深入探讨江西省乡村振兴与脱贫攻坚之间的耦合关系构建乡村振兴与脱贫攻坚耦合评价模型，以此来计算和分析二者之间的耦合关系以及反映两个系统的整体功效和协同效应，计算公式如下：

$$C=2\sqrt{U_1U_2}/(U_1+U_2) \tag{8-8}$$

其中，C为乡村振兴与脱贫攻坚效果两个系统的耦合度；U_1、U_2分别为乡村振兴与脱贫攻坚两个系统的综合评价指数，表示两个系统的综合发展水平（表8-2）。但此模型无法判断耦合是否为良性，当两系统的综合发展水平都比较低时，仍然能够得到较高的耦合度，为了避免此模型的不足，本书引入耦合协调度模型，以此客观地反映乡村振兴与脱贫攻坚之间的协调发展水平，计算公式如下：

$$D=\sqrt{C\times T},\ T=\partial U_1+\beta U_2 \tag{8-9}$$

其中，D为耦合协调度；T为乡村振兴与脱贫攻坚两系统的综合协调指数，反映两系统的综合发展水平对协调度的贡献；∂、β为待定系数，分别表示乡村振兴与脱贫攻坚的贡献系数。在两系统的耦合协调发展过程中，我们认为乡村振兴与脱贫攻坚是具有同等重要性的，根据前期研究，本研究均取∂、β为0.5。

表8-2　脱贫攻坚与乡村振兴耦合协调划分类型

耦合协调度	协调度等级	$U_1>U_2$	$U_1<U_2$
$0.8<D\leqslant 1$	良好协调	脱贫攻坚滞后	乡村振兴滞后
$0.6<D\leqslant 0.8$	中度协调	脱贫攻坚滞后	乡村振兴滞后
$0.4<D\leqslant 0.6$	低度协调	脱贫攻坚滞后	乡村振兴滞后
$0.2<D\leqslant 0.4$	中度失调	脱贫攻坚滞后	乡村振兴滞后
$0<D\leqslant 0.2$	严重失调	脱贫攻坚滞后	乡村振兴滞后

8.2.3　脱贫攻坚与乡村振兴耦合协调度测算结果

(1) 脱贫攻坚与乡村振兴耦合协调度的总体均值分布

利用耦合协调度模型得出2007—2017年江西省11个市脱贫攻坚与乡村振兴耦合协调度。2007—2017年江西省各市的乡村振兴与脱贫攻坚耦合协同关系均处于中度协调、良好协调状态，整体来看，江西各个市的耦合协调度从表8-3中可以看出，2007—2017年平均耦合协调度排名依次为：宜春市(0.842 1)>吉安市（0.826 4)>抚州市（0.826 0)>南昌市（0.825 4)>赣州市（0.824 6)>九江市（0.821 8)>上饶市（0.819 7)>新余市（0.806 2)>萍乡市（0.792 8)>景德镇市（0.743 7)>鹰潭市（0.710 4)。其中8个市处于良好协调状态，另外3个市处于中度协调状态。其中宜春市2007—2017平均耦合协调度最高，高达0.842 1，达到良好协调，宜春市乡村振兴水平与脱贫攻坚两个系统整体协作能力良好；最低的为鹰潭市，耦合协调度为0.710 4，处于中度协调状态，鹰潭市实施乡村振兴战略与脱贫攻坚两者的工作得到了比较好的协调。

(2) 脱贫攻坚与乡村振兴耦合协调度的时间演变过程

从图8-52中可以看出2007—2017年江西各市的耦合协调趋势，可以看出各市的耦合协调度变化处于一种较为平稳的趋势，耦合协调度在中度协调与良好协调之间波动。其中南昌市在2007年达到耦合协调度最高值，南昌市的乡村振兴与脱贫攻坚两个系统达到非常良好的协调度，但耦合协调度在2017年有小幅度的下降，不过在系统的协调中也处于中度协调水平；景德镇市在2009年、2010年处于良好协调状态，其他年份处于中度协调；萍乡市的耦合协调度自2013年之后从中度协调上升到良好协调，两个系统之间的协作关系越来越强；鹰潭市的耦合协调度一直处于小幅波动状态，2015年开始持续上升，至2017年耦合协调度达到0.768 3，达到了一个较高的协调度水平；宜春市除2009年处于中度协调外，其他年份一直处于良好协调状态。

表8-3　江西各个市2007—2017年平均耦合协调度类型

城市	乡村振兴指数	脱贫攻坚指数	协调度	耦合协调度类型
南昌市	0.483 2	0.990 3	0.825 4	良好协调
景德镇市	0.325 6	0.984 4	0.747 3	中度协调
萍乡市	0.411 5	0.976 6	0.792 8	中度协调
九江市	0.486 5	0.954 1	0.821 8	良好协调
新余市	0.435 5	0.987 3	0.806 2	良好协调
鹰潭市	0.265 4	0.981 1	0.710 4	中度协调
赣州市	0.514 7	0.911 2	0.824 6	良好协调
吉安市	0.494 7	0.946 8	0.826 4	良好协调
宜春市	0.516 1	0.979 8	0.842 1	良好协调
抚州市	0.484 4	0.964 8	0.826 0	良好协调
上饶市	0.481 0	0.946 6	0.819 7	良好协调

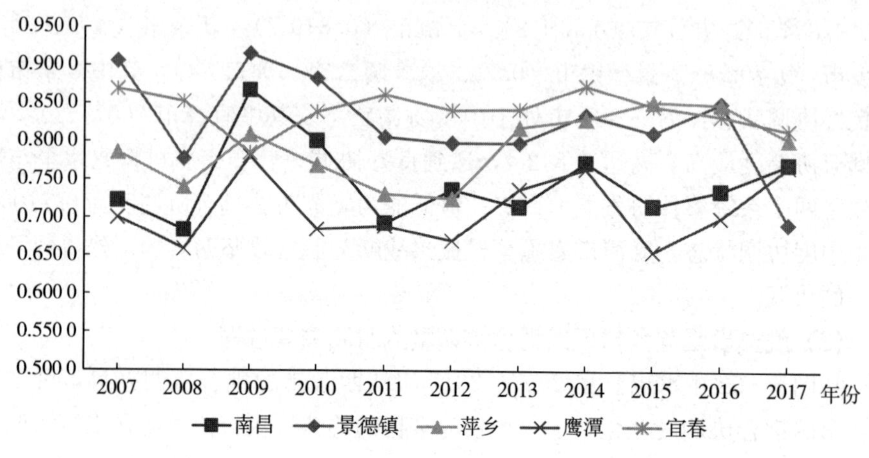

图8-52　2007—2017年江西部分地区耦合协调度变化趋势

(3) 脱贫攻坚与乡村振兴耦合协调度的时空演变过程

由耦合度计算公式和耦合协调度计算公式得到 2007 年、2011 年、2014 年、2017 年江西脱贫攻坚与乡村振兴协调度，其中在 2007 年，大部分市乡村振兴与脱贫攻坚的耦合协调度为良好协调，鹰潭市、萍乡市、新余市、景德镇市为中度协调；2011 年，新余市、宜春市、南昌市、抚州市、赣州市为良好协调状态，九江市、上饶市、鹰潭市、吉安市、萍乡市、景德镇市为中度协调；2014 年除鹰潭市与景德镇市为中度协调外，其余 9 个市乡村振兴与脱贫攻坚两个系统均达到良好协调；2017 年，南昌市、宜春市、新余市、抚州市、萍乡市乡村振兴与脱贫攻坚两个系统均达到良好协调，九江市、上饶市、鹰潭市、吉安市、赣州市、景德镇市为中度协调状态。

(4) 市级脱贫攻坚与乡村振兴耦合协调度研究结论

本书基于耦合协调度模型，研究了江西省脱贫攻坚与乡村振兴综合水平的耦合协调关系，主要结论如下：

本书通过耦合协调度模型构建了脱贫攻坚和乡村振兴两个综合评价体系，由上述研究结果可知，脱贫攻坚取得了重大进展，贫困发生率逐年降低，脱贫攻坚水平稳步上升。另外从乡村振兴指标水平 2007—2017 年的变化趋势来看，江西省乡村振兴进程比较缓慢。

从耦合协调度研究结果来看，总体上，江西省各市脱贫攻坚与乡村振兴的工作得到了有机的衔接进行了有效的融合。2007—2017 年平均耦合协调度排名依次为：宜春市（0.842 1）＞吉安市（0.826 4）＞抚州市（0.826 0）＞南昌市（0.825 4）＞赣州市（0.824 6）＞九江市（0.821 8）＞上饶市（0.819 7）＞新余市（0.806 2）＞萍乡市（0.792 8）＞景德镇市（0.747）＞鹰潭市（0.714 0）。其中有 8 个市的平均耦合协调度处于良好协调状态，另外 3 个市处于中度协调状态。

在打赢脱贫攻坚战的最后决定性时刻，脱贫攻坚与实施乡村振兴战略进入了交汇时期，脱贫攻坚是乡村振兴的前提和基础，实施乡村振兴战略是脱贫攻坚的巩固和提升，因此要推进脱贫攻坚与乡村振兴的协同发展，形成相互助力、相互支撑、相互配合的局面。利用产业的兴旺促进产业扶贫的发展；通过生态的改善，引导贫困户积极参与公益性岗位，推动参与性扶贫；改善乡风，激发农民自身脱贫动力；实现生活富裕目标，完善基础设施建设，促成脱贫攻坚与生活富裕相互促进相互融合发展；推进乡村的有效治理，提高脱贫攻坚的组织力战斗力。

8.3 县级脱贫攻坚与乡村振兴协同性分析

8.3.1 县级脱贫攻坚与乡村振兴的指标体系构建

(1) 县级脱贫攻坚的指标体系构建

2018 年是全面贯彻落实党的十九大精神的开局之年，是打赢脱贫攻坚战三年行动的起步之年。在习近平同志为核心的党中央领导下，各部门贯彻精准扶贫方略，扎实推进脱贫攻坚，为打赢脱贫攻坚战三年行动实现良好开局。脱贫攻坚关键时期，贫困发生率是考核是否脱贫的重要指标之一，指低于贫困线标准的人口占总人口的比例，因此，本书采用（1－贫困发生率）构建脱贫攻坚的指标体系。

(2) 县级乡村振兴评价指标体系的构建

党的十九大提出实施乡村振兴战略，这是党中央的重大决策部署，反映了亿万农民的期盼，是新时代“三农”工作的总抓手。2018 年 9 月 26 日，中共中央、国务院发布《乡村振兴战略规划（2018—2022 年）》从农村基建重点、民生领域、多元资金投入方面进行了战略部署。深入推进实施乡村振兴战略，不仅扎实推进乡村振兴政策的执行，还迫切需要对乡村振兴战略的实施进程和成果进行量化评价，以便高效地对乡村振兴的进展和成效做出准确的判断。因此，推进和实施乡村振兴战略，必须构建科学完备的指标评价体系。这对推进乡村振兴战略，充分发挥广大干部群众的积极性和创造性，都具有十分重要的意义。

本书在选取评价指标时遵循科学性原则、系统性原则、全面性原则、可比性原则、可操作性和数据可得性原则。在梳理现有相关研究成果的基础上，根据乡村振兴“五位一体”的建设要求，从产业兴旺、生态宜居、乡风文明、治理有效、生活富裕的五个方面构建江西省乡村振兴水平的测度指标体系，分析江西省不同区域、不同阶段乡村振兴水平，寻求各区域、各阶段的乡村振兴水平差异及其影响乡村振兴水平的重要因素。

产业兴旺。产业兴旺指标下共设置了 4 个三级指标。其中人均 GDP 反映了一个地区的经济发展水平，人均 GDP 越高，说明该地区的经济发展越快，是一个地区产业发展的衡量标准；粮食单产非常直观地反映出一个地区的粮食综合生产能力，一个地区单位面积上粮食的总产量越高，说明这个地区的粮食种植产业的收益越高；农产品商品率即农产品的商品产值占农业产值的比重，农产品商品率可以反映一个地区单位面积的土地生产率和劳动生产率大小，且与农业人口、农业生产专业化程度、产品价格、农业规模经营等也有密切关系，农产品商品率越高，说明这个地区的产业发展越好；旅游接待人次反映出一个地区的旅游产业发展情况，旅游接待的人次越多，这个地区的旅游产业越发达。

生态宜居。生态宜居指标下共设置了 3 个三级指标。其中，自然保护区面积占比是指其面积占该地区行政规划面积的比值，这个比值可以很好地说明一个地区的生态环境状况；地区医疗卫生水平的高低对该地区的生活质量有影响，落后的医疗卫生条件会降低人们的生活质量，增加生活成本，阻碍经济的发展，而较完善的医疗卫生系统则为人们的健康和经济的发展提供更有力的保障，本书收集了万人床位数这个指标，可以反映某地区的卫生医疗状况，万人床位数越高，说明该地区的医疗卫生状况越佳；通过公路通车里程可以折射出一个地区的基础设施建设条件，公路通车里程数越高，说明该地区的交通建设状况越好，该地区的整个基础设施建设更为完善。

乡风文明。乡风文明指标下共设置了 4 个三级指标。其中农村义务教育专任教师数量可以整体地反映农村义务教育的水平，专任教师越多，每个专任教师所负担的学生数就越少，每个学生所接受的教育质量就会更高；学龄儿童入学率可以反映农村教育的宽度，小升初升学率可以反映出农村教育的广度，而初升高升学率可以反映农村教育的高度。

治理有效。治理有效指标下设计了 2 个三级指标，行政村人口数、行政村面积。“治理有效”是乡村振兴的战略总体指标之一，源于社会主义新农村建设中的“管理民主”（胡红霞等，2018），“治理民主”向“治理有效”转变体现了我国处于转型阶段的实际情况和现实要求。实行乡村振兴战略的主体在于农民，在治理乡村的过程中，农村的现实状况很难满足这一要求，为此需要村民委员会这一村级组织来实现村民的自我管理、自我教育、自我服务（王晓毅，2018）。行政村是依据法律设立的村民委员会进行村民自治的范围，是中国基层群众性自治组织。行政村作为农村重要的地域管理组织，应当控制在一定的规模范围内才能实现组织交易费用较少、效率最高、管理范围最大（储伶丽等，2008）。

生活富裕。生活富裕指标下共设置了 3 个三级指标。其中城乡收入比是指城乡居民收入的比值，反映出来的具体数字就是基尼系数，是衡量城乡收入差距的一个重要的指标，可以直观地反映出一个地区的贫困差距；农村人均消费水平反映的是农村居民的消费能力，消费水平越高表示农村居民的收入状况更好，也在一定程度上反映了一个地区农村居民消费观念的改变；农村居民用电量一方面可以反映出农村的生产水平，用电量越高说明农村的机械化水平和电气化水平更高，另一方面还反映出农村居民生活水平的高低，用电量越高表示农村居民家庭的家电更齐全，生活质量更高。

综上所述，在 5 个二级指标下设置的 16 个三级评价指标都围绕着党中央的文件精神和数据可获得性以及各地乡村的具体情况进行了设置，具体如表 8-4 所示：

表 8-4　乡村振兴评价指标体系

	二级指标	三级指标	单位
乡村振兴	产业兴旺	1. 人均 GDP	元
		2. 粮食单产	千克/公顷
		3. 农产品商品率	%
		4. 旅游接待人次	万人
	生态宜居	5. 自然保护区面积占比	%
		6. 万人床位数	张/万人
		7. 公路通车里程	千米
	乡风文明	8. 农村义务教育专任教师数	个
		9. 学龄儿童入学率	%
		10. 小升初升学率	%
		11. 初升高升学率	%
	治理有效	12. 行政村人口数	人
		13. 行政村面积	平方千米
	生活富裕	14. 城乡收入比	%
		15. 农村人均消费水平	元
		16. 农村居民用电量	千瓦时

8.3.2　江西省县级乡村振兴现状分析：以江西省 10 个县（市）为例

本书选取的江西省 10 个县是按照“贫困县”和“非贫困县”两个大分类随机选取的，由 5 个贫困县和 5 个非贫困县组成。其中 5 个贫困县分别为会昌、安远、上犹、遂川、横峰，5个非贫困县分别为瑞金、吉安、万安、井冈山、横峰。

表8-5　各县（市）2010—2017年人均GDP

单位：元

年份	贫困县					非贫困县				
	会昌	安远	上犹	赣县	遂川	瑞金	吉安	万安	井冈山	横峰
2010	9 448	8 598	9 818	13 412	9 774	10 338	15 807	10 852	19 192	24 286
2011	11 642	10 308	11 955	16 762	11 894	12 368	19 608	13 205	24 781	29 977
2012	13 427	11 632	13 534	19 055	14 095	14 269	22 647	15 108	28 653	32 804
2013	15 032	12 928	15 284	20 993	15 907	16 167	25 695	17 015	32 023	36 812
2014	16 250	14 143	17 968	22 675	17 684	18 035	28 324	18 836	35 395	41 114
2015	17 655	15 127	19 387	23 853	18 870	19 464	30 280	20 112	37 291	37 183
2016	19 899	16 891	21 770	26 229	20 753	21 337	33 163	22 034	40 439	40 663
2017	22 281	19 115	24 764	29 911	23 411	23 478	36 320	23 817	43 853	35 620

数据来源：赣州市、吉安市、上饶市统计年鉴/各县国民经济与社会发展统计公报。

（1）产业兴旺发展水平

人均GDP稳步增长。社会整体GDP衡量一个地区社会生产能力的大小，而人均GDP的大小则代表一个地区的经济发展水平的高低，从表8-5中可以看出，江西省10个样本县的人均GDP都在逐年增长，其中会昌县的人均GDP由2010年的9 448元增长到2017年的22 281元，增长率高达135.8%，遂川县由2010年的9 774元增长到2017年的23 411元，增长率为139.5%，同时段上犹县的增速最快，达到了152.2%，而增速较慢的横峰县，增长率为46.7%。从2010年到2017年各县人均GDP的数值变化来看，2010年人均GDP最低的安远县与人均GDP最高的横峰县相差15 688元，人均GDP几乎仅占横峰县的1/3，而2017年，两者之间的差值为16 505元，但是比值接近1/2，由此说明，贫困县和非贫困县之间的差距在逐年缩小。

如图8-53，从贫困县的人均GDP变化趋势来看，5个贫困县的GDP一直保持平稳增长，且各县的增长速度几乎趋于一致，其中赣县的GDP一直领先于其他4个贫困县，安远县则相对较落后，而会昌、上犹、遂川3个县相较于前两个县不管是从增速上还是从总量上都保持着高度一致的步伐。

从非贫困县来看（图8-54），非贫困县的人均GDP的变化趋势较之贫困县有两点不同，第一，非贫困县的增长趋势较之贫困县更为明显；第二，非贫

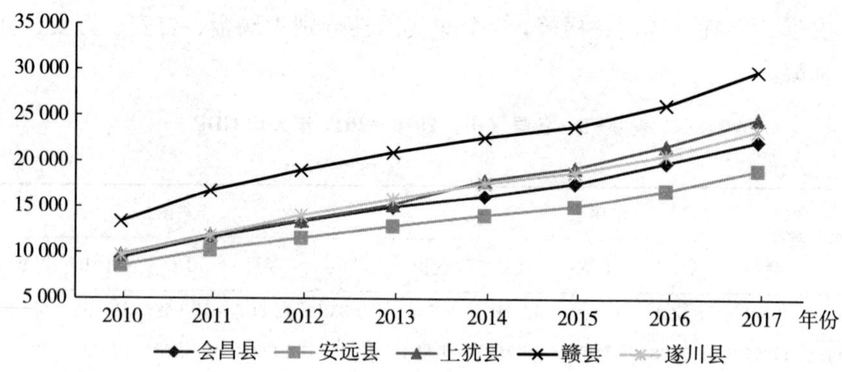

图 8-53 贫困县（市）2010—2017 年人均 GDP 变化趋势（单位：元）

困县的变化趋势较之贫困县更为复杂。从图中可以看出，瑞金市和万安县的折线几乎是重合的，并且没有分离的趋势，这说明瑞金市和万安县的人均 GDP 无论是总量上还是增速上都高度趋于一致，并且这种一致的状况很稳定，而相对而言，横峰县的人均 GDP 的增长较为不稳定，2010—2014 年间横峰县一直保持稳步增长趋势，这种增长在 2015 年和 2017 年出现了一个小幅度的波动，这种波动表明横峰县在 2015—2017 年由于某种原因使得横峰县的经济发展不平稳。

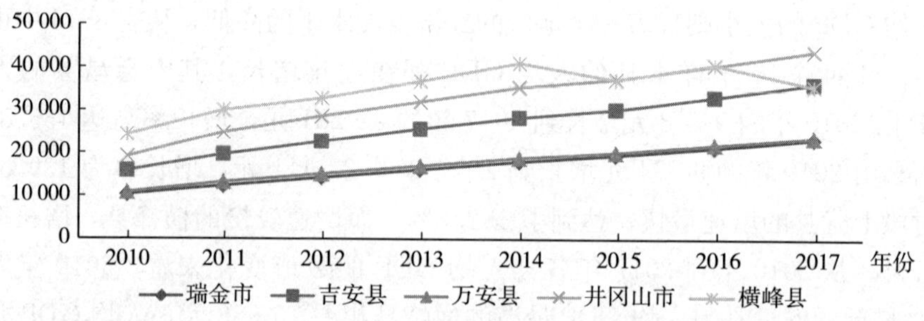

图 8-54 非贫困县（市）2010—2017 年人均 GDP 变化趋势（单位：元）

粮食单位面积产量增长较为缓慢，农产品商品率变化不明显。从总量上来看，贫困县和非贫困县的粮食单位面积产量相差不大，从增速上看，非贫困县的增长率总体要略高于贫困县。如图 8-55 所示，从同比增长来看，除遂川县外，其他 4 县 2010—2017 年间粮食单产增长率均值均低于非贫困县，其中增长率最低的会昌县与井冈山市的 2010—2017 年粮食单产增长率均值低了将近 4 个百分点，差距较为明显。说明大体上在粮食单产方面，各县的水平相当，说明各县在生产水平上差距不大，除个别县以外，各县的粮食综合生产能力较平均。

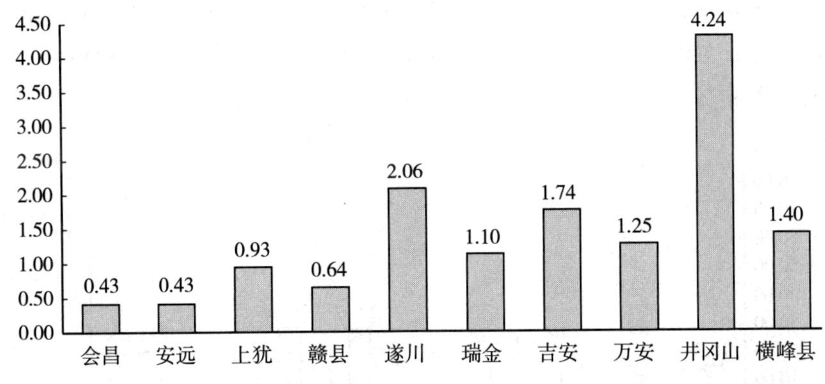

图 8-55　各县（市）2010—2017 年粮食单产增长率均值（单位：%）

从图 8-56 可以看出，除了会昌县和瑞金市的农产品商品率在 2016 年这个时间节点上发生了一个较明显的改变，其他 8 个县的农产品商品率变化都很平缓，说明样本县农产品的市场化程度没有得到明显的改变，农产品的商品产值没有得到很好的体现，从各县农产品商品率的比较来看，除横峰县外，非贫困县的农产品商品率都显著高于贫困县，说明非贫困县在农产品市场化程度上要优于贫困县。

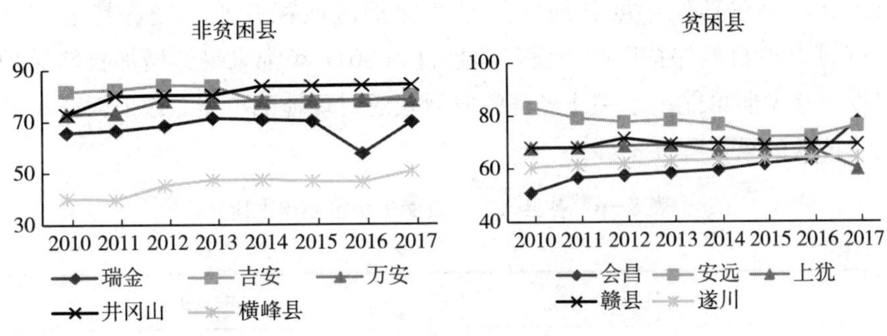

图 8-56　各县（市）2010—2017 年农产品商品率变化趋势图（单位：%）

旅游产业发展迅速，接待人次高速增长。旅游产业对一个地区的产业发展起着重要的促进作用，也是一个地区总产值的重要组成部分。从收集的数据来看，非贫困县的旅游产业发展明显比贫困县更为发达，其中旅游产业最为发达的县（市）是井冈山市，井冈山市 2017 年的旅游接待人次为 3 498.3 万人次，是同期会昌县的 17.5 倍，是同期 5 个贫困县旅游接待人次总数的 2.7 倍。从图 8-57 来看，各县 2010—2017 年旅游接待人次的平均增长率来看，横峰县以 84.64%的平均增长率排在了第一位，成为样本县中旅游接待人次增长最快的县，其次是安远县，而其他 8 县都集中在 15.01%～30.13%之间，非贫困县中，仅万安县的平均增长率较低，由此可见，总体上贫困县的旅游产业发展速度要低于非贫困县。

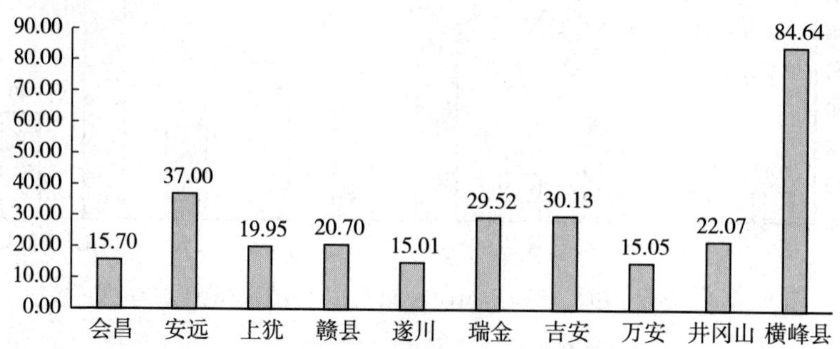

图 8-57　各县（市）2010—2017 年旅游接待人次平均增长率趋势图（单位：%）

(2) 生态宜居发展水平

自然保护区面积占比较稳定，增长不明显。如表 8-6 所示，样本县的自然保护区面积占比变化幅度不明显，仅有较少地区的较少年份有所增长，如安远县、上犹县、遂川县、瑞金市分别在 2011 年增长了 3.8、2.2、0.63、4.3 个百分点，而在其他年度各地区的自然保护区面积几乎不变，其中赣县从 2013 年才开始自然保护区的建设，而且直到 2017 年都未继续增加自然保护区的建设。这说明可能由于关注经济的发展缺乏对环境的考量，政府对样本县的自然保护区的重视程度不够。

表 8-6　各县（市）自然保护区面积占比

单位：%

年份	贫困县					非贫困县				
	会昌	安远	上犹	赣县	遂川	瑞金	吉安	万安	井冈山	横峰
2010	6.02	10.5	16.6	0	10.4	7.9	8.96	0.49	16.7	0
2011	6.02	14.3	18.8	0	11.03	12.2	8.96	0.49	16.7	0
2012	6.02	4.2	18.8	0	11.03	12.2	8.96	0.49	16.7	0
2013	6.02	12.6	18.8	0.58	11.03	12.2	8.96	0.49	16.7	0
2014	6.02	12.6	18.8	0.58	11.03	12.2	8.96	0.49	16.7	0
2015	6.02	12.6	18.8	0.58	11.03	12.2	8.96	0.49	16.7	0
2016	6.02	12.6	18.8	0.58	11.03	12.2	8.96	0.49	16.7	0
2017	6.02	12.6	18.8	0.58	11.03	12.2	8.96	0.49	16.7	0

万人床位数呈逐年稳步增长趋势。地区医疗卫生水平的高低对该地区的生活质量有影响，落后的医疗卫生条件会降低人们的生活质量，增加生活成本，阻碍经济的发展，而较完善的医疗卫生系统则为人们的健康和经济的发展提供更有力的保障。由表 8－7 可以看出，各县之间每万人床位数差距较大，如 2010 年赣县每万人床位数为 12.77 张，而同期井冈山市的每万人床位数为 26.97 张，这反映在医疗方面各县还存在一定的差距，这种差距受限于经济水平、社会环境和政府职能等因素的影响。医疗卫生条件的好坏既关乎国计民生又制约经济的发展，落后的医疗卫生水平有待于进一步的提高。

表 8－7　各县（市）万人床位数

单位：张/万人

年份	贫困县					非贫困县				
	会昌	安远	上犹	赣县	遂川	瑞金	吉安	万安	井冈山	横峰
2010	21.12	18.40	18.31	12.77	24.00	14.62	19.47	23.86	26.97	15.89
2011	21.80	19.31	20.19	16.63	28.39	19.89	20.54	24.44	28.03	19.96
2012	30.40	25.52	20.21	23.72	30.18	21.26	22.07	26.55	29.95	26.42
2013	30.46	29.58	24.93	23.95	35.52	23.14	26.04	33.12	31.89	26.33
2014	31.34	30.37	28.48	27.90	33.17	25.49	26.91	36.50	31.23	22.03
2015	35.56	31.46	31.35	27.49	33.92	26.18	27.71	39.27	31.86	35.98
2016	35.70	29.63	34.69	28.18	40.80	26.87	28.47	40.12	34.05	31.07
2017	36.09	30.53	37.94	28.86	44.18	27.46	28.70	42.14	36.45	35.68

公路通车里程。通过统计数据可以看出，样本县的农村境内公路里程一直呈稳定增长趋势，且非贫困县的平均公路里程要略低于贫困县。其次从发展速度上来看，非贫困县的发展速度也略落后于贫困县农村的平均水平，如图 8－58、图 8－59 所示。说明该地区的基础设施建设相对比较薄弱，由于长时期存在的交通网络单一、没有较强带动力的支柱产业和支撑社会发展的经济基础薄弱等种种因素，虽然经过多年的扶贫，但相对贫困落后的面貌仍然没有得到根本改变，经济发展相对滞后，自身财力较弱，基础设施建设更加落后。因而经济发展压力会更大，转型发展、逆势赶超显得尤为迫切。

（3）乡风文明发展水平

由统计数据可以看出，各县之间农村义务教育专任教师的数量存在明显的差距，如 2010 年会昌县的农村义务教育专任教师数量为 4 495 人，而同年井冈山市这一数量仅为 1 382 人；从专任教师的增长速度来看，各县之间的差距

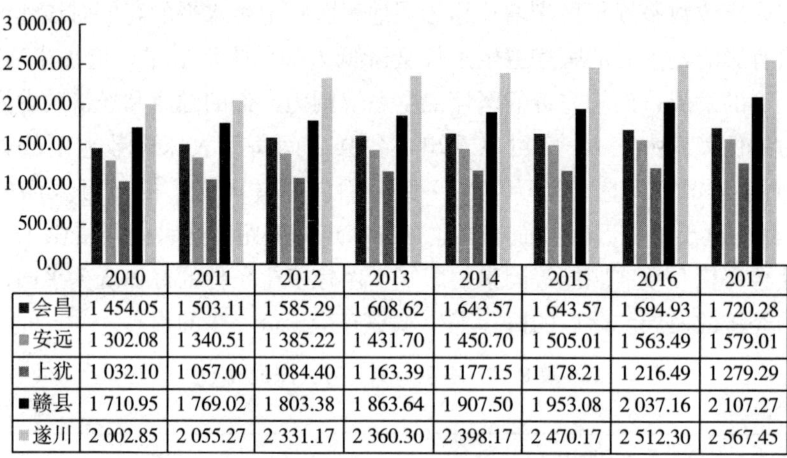

	2010	2011	2012	2013	2014	2015	2016	2017
会昌	1 454.05	1 503.11	1 585.29	1 608.62	1 643.57	1 643.57	1 694.93	1 720.28
安远	1 302.08	1 340.51	1 385.22	1 431.70	1 450.70	1 505.01	1 563.49	1 579.01
上犹	1 032.10	1 057.00	1 084.40	1 163.39	1 177.15	1 178.21	1 216.49	1 279.29
赣县	1 710.95	1 769.02	1 803.38	1 863.64	1 907.50	1 953.08	2 037.16	2 107.27
遂川	2 002.85	2 055.27	2 331.17	2 360.30	2 398.17	2 470.17	2 512.30	2 567.45

图 8－58　非贫困县 2010—2017 年境内通路里程趋势图（单位：千米）

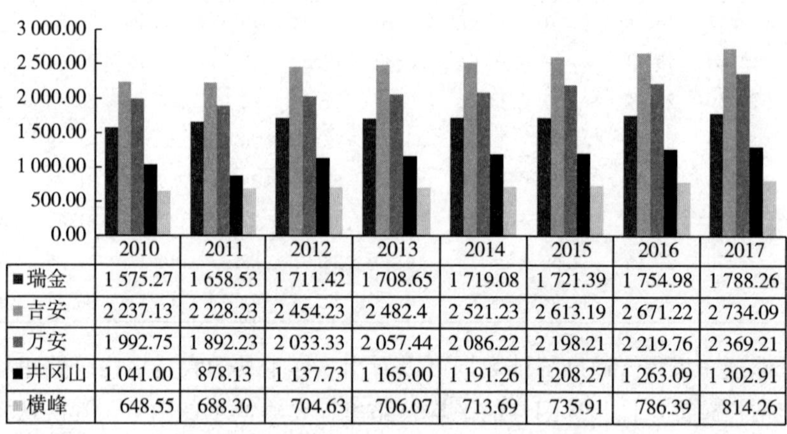

	2010	2011	2012	2013	2014	2015	2016	2017
瑞金	1 575.27	1 658.53	1 711.42	1 708.65	1 719.08	1 721.39	1 754.98	1 788.26
吉安	2 237.13	2 228.23	2 454.23	2 482.4	2 521.23	2 613.19	2 671.22	2 734.09
万安	1 992.75	1 892.23	2 033.33	2 057.44	2 086.22	2 198.21	2 219.76	2 369.21
井冈山	1 041.00	878.13	1 137.73	1 165.00	1 191.26	1 208.27	1 263.09	1 302.91
横峰	648.55	688.30	704.63	706.07	713.69	735.91	786.39	814.26

图 8－59　贫困县 2010—2017 年境内通路里程趋势图（单位：千米）

也很明显，2010—2017 年农村义务教育专任教师数量呈负增长的有会昌县和横峰县，增长速度分别为－1.51％、－28.9％，增长速度最快的是瑞金市，达到了 25.8％，说明各地区农村义务教育师资力量上不够平均，农村义务教育水平上存在一定的差距。这也同样体现在农村义务教育学校的升学率上，从学龄儿童入学率的不断增加来看，农村义务教育的普及率越来越高，教育意识也越来越强，促进了小升初升学率的增长，这个阶段升学率的提高说明农村义务的普及更加深入，农村义务教育的水平进一步提升，从这个数据还可以基本看出一个地区农村义务教育的“规模”，这种“规模化”为农村学子进行更高层次的教育提供了基础和支撑；而初升高升学率的提高则可以充分体现出一个地区农村义务教育的成果和成就，是农村地区义务教育水平的最好体现。

(4) 治理有效发展水平

行政村人口情况。2017 年江西省行政村平均人口数为 2 696 人，行政村平均土地面积为 9.768 平方千米。从图 8－60 中可以看出各县行政村人数变化幅度最大的是安远县，变化幅度最小的是井冈山市。从图 8－61 可以看出各县之间的行政村人口数差距明显，2017 年行政村人口数最多的是横峰县 3 078 人，行政村人口最少的是井冈山市的 1 345 人。储伶丽等人的研究得出行政村人口最佳规模在 2 102～3 102 人之间，安远县、瑞金市、上犹县、万安县、横峰县、赣县行政村人数在此区间。

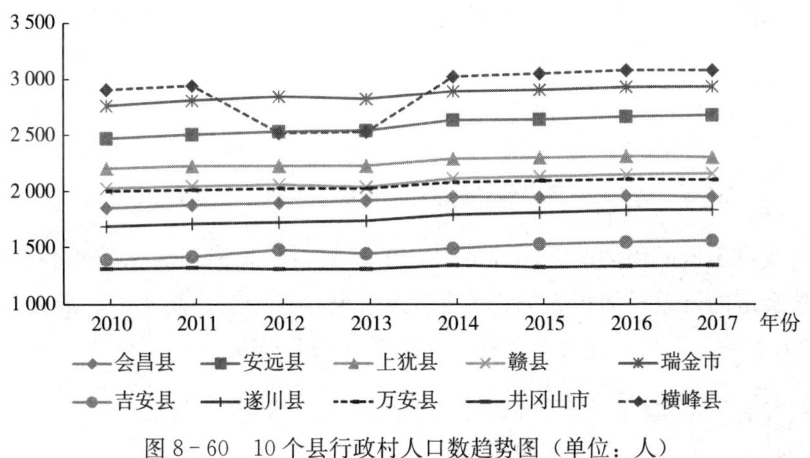

图 8－60　10 个县行政村人口数趋势图（单位：人）

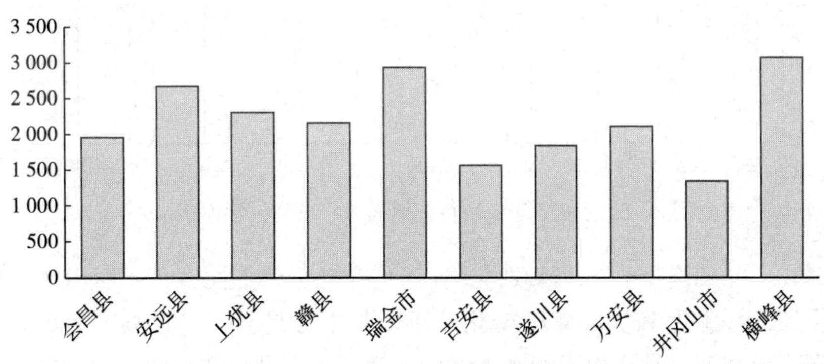

图 8－61　2017 年行政村人口数量（单位：人）

由2010—2017年的统计数据进行统计，将5个贫困县与5个非贫困县进行对比，如图8-62所示，贫困县行政村平均人数相对集中在2 000人左右。

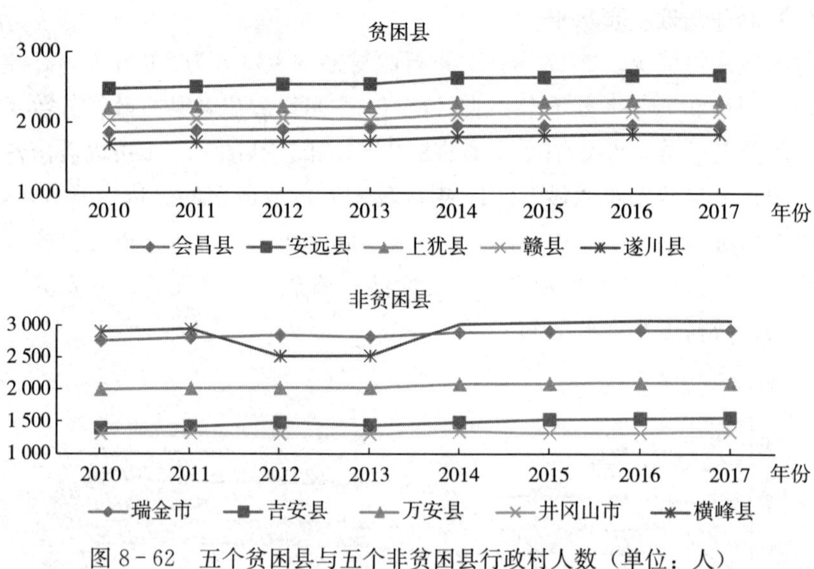

图8-62　五个贫困县与五个非贫困县行政村人数（单位：人）

行政村土地面积情况。2017年江西省行政村平均面积为9.768平方千米，其中瑞金市的行政村面积为7.2平方千米，略小于全省平均水平。最大的安远县为17.1平方千米，远大于全省平均水平（图8-63）。

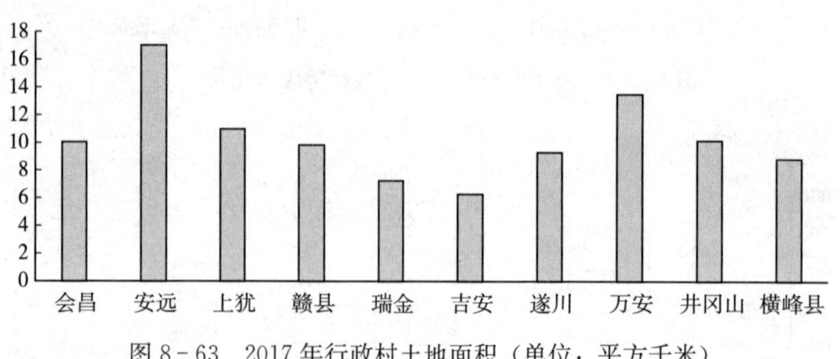

图8-63　2017年行政村土地面积（单位：平方千米）

2010—2017年10个县行政村土地面积变动趋势如图8-64所示。各县行政村土地面积差距较大，年际变化较小。其中会昌县、安远县、上犹县、赣县、瑞金市和万安县土地面积基本保持不变；吉安县行政村的土地面积略有增加；而井冈山市、遂川县和横峰县的土地面积略有减少。

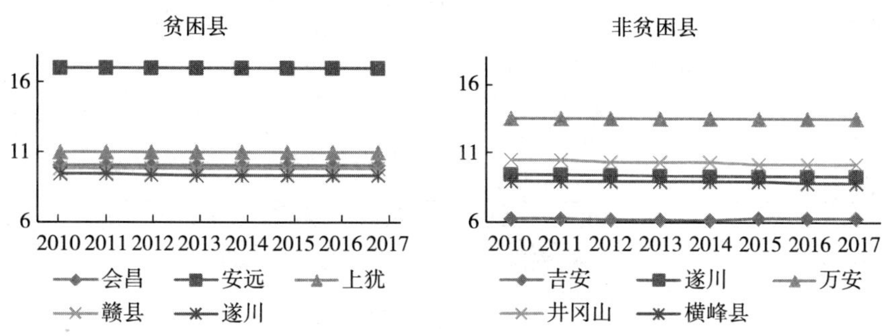

图 8-64　2010—2017 年 10 个县行政村土地面积变动趋势（单位：平方千米）

（5）生活富裕发展水平

城乡收入差距逐渐缩小，城乡贫富差距状况进一步改善。从统计数据来看，贫困县的平均城乡收入比要高于非贫困县的平均水平，而分别从城镇居民人均可支配收入和农村居民可支配收入两个方面来看，显然贫困县的平均水平依然低于非贫困县，这充分说明了贫困县与非贫困县之间的收入差距以及折射出来的贫困县与非贫困县之间的地区经济发展差异问题；由图 8-65 可以看出，2010—2017 年间各县城乡收入比都发生了较显著的变化，其中变化最快的是安远县，安远县的城乡收入比从 2010 年的 4.7 缩小到 2017 年的 2.5，增长率为－46.67%，变化最慢的是井冈山市，其增长率为－0.37%。通过对各县（市）的城乡收入比的研究可以看出，各县的城乡收入比在明显的缩小，城乡收入差距在显著的降低，城乡贫富差距状况在持续改善中。

农村居民人均消费水平情况。随着近年来各种扶贫政策取得的实际成效，我国农村居民人均消费水平出现大幅度的提高。反映在各县（市）中，农村居民消费水平的增长速度有快有慢，其中在贫困县中，安远县从 2010 年的 2 827 元增长到 2017 年的 4 527 元，增长率为 60.1%，上犹县从 2010 年的 3 489 元增长到 2017 年的 4 018 元，增长率为 15.2%，非贫困县中，井冈山市从 2010 年的 2 664 元上涨到 2017 年的 5 441 元，增长率达到 104.2%，而吉安市 2010—2017 年的增长率为 18.1%，这说明各县之间的增长速度并不同步，且贫困县与非贫困县之间也存在一定的差距。

农村用电量情况。一个地区的用电量决定了电力系统的发展规模和速度，用电消费从根本上取决于未来这个地区的经济增长。随着农村经济发展，农民生活水平提高，农村居民用电量不断增长，用电路径不断增多，农民生活水平得到较快提高，农民家庭电气化水平也随之得到发展，此外，农村用电量的大

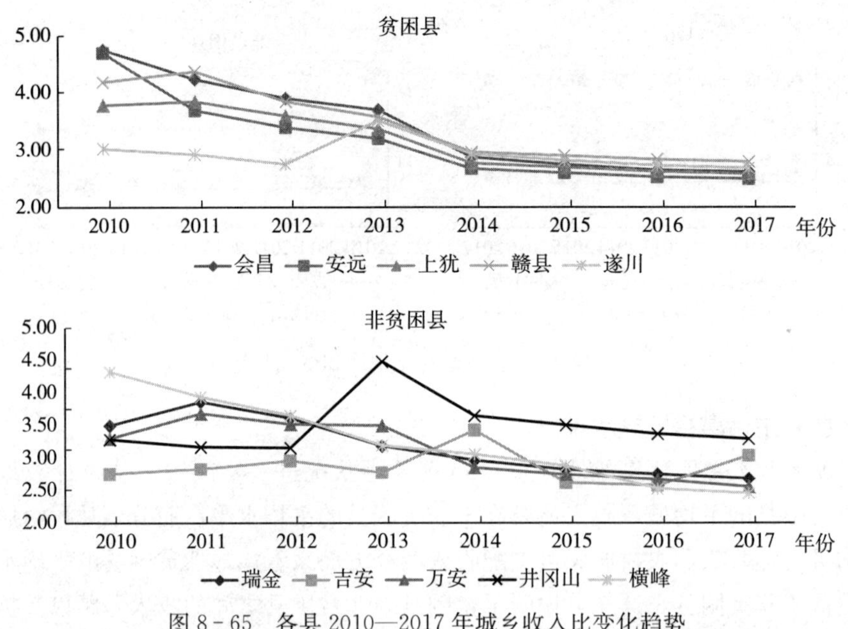

图 8-65　各县 2010—2017 年城乡收入比变化趋势

幅提升，除了农村经济的发展，农民生活水平的提高外，农村电网基础设施的改造也是一个重要原因。农村电力的发展不仅是完善农村基础设施建设的重要内容，而且是促进农业生产发展的重要因素，是保障农民生活水平的基础条件，是改善村容村貌的内在要求。由图 8-66 可以看出，总体来说，各县的农

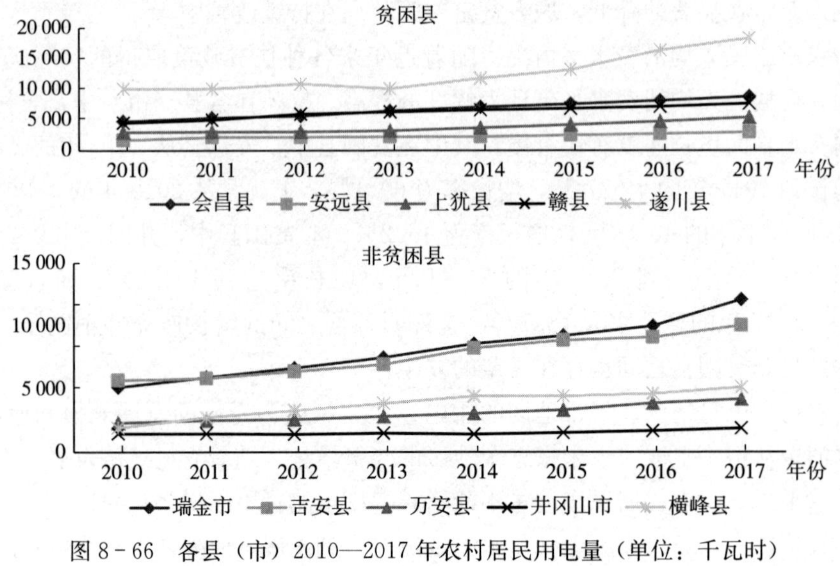

图 8-66　各县（市）2010—2017 年农村居民用电量（单位：千瓦时）

村居民用电量是逐年上升的，从各县的变化趋势来看，贫困县的变化趋势更加同步，2010—2017 年的农村用电量的增长水平几乎保持在 80%左右，而相对来说，非贫困县之间的增速差距较大，从统计数据来看，瑞金市和横峰县在 2010—2017 年的增长率分别达到了 134.7%和 159.8%，而同期井冈山市仅为 28.1%。

8.3.3　县级脱贫攻坚与乡村振兴耦合协调度分析

(1) 县级乡村振兴综合指标权重

根据上述章节的评价模型，乡村振兴综合水平各个指标的权重如表 8-8 所示：比较 5 个二级指标可以发现，产业兴旺（0.370 6）＞生活富裕（0.180 0）＞治理有效（0.179 3）＞乡风文明（0.135 1）＞生态宜居（0.134 9），由此可以说明产业兴旺是乡村振兴战略的主要驱动力。本书总共测算了 16 个三级指标的权重。其中，行政村面积（0.511 6）、行政村人口数（0.488 3）、旅游接

表 8-8　维度、指标的权重设置

目标层	第二层指数及权重	第三层指标	单位	方向	权重
乡村振兴	产业兴旺（0.370 6）	1. 人均 GDP	元	+	0.235 4
		2. 粮食单产	千克/公顷	+	0.110 4
		3. 农产品商品率	%	+	0.154 5
		4. 旅游接待人次	万人	+	0.499 7
	生态宜居（0.134 9）	5. 自然保护区面积占比	%	+	0.411 3
		6. 万人床位数	张/万人	+	0.324 2
		7. 公路通车里程	千米	+	0.264 5
	乡风文明（0.135 1）	8. 农村义务教育专任教师数	个	+	0.218 5
		9. 学龄儿童入学率	%	+	0.257 6
		10. 小升初升学率	%	+	0.237 0
		11. 初升高升学率	%	+	0.286 9
	治理有效（0.179 3）	12. 行政村人口数	人	+	0.488 3
		13. 行政村面积	平方千米	+	0.511 6
	生活富裕（0.180 0）	14. 城乡收入比	%	+	0.336 4
		15. 农村人均消费水平	元	+	0.315 3
		16. 农村居民用电量	千瓦时	+	0.348 3

待人次（0.499 7）是贡献最大的指标，由此可以推断出2010—2017年间行政村面积和人口的增加以及旅游产业的发展是影响乡村振兴综合水平的重要原因。其次人均GDP（0.235 4）和城乡收入比（0.336 4）也是影响其综合水平的重要因素，而粮食单产（0.110 4）与农产品商品率（0.154 5）的权重较低，说明粮食的单位面积产量的高低以及农产品商品产值占农业总产值的比重大小对乡村振兴综合水平的高低影响较小。

(2) 脱贫攻坚与乡村振兴耦合协调度测算结果

利用指标—指数耦合链方法，按土地、资金、劳动力、技术等生产要素的协同需求，构建江西省脱贫攻坚能力与乡村振兴水平协同耦合理论模型。运用耦合模型评价不同区域乡村振兴水平的协同现状，找寻不同区域、不同阶段脱贫攻坚能力与乡村振兴水平协同瓶颈问题。

应江西省乡村振兴“五位一体”建设要求，从产业兴旺、生态宜居、乡风文明、治理有效和生活富裕五个方面来构建江西省乡村振兴水平的测度指标体系。由于发展的不平衡，江西省仍存在一定的贫困人口，脱贫攻坚能力与乡村振兴存在着多层次的联系与制约。通过构建江西脱贫攻坚能力与乡村振兴水平协同耦合理论模型，分析江西省不同县域之间脱贫攻坚与乡村振兴水平的协同现状，通过对系统间各要素的优化可以达到促进乡村振兴与扶贫开发的目的。

脱贫攻坚与乡村振兴耦合协调度的总体均值分布。如表8-9，在选取的10个县中，计算出2010—2017年各县（市）平均耦合度。其中安远县、上犹县、遂川县、吉安县、万安县、遂川县和井冈山市在2010—2017年脱贫攻坚与乡村振兴协同达到了良好协调；会昌县、瑞金市和横峰县则达到了中度协调。

表8-9 2010—2017年各县（市）平均耦合协调度类型

县（市）	乡村振兴指数	脱贫攻坚指数	协调度	耦合协调度类型
会昌	0.413 4	0.876 4	0.760 2	中度协调
安远	0.709 2	0.887 2	0.878 2	良好协调
上犹	0.577 5	0.873 8	0.828 7	良好协调
赣县	0.430 4	0.879 9	0.769 1	中度协调
遂川	0.835 5	0.891 2	0.911 2	良好协调
瑞金	0.447 85	0.893 4	0.779 2	中度协调

（续）

县（市）	乡村振兴指数	脱贫攻坚指数	协调度	耦合协调度类型
吉安	0.668 95	0.922 7	0.873 0	良好协调
万安	0.688 7	0.890 4	0.868 8	良好协调
井冈山	0.812 7	0.912 2	0.917 0	良好协调
横峰	0.313 3	0.899 1	0.718 5	中度协调

脱贫攻坚与乡村振兴耦合协调度的时间演变过程。通过图 8 - 67 可以看出这 10 个县的协调度逐年上升，遂川从 2010 年的 0.630 6 上升到 2017 年的 0.992 3，上升幅度最大。横峰县从 2010 年的 0.558 2 上升到 2017 年的0.766 1，上升幅度最小。

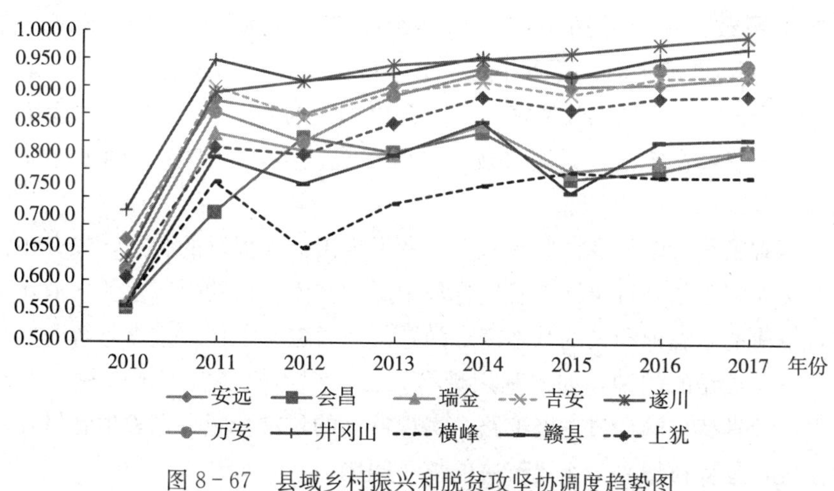

图 8 - 67　县域乡村振兴和脱贫攻坚协调度趋势图

脱贫攻坚与乡村振兴耦合协调度的时空演变过程。由耦合度计算公式和耦合协调度计算公式得到 2010、2012、2014、2017 年江西脱贫攻坚与乡村振兴协调度，按照协调度等级进行划分，2010—2017 年协调度整体处于逐年上升的趋势，而且发展阶段逐渐从中度协调度向良好协调度转变。这种结果说明江西省县域乡村振兴和经济贫困水平趋向一个良好的协调阶段，乡村振兴和脱贫攻坚互相促进。

（3）县级脱贫攻坚与乡村兴耦合协调度研究结论

本书基于耦合协调度模型，研究了江西省脱贫攻坚与乡村振兴综合水平的耦合协调关系，主要结论如下：

本书通过耦合协调度模型构建了脱贫攻坚和乡村振兴两个评价体系，在避免主观的基础上，采用熵权模型对评价指标客观地赋权重。其中，行政村面积（0.511 6)、行政村人口数（0.488 3)、旅游接待人次（0.499 7）是对江西省乡村振兴综合水平贡献份额最大的指标。

2007—2017 年江西省各县的乡村振兴与脱贫攻坚耦合协同关系均处于中度协调、良好协调状态。2007—2017 年平均耦合协调度排名依次为：井冈山市（0.917 0)＞遂川县（0.911 2)＞安远县（0.878 2)＞吉安县（0.873 0)＞万安县（0.868 8)＞上犹县（0.828 7)＞瑞金市（0.779 2)＞赣县（0.769 1)＞会昌县（0.760 2)＞横峰县（0.718 5)。其中 6 个县市处于良好协调状态，且这 6 个县中有 3 个县是贫困县，3 个县属于非贫困县，另外 4 个县处于中度协调状态，由此可以说明贫困县与非贫困县在脱贫攻坚与乡村振兴水平的耦合协调上趋于一致。其中井冈山市 2007—2017 年平均耦合协调度最高，高达 0.917 0，达到良好协调，说明井冈山市乡村振兴水平与脱贫攻坚两个系统整体协作能力良好；最低的为横峰县，耦合协调度为 0.718 5，处于中度协调状态，说明横峰县在实施乡村振兴战略与脱贫攻坚两者的工作得到了比较好的协调。

江西省脱贫攻坚与乡村振兴水平二者呈现出彼此促进的状态，二者相辅相成。脱贫攻坚工作是解决社会发展过程中深度贫困人口的生产生活，消除贫困现象，解决的是温饱和人的基本需求问题。乡村振兴工作，重点是解决广大农村地区发展道路的问题，如何利用现有资源，探索出适宜当地农村发展的渠道，形成独具特色的乡村发展道路，实现群众的致富梦想。探索出农村发展的关键法宝，是乡村振兴工作要解决的核心问题。

第 9 章　协同推进脱贫攻坚与乡村振兴工作的典型案例剖析及其启示

9.1　省内典型案例剖析

江西省的井冈山市、瑞金市和修水县（以下简称“三地”），都是国家级贫困县，近年来，三地积极协同推进脱贫攻坚与乡村振兴，成效显著，其中井冈山市于 2017 年在全国率先脱贫摘帽，瑞金市于 2018 年正式脱贫摘帽，修水县也取得了明显的阶段性成果。为了总结经验，课题组多次深入三地开展系统调研，获得了大量的第一手素材，并对脱贫攻坚与乡村振兴协同实践进行了总结归纳。

9.1.1　产业扶贫与产业兴旺的协同

产业兴旺不仅是乡村振兴之根，也是脱贫攻坚之基，更是防范“返贫”、实现乡村可持续发展之源。为此，三地坚持“授人以‘鱼’不如授人以‘渔’”的扶贫理念，非常重视对当地产业的培育与扶持，作为乡村振兴和脱贫攻坚的核心和基础性工作来抓，实现“产业兴旺”与“产业扶贫”“双赢”。如瑞金市把产业扶贫作为构筑扶贫基石的根本抓手，通过“选准一个产业、打造一个龙头、建立一套利益联结机制、扶持一笔资金、培育一套产业服务体制”的“五个一”机制，来增强脱贫致富的自身“造血”功能。井冈山市则推行“四位一体”（即“选准一项优势主导产业、组建一个合作组织、设立一笔贷款风险金、落实一种帮扶机制”）产业扶贫模式，实施“231”富民工程，即重点打造 20 万亩茶叶、30 万亩毛竹和 10 万亩果业种植加工基地。在脱贫攻坚中，实现每个乡镇有一个一定规模的产业示范基地，每个村有一个产业合作社，每一户贫困户有一个增收项目。综合分析三地在促进产业扶贫与产业兴旺协同上的做法，主要有以下几点：

一是立足自身资源，发展优势特色产业。如瑞金市利用良好生态环境与丘陵山地资源，因地制宜发展蔬菜、油茶、脐橙、烟叶、白莲、养蜂等特色产业，形成“一村一品”，其中叶坪乡田坞片区对区内的第一次苏维埃代表大会旧址、中共苏区中央局旧址等22处革命旧址进行修缮，深入挖掘古村、古居及其历史文化和民俗风情，将片区内的山、水、田、园有机结合起来，营造“小桥、流水、人家”的美丽风光，形成了融“红色、古色、绿色”为一体的乡村旅游示范区。修水县黄溪村依托传统的蚕桑产业，通过与江西省蚕桑茶叶研究所合作，建成了全省的蚕桑制种基地，其蚕种产量占全省60%以上。井冈山市则充分发挥丰富的红色资源，大力发展红色旅游产业。茅坪乡坝上村推出“红军的一天”红色培训体验项目，并成为了全国青少年基地的一个社会教学点。该项目吸引了53户农户参与，年培训学员已超过4万人，学员到农户家自做红军餐33元/人，农户可实得30.8元/人，户均纯收入可达2万元。拿山乡则通过开发《井冈山》大型实景演出项目，吸纳了附近800多名农民“白天在家种地、晚上红色演出”，人均年增收7 000余元。

二是创新金融扶贫方式与帮扶机制相结合。一方面，直接给贫困户发放发展资金，集中投放保障产业发展资金，并探索资产性收益扶贫方式，加快扶贫步伐。如瑞金市把金融信贷作为扶持贫困户增强发展能力的重要着力点，安排资金7 625万元，作为全域范围内扶持对象贷款风险补偿金，按1∶8比例放大为贫困户提供贷款担保，撬动金融资金近2个亿。同时，创新龙头企业与贫困户的收益共享方式，尽快让贫困户获得收益，在推进油茶产业精准扶贫过程中，与龙头企业公司合作，通过“回购返租”模式，把原本需要6年才能有收益的油茶产业项目变成了当年就可实现收益的“短平快”项目，49个贫困村3 547户产业扶贫户在2016年（回购返租当年）即可获得户均收益2 000多元，人均收益近600元。另一方面，积极培育龙头企业或者合作社、家庭农场及致富带头人等新型农业经营主体，大力推行“龙头企业＋基地＋贫困户”“合作社＋基地＋贫困户”等多种经营模式，充分发挥龙头企业的示范引领作用，企业负责投资管理，农户以扶贫资金、山林、土地入股，享受分红，获得稳定收益，以“大手”拉“小手”形式，带领贫困户发展产业，共同致富。井冈山市也建立了龙头企业、经营大户等与贫困户稳固的利益联接机制。

三是加强技能培训，增强自身脱贫能力。瑞金市把新型农民的培育和非农就业培训作为增强自身脱贫能力的切入点。一方面，开辟各类途径，加强对贫困户大棚蔬菜种植、养蜂技术等现代农业生产的技能培育；另一方面，重点建设了2个市级大众创业万众创新孵化基地、5个就业扶贫示范企业和20个就业扶贫示范村，引导本地服装纺织、鞋帽、光电、电子、农产品加工等企业在示范村建设就业扶贫车间（加工点），以购买服务的方式，大力开展相应的技能培训。井冈山市则以“培训一人、就业一人、脱贫一户”为目标，建立就业帮扶对象基础台账，提高就业服务、技能培训精准度。为扶贫对象提供就业创业政策咨询、就业指导、职业介绍、技能培训或创业培训等免费就业创业信息服务，并针对留守妇女多的特点，突出了贫困妇女、贫困地区巾帼致富带头人教育培训力度。

四是创新经营方式，提高市场竞争力。以修水黄溪村蚕桑业为例，在与江西省蚕桑茶叶研究所合作建成全省制种基地的基础上，一方面，引进了优良桑树品种、推广了高产栽培技术，使桑叶产量提高了近50%；另一方面，改进了产业经营模式，通过建设小蚕工厂和养蚕大棚，推行“集中养殖低龄蚕，分户养殖高龄蚕”，不仅解决了低龄蚕技术条件高、易死亡的问题，降低了农户养殖风险，而且还壮大了村集体经济*；同时，与丝绸厂直接建立原料供应关系，把蚕茧收购的中间成本直接转化为了生产利润。这一系列措施的采取，大大提高了黄溪村蚕桑业的市场竞争力。

9.1.2 移民扶贫与生态宜居的协同

对于“一方水土养不起一方人”的深山、库区和地灾区的贫困户，实施政府主导和群众自愿相结合的移民扶贫是根本之策。为了能够让移民“搬得出、稳得住”，就必须与生态宜居村庄建设相结合，实现人口聚集与农村新型社区建设的双赢。井冈山市、瑞金市和修水县，都实施了移民扶贫与建设生态宜居村庄的协同，在群众自愿的基础上，以居住点、自然村或行政村为整体搬迁单元，努力做到应搬尽搬。实行进城进园、乡镇和中心村三级梯度集中安置为主，自购房、投亲靠友等分散安置为辅的多途径安置方式。其中井冈山市“十三五”完成了2 304人左右的易地扶贫搬迁任务，其中2016年基本完成国务

* 小蚕工厂利润按3∶3∶4比例分配：三成上交村集体经济组织、三成给所占用土地的村小组、四成作为企业发展基金；养蚕大棚则按2∶8分成：二成给村小组、八成上交村集体经济组织，并明确村集体经济组织承担大棚的修护任务。

院扶贫办核准的建档立卡贫困人口 745 人的易地扶贫搬迁任务及 882 人的同步搬迁，而修水县则对全县的农村居民点体系进行科学规划，提出以“整村、整片、整组、整自然村”为单元有序组织整体移民搬迁，建设生态宜居农村社区建设。其主要做法有：

一是规划先行，以“三就”引导人口聚集。如修水黄溪村科学编制村庄规划，全村规划一个中心村庄，推行迁村并点、整村搬迁，打造新型农村社区，紧紧抓住“就业、就学、就医”核心工作，吸引人口集中。在就业上，通过改善农田生产条件，农民要么骑摩托车种自家的地，要么到企业中当农业工人。而人口聚集催生了超市、早餐店、茶楼、饭店、建材店等第三产业。就学上，以留住优秀教师为抓手确保教学质量，为每位老师提供 30 多平方米住房，并设立教师学业奖进行奖励；为解决教师生活之忧，还特聘请烧饭师傅。就医上，成立了村医务室，长年有 4 位医生坐诊，实现了村民小病不出村。通过迁村并点、建新拆旧，农村建设用地集中形成规模，优化了土地利用空间结构，提升了土地利用效率。原来村庄零散，农户圈占宅基地现象普遍。调研中，有一 8 口之家宅基地高达 7.9 亩。现社区建房统一安置，独家独院三层小洋楼，加上公共用地，户均也不到 0.5 亩。自然村庄已由原来的 32 个，减少至目前的 11 个。2008 年全村 2 341 人，2017 年增至 3 100 人，人口增加近 800 人，村庄用地反而减少了 1 000 多亩，其中 300 多亩已复垦成农业用地。

二是完善生活配套设施，夯实宜居基础。生活基础设施是农村现代化的基本要求，也是吸引人口集聚的重要因素，各地都很重视现代生活的基础设施建设。修水黄溪村除了加强学校、医院建设外，水、电、交通、休闲广场、文化活动中心、农贸市场等基础生活设施齐全，还成为了该县唯一一个有公墓、有垃圾处理场的美丽乡村。还建设了 3 个文化广场等居民休闲场所。同样，瑞金市叶坪乡田坞片区建成了叶坪卫生院医技楼及职工周转房，加强了村卫生所的帮扶管理，基本实现了“小病不出村庄、大病不出片区”。建成了 2 所小学、2 所公办幼儿园，配齐配强了师资力量，为片区的孩子们创造了优良的教育环境。建成了可容纳 500 人养老的敬老院及 5 个老年颐养之家，片区的老人们过上了老有所养、老有所乐的生活。建成了 5 个文化活动中心，群众休闲有了好去处。

三是以“交钥匙”工程，实现住有所居的兜底扶贫。对于那些确实丧失劳动力的特困户，除社保兜底扶贫外，还通过“交钥匙”工程，解决其住房保障，如瑞金市叶坪乡大胜村共投资 270 多万元兴建了 24 套移民户安置房，产权归村集体所有，但特困户拥有终身的使用权，圆了他们一身追求的住房梦。同样，在修水县黄溪村，也建设了22套公租房，给孤寡、五保等扶贫户免费居住，实现了住有所居的兜底扶贫。

四是创新移民社区管理模式，建设和谐的文明社区。如修水县的良瑞移民社区，针对“难以实现充分就业，生计问题凸显；个人素质参差不齐、弱势群体多，社区管理难度大；传统精神寄托失落，对新的社区治理权威需求尤为迫切”等现实问题，采取了“尊重移民社区生计多元化的现实，多方位提出就业指导与服务；以社区矛盾自我调处为主，创新社区管理机制；加强人文关怀的组织建设，重视对弱势群体的关怀”一系列措施，建成了一个和谐的文明社区。

9.1.3　志智双扶与乡风文明、治理有效的协同

“扶贫先扶志”，志气是脱贫攻坚与乡村振兴的动力源泉，而志气的激发在很大程度上取决于是否存在积极向上的文明乡风。为此，各地都在重视志智双扶的基础上，努力构建乡风文明，通过良好的乡村治理营造出人人参与脱贫攻坚与乡村振兴的社会氛围，把志智双扶与构建乡风文明、提高乡村治理效果协同推进。修水黄溪村就是一个成功典型，该村曾是有名的“落后村”“上访村”，2008年之前的15年间曾有60多人被判刑，如今，黄溪村已形成了勤劳致富、尊老孝老扶弱、邻里互助和谐的文明乡风，连续多年实现零上访零诉讼，连续7年被评为县综合治理先进单位，并被评为第五批“全国民主法治示范村”。

一是示范引领树立脱贫信心，激发发展动力。正所谓“信心要比黄金重要”，不能让贫困户有低人一等的悲观心态，不能让他们觉得“贫困”就是贴上了不光彩的标签。瑞金市把扶志作为构建长效机制的重要基础，突出示范引领，激励贫困户要人穷志不短，树立了广大贫困户的脱贫信心，充分调动了他们参与脱贫攻坚的主动性，取得了明显效果。井冈山市则通过“身边人讲身边事”活动，大力宣传励志事迹。如荷花乡的梁清香，婆婆长年瘫痪在床，丈夫又因车祸终生瘫痪，她没有倒下，一边倾心侍奉婆婆、照顾丈夫、抚育年幼的儿女，一边下地种田和打零工赚取生活费。她依靠自己自强不息的志气和顽强的生命力撑起一个家庭的典型事迹感化了十里八村，极大地激发了周边群众积极向上和勤劳奋斗的自觉性。

二是营造乡风文明，形成积极发展的氛围。如井冈山市的“三会两榜（培

训会、点评会、道德评议会，优秀脱贫户榜、优秀帮扶干部榜）”激励教育活动，成效显著，通过培训会，增强贫困户的脱贫技能、提升脱贫信心；组织点评会，逐户评价各贫困户的脱贫表现，肯定成绩，提出建议，激发脱贫致富活力；开展道德评议会，在表扬勤劳致富先进典型的同时，鞭策“等靠要”贫困户，分析其产生这种心理的根源及其危害，教育其转变思想，积极进取。而优秀脱贫户榜和优秀帮扶干部榜则每个季度公布一次，并给予优秀脱贫户一定的物质奖励，以发挥引领示范作用。

三是治法、德治、自治相结合，提升乡村治理成效。为了提升乡村治理成效，为脱贫攻坚与乡村振兴协同推进保驾护航，各地在加强基层组织建设的基础上，充分利用村民理事会等民间组织的作用，推行治法、德治、自治相结合。如瑞金市叶坪乡在乡村治理中采取“政府主导，农民主体，社会帮助，理事会运作”的工作模式，村民成立“一组三会”，即党小组、户主会、监事会和理事会，充分激发群众自我管理、自我教育、自我监督、自觉参与的积极性。其中，以党小组为领导，党员带头配合工作，户主会进行事物决策，监事会负责监管，理事会则执行具体工作，成效显著。“田背新村”，就是在各方共同协商下由原来的田坞村第 8－11 村小组合并组成的新型社区。在理事会的积极引导下，实现了打破原有村小组界限，将原来村小组的宅基地统一拆除，然后将村民聚集到一起建造住宅，“迁村并点”形成一个全新的村小组。理事会采取“总量控制，自主调配，以建补拆、点内平衡”的办法，“以建补拆，点内平衡”是指先测算出拆除旧房所需要的成本和征地费用，然后由理事会根据所需总费用按户数向所需建造新房的村民平均收取费用，不用政府和其他外界力量的资金支持，村内可以平衡所有费用。同时，通过“六个统一”的建设模式（即统一拆除旧房、统一平整土地、统一规划设计、统一施工建设、统一设置配套、统一分配住房），由村民统一缴纳建房资金，理事会统一组织施工互助队建设，既节省了建房资金，又确保了工程质量。每平方米仅需 550 元左右，实际投入 13.5 万元，与农户自己建房相比，每户节约建筑成本 5 万元至 7 万元。

9.1.4 “三地”实践的启示

江西“三地”协同推进脱贫攻坚与乡村振兴的实践，在促进当地农村社会经济发展的同时，也为其他地方脱贫攻坚与乡村振兴协同推进提供了积极启示，可以归纳为以下几个方面。

(1) 协同推进脱贫攻坚与乡村振兴应坚持系统思维

尽管脱贫攻坚与乡村振兴的对象不同，脱贫攻坚针对的是一个特定群体，而乡村振兴是一个区域的整体发展，但二者是相互联系的一个系统整体，脱贫攻坚是乡村振兴的前提与基础，而乡村振兴是脱贫攻坚的保障，无论是产业振兴、人才振兴、文化振兴、生态振兴、组织振兴都应充分考虑脱贫攻坚的需要，同时任何脱贫攻坚的对策也要有利于乡村振兴，这种系统思维应贯穿于整个“三农”工作之中。

要在脱贫攻坚与乡村振兴协同推进中落实系统思维，就应在树立二者内生关系理念的基础上，形成良好的社会氛围，构建脱贫攻坚与乡村振兴协同推进的公众参与机制，既要充分调动扶贫对象的主动性与积极性，更应广泛动员社会各界力量参与，同时要紧紧抓住这两者的协同核心产业。如瑞金市把脱贫攻坚当作乡村振兴中最大的民生工程来抓，凝聚民心，集全社会的力量开展脱贫攻坚，通过创新机制，依据“多个渠道进水，一个龙头出水”的思路，按照“市为单位、整合资金、整村推进、连片开发”的思路，统筹兼顾，打破部门管理界限，统一项目规划，统一项目实施，统一资金拨付，统一项目验收，统一绩效评价，形成整合项目的良性机制。充分发挥资源统筹的“蓄水池”功能，取得了“1＋1＞2”的明显效果。修水县黄溪村的成功也是充分整合了“城乡增减挂钩”试点、农田整治、新农村建设、深山移民、小水利等多个项目的资金、用地指标资源。井冈山市大垅镇瑶背村也是采取“农户出一点，帮扶单位筹一点，上级财政争取一点”的方式开展村庄整治，在短短一个月内，就拆除了无人居住正房 8 栋、杂房 48 间，并改造危桥，修建道路，新建文化广场，在实现住房扶贫的基础上，让昔日的“脏乱差”华丽转身为环境优美的小山村。

(2) 土地使用制度创新是脱贫攻坚与乡村振兴协同推进的重要抓手

土地是农业最基本的生产要素，也是农民最根本的生存资源，农村最宝贵的发展资本，不论是脱贫攻坚，还是乡村振兴战略，都扮演着基础性的关键角色。然而，现实却是农村大量建设用地闲置、低效利用，造成巨大土地资产沉淀，难以实现其资源、资产和资本的权能，因此，通过土地使用制度创新，释放土地潜能，是促进脱贫攻坚与乡村振兴的关键突破口。通过“确权确股不确地”创新承包地经营权流转机制、推进农业现代化，以及“农村建设用地全村统筹”创新宅基地使用机制、推进农村现代化，是修水县黄溪村的两大成功法宝。正是这些土地使用制度创新激活了乡村振兴的动力，特别是“确权确股不确地”，实行“确权不确地、分红按人头、补贴归原户、组级管理、村级整包”，即以村民小组为单位，确定耕地所有权，以户为单位，明确各户拥有耕地承包经营权的份额（即每户耕地承包面积），但不确定具体地块，如此实现了承包权和经营权分离，承包权归农户拥有，经营权则转化为股份，依据自愿、有偿原则，统一流转至村集体（村两委）。村集体遵循优先本组村民、打破组界的原则，进行集中成片流转，推动规模经营，流转费用经村集体、村小组、承租者三方依耕地质量协商确定，由承租者付给村集体，再由村集体支付给村小组，年底村小组进行股份分红。“确权确股不确地”既坚持了以家庭联产承包为主、统分结合双层经营这一基本制度，又增强了农民对村集体经济组织的认可，也强化了村民对农村土地集体所有的观念，还为改善农田基础设施创造了条件，带来诸多利好。瑞金市叶坪乡的“田背新村”，也是通过农村宅基地使用制度的创新，突破了“农村宅基地仅限于本村集体经济组织成员使用”的规定，把原来田坞第 8－11 村小组合并为一个农村新型社区。

土地使用制度创新应以促进各社会生产要素的系统协调，实现“地—人—钱”的同步聚集。脱贫攻坚与乡村振兴的协同推进离不开土地、劳动力、资金等基本社会生产要素的共同协调支撑，由于劳动力、资金等要素的配置最终要落实在土地上，因此，土地使用制度在很大程度上决定着其他生产要素的配置。修水县黄溪村正是充分利用国家移民及“增减挂钩”项目试点等政策，通过“人—地—钱”挂钩，把用地指标和政策资金整合在一起，集中资源力量办大事，促进要素同步聚集：一是科学编制村庄规划，推行迁村并点、整村搬迁，打造新型农村社区，实现人口集中；二是把移民建设用地指标、“增减挂钩”返回用地指标全部集中用于新型农村社区建设；三是把移民搬迁资金、农民拆旧补助资金、新农村建设项目资金等统筹在一起，用于农民建房和社区基础设施建设。“人—地—钱”挂钩减轻了村民移民安置负担，加速了农村基础设施建设。以村民方宝石为例，他家的建房用地是免费的，通过“增减挂钩”项目获得 10 余万元拆迁补偿，加上 1.6 万元扶贫补助款，基本解决了搬迁资金问题。

（3）村集体组织是脱贫攻坚与乡村振兴协同推进的关键

不论是脱贫攻坚，还是乡村振兴，都必须坚持因地制宜，而我国的村集体组织沿袭着传统的村落历史脉络，具有地域与血缘的先天性特征，村民与村落的发展和村集体经济组织的兴衰荣辱与共，已成为了农村社会发展的基本“生命共同体”。村集体组织对自身的资源条件最清楚，对发展需求也是最迫切，是脱贫攻坚与乡村振兴协同推进的关键主体。“三地”实践也证明了这一点。瑞金市依据“党务干部派弱村、经济干部派穷村、政法干部派乱村、科技干部派产业村”原则，选派223名第一书记到村任职，帮助农村建强基层组织；井冈山市结合村两委换届，选优配强村级党组织书记，实施“头雁引领”工程，选好能够带领群众脱贫致富的领头雁，每年对村级党组织书记进行全覆盖培训，提高带动能力，并大力开展“百个支部结对共建”，125个机关党组织与106个行政村党组织结对，通过支部阵地共建、党员人才共育、组织生活共开、集体经济共抓、困难群众共帮等形式，帮助建强村级党组织。而在修水县黄溪村，正是在曾当过副乡长、乡企办主任，后又下海创业成功的村支书徐万年和曾任南昌市第三建设公司项目主管的村主任方小华的带领下，村“两委”班子从改善干群关系入手，朝着“让黄溪村共同富裕”的目标，大刀阔斧开展工作，通过“跑项目、修大桥、建新村、创产业、引技术”等系列举措，提升了威望、凝聚了人心，树立了信心，推动黄溪村走上脱贫致富与乡村振兴的快速路。

村集体组织应包括村“两委”正式组织，也应包括类似于各种村民理事会的非正式组织，正式组织和非正式组织各有特色，可以相互补充，实践中以村民理事会协调为主的成功案例很多，瑞金叶坪“田背新村”的建设、修水黄溪村新型社区的建设、井冈山市大垅镇瑶背村的村庄整治，在很大程度上都归功于理事会的运作。因此，要发挥村集体组织的脱贫攻坚与乡村振兴协同推进关键作用，第一，加强村村“两委”组织建设，特别是吸引年轻的能人进入村集体班子，改变多数村集体“无资产、无资本、无资金”现状，培养造就一支懂农业、爱农村、爱农民的“三农”管理队伍；第二，要正确引导和发挥各种村民理事会的协调作用；第三，要壮大村集体经济。发展集体经济是实现农村共同富裕的重要保证，也是乡村振兴的重要支撑和脱贫攻坚的重要保障。井冈山市根据各村资源条件，因地制宜地采取了“产业带动型、服务创收型、资源开发型、资产经营型、资本运作型、固资租赁型、乡村旅游型”等多种类型壮大村集体经济。特别是在土地经营规模流转中，在确保出让方租金收益的基础上，实现了村集体、土地出让方和当地贫困户的收益共享。

9.2　省外典型案例剖析

他山之石，可以攻玉，课题组奔赴四川成都、浙江永嘉等地调研，精心选择案例，希望从不同视角为江西省协同推进乡村振兴和脱贫攻坚工作提供借鉴。

9.2.1 四川成都青杠树：以创新激发乡村振兴活力

创新是活力的源泉，乡村振兴活力的激发同样离不开创新。四川省成都青杠树村通过综合改革创新，短短几年时间，由一个名不见经传的落后村落变成远近闻名的幸福美丽新村，被誉为“宜居宜业宜游的乡村家园”，其成功经验对江西省的乡村振兴具有积极借鉴意义。

（1）青杠树村的主要做法与成效

2012 年青杠树村以农村土地综合整治为契机，启动了乡村振兴之路，2015 年借全国农村土地制度改革试点之机，遵循政府引导、农民主体、市场运作的原则，展开了全方位的改革创新，全面推进乡村振兴。该村人均可支配收入由 2012 年的 14 411 元提升至 2017 年的 25 620 元，建成了 4A 景区，并先后被评为“中国十大最美乡村”“中国美丽休闲乡村”“全国一村一品示范村”，成为乡村振兴的一个典范。

土地使用制度创新，土地资源转化为发展资本。一是以“小挂钩”优化农村建设用地。借鉴“城乡建设用地增减挂钩”（当地称为“大挂钩”），在农村建设用地总量不突破的前提下，以村为单位，优化建设用地结构。对全村 573.2 亩建设用地进行了统筹：安排 211 亩用于新型农村社区建设，现有产业项目、公益用地保留 77.8 亩，预留集体产业用地 14 亩，集体经营性用地 269 亩，复垦新增耕地 1.4 亩。将原来的 11 个自然村归并集中为 9 个社区组团，农民人均用地由 170 平方米降至现在的 45 平方米，彻底改变了以往村庄建设用地布局散乱、土地利用效率低下的突出问题。二是完善集体建设用地的赋权机制。以组为单位统一办理集体建设用地使用权证，将农民手中的宅基地“小证”换为“大证”，以村集体资产管理公司为主体，村民作为公司股东，将农户集体持股的集体建设用地使用权，向成都农商银行抵押融资 6 800 万元，解决了村庄建设的初始资金。三是推行集体经营性建设用地入市。按照农村土地制度改革试点政策，该村 269 亩集体经营性建设用地以商服用途按 40 年使用期入市，预计可获 1.97 亿元的土地收益，扣除新型社区建设投入的 1.37 亿元和基础设施配套投入的 0.3 亿元成本，还可结余 0.3 亿元。目前该村已有 97.48 亩集体经营性建设用地挂牌出让给成都漫生活休闲文化产业有限公司，获得了 5 848.8 万元的土地收入。四是创新耕地经营模式。一方面，通过组建农业合作联社，建设 3 000 余亩粮经基地，统一农资供应、统一技术培训、统一机械化作业，建立起标准化生产管理体系；另一方面，通过经营权流转，实施适度规模经营，发展“稻鱼共生”等生态农业和花卉产业，融生产、景观于一体。

产业发展思路创新，一三产业融合互动。一是组建了市场经济运行主体。成立了“青岗树村集体资产管理公司”，下辖商务公司、酒店联盟、物业公司、专合组织等经营公司，先后成功举办了“踏青节”“端午快乐游”“香草花海欢乐季”“大学生帐篷露营音乐节”、2017 年迎春灯会等各种节庆活动 20 余次，并引进了“酷菜智慧农场”“汀香（乡村）度假酒店”“蜀绣民俗博物馆”“和镜国际马术俱乐部”“爱尼动物庄园”“郫县小马王电动观光车”等乡村文化旅游项目。2016 年共接待游客 100 余万人次，创造旅游综合收益 1 000 多万元，其中仅通过房屋租赁、土地租赁商业管理、停车场运营等，实现收入 234 万元，村民股东人均可分配近 300 元。二是一三产业融合互动。坚持以乡村旅游业为核心、让农村变成景区的产业发展理念，不断挖掘旅游资源。如根据第 9 组团安置点处原有规模种植香草的渊源，因势利导对区域内的低槽田引水进田、搭桥造景、种植水生植物，打造了“香草湖”生态湿地公园，并配套修建了漫步道与自行车观光道。三是发展民宿。把农民新居空余房屋 1 000 间，组织为“乡村客栈联盟”。这样，农民不仅有集体经济分红和承包地经营权流转的财产性收入，更依托乡村旅游资源开茶馆、客栈、农家乐，在家门口就业，有了稳定的工资性收入。依据规划，未来在 269 亩集体经营性建设用地建设的现代农庄、休闲场所、乡村酒店和农业总部等一三产业互动项目，将吸纳 1 200 余村民就地就业。

乡村规划理念创新，打造生态宜居村落。一是规划定位高。提出“建设中国最美乡村聚落、打造国际亲水度假小镇”的目标，充分发挥水乡生态、田园风光、川西民居、林盘特色的资源优势，形成“林院相依、院田相连、田水相映”川西生态田园风光的宜居村落，同时明确要保留和传承蜀绣、竹编等传统民间手艺。二是坚持田园综合体理念。明确“小规模、组团式、生态化、微田园”乡村发展模式，“小规模”，即每个小组团 20 户至 30 户，建设“紧凑型、低楼层、川西式”特色民居，既适应了老百姓的居住习惯，又保护了川西林盘独特的生态系统；“组团式”，即利用林盘、水系、山林、农田，布局小聚居组团；“生态化”，即顺应自然，利用原有地形地貌，保护林盘、田地、沟渠、水体等生态环境体系，保持生态本底；“微田园”，即规划前庭后园，形成“小果园、小菜园”，保持田园风光与农村风貌。三是坚持整体“一盘棋”的系统观。青杠院、朱家墩、窦章堰等 9 个组团，各具特色、互为依托、互为补充，形成一个有机的、充满活力的青杠树村。如青杠院突出水陆码头、商铺鳞次栉比；花龙门围绕花牌坊演绎传统文化；窦章堰则以窦章堰桥这一个观光休闲廊桥及水利工程为中心做文章。

乡村治理机制创新，保障社会运行有序。一是推行“1＋4”双轨模式。即在村党支部的领导下，村民委员会、村民议事会、村公共服务中心、村集体经济组织相互协同，并成立村民监事会对村民委员会和村民议事会的运行进行监督，实行“两小组长（村民小组长与党小组长）”一肩挑，且与“两委”同管理、同考核，极大地调动了干部的创业干事热情。二是壮大集体经济。土地出让金扣除政府收取的土地增值收益调节金和土地整理的成本后的土地净收益，按二八分配，即 20％用于农民货币分配，80％用于村集体发展（其中 30％作为公益金，主要用于村民新农合、养老补助、公共基础设施维护、社区治安管理、文化教育、环境整治和困难救助；50％作为公积金，主要用于招商引资、完善配套建设和经营性项目再投入）。目前，青杠树村的村集体资产已超过 7 000 万元。三是健全配套服务。推行“1＋26”，即围绕乡村振兴这一中心，以打造“10 分钟生产生活圈”为目标，配置了 26 项公共服务与社会管理项目，包含给水排水、弱电、环卫等市政公用设施，便民中心、警务室、卫生站等公共管理服务，超市、农资放心店、水电气缴费点等便民服务，让农民享受到与城市居民一样的现代生活条件和公共服务，基本实现了“办事不出村”。四是规范村庄建设管理制度。建设前，制定了公众参与制度、补贴制度、奖励制度、过渡制度；建设中制定了土地预出让制度、生态保护制度、文化传承制度、质量监管制度；建设后有新房分配制度、规划管控制度、经营发展制度、资产管理制度和环境治理制度等。

(2) 对江西省乡村振兴的启示

青杠树村由于地处徐堰河与柏条河两河之间，属于成都市重要水源保护区，工业化受到严重制约，但却结合自身优势成功推进了乡村振兴，对江西省乡村振兴的启示更具代表性。

坚持系统思维，形成创新合力。乡村振兴是一个系统工程，需要土地配置、融资方式、人口迁移、产业发展、乡村治理等全方位的协同创新。一是土地使用制度创新是基础。乡村振兴离不开土地、劳动力、资金等基本社会生产要素的优化重构，而土地配置是根本。青杠树村的新型社区建设，就是以土地使用制度创新为切入点，坚持土地整治专项资金投入为主，农业、水利、交通等部门的涉农资金为辅，将中低产田改造资金、农田水利建设资金、“六小工程”资金、农村道路建设资金、农业开发资金等一并纳入专项资金账户统一安排使用，实现了资金的投入聚集，并带动了人口的聚集，实现了“地—人—钱”的同步聚集。另外，成都的“小挂钩”很值得江西省学习，不宜完全推行“城乡挂钩”，不仅把农村建设用地整理复垦的指标转让出去获得资金，更要考虑转化为当地发展的资源与机会。二是编制“产村一体”的村土地利用规划。既要顺应“迁村并点”的历史潮流，在坚持农村宅基地所有权、资格权、使用权“三权分置”改革方向下，积极探索跨集体经济组织的宅基地使用制度，更要规划适宜本地发展的产业，夯实乡村振兴的经济基础。青杠树村立足于自身的区位和资源条件，明确了乡村旅游产业的定位，是其取得成功的一个重要经验。三是推行农村土地综合整治。土地综合整治是提升区域土地要素对乡村振兴支撑能力的重要抓手，青杠树村正是通过土地综合整治盘活了全村的土地资源。因此，江西省不仅要把涉农资金整合在一起，推进高标准农田建设，还要依据“山水田林湖村”生命共同体的规律，推行融高标准农田建设、村庄整治、生态环境治理为一体的农村土地综合整治。建议利用赣州市纳入国家山水林田湖生态保护修复试点的机会，选择一些基础条件好、群众意愿高的地方，开展乡村振兴的土地综合整治试点。

坚持农民主体，切实为农民带来实惠。广大农民才是振兴乡村的主人。充分调动广大农民的积极性，真正发挥他们的主人翁精神，是形成乡村振兴内在动力的关键。一是坚持把尊重农民意愿贯彻于乡村振兴的始终。青杠树村明确提出要坚持“四民”的工作理念，即“资源来自于民，意愿取决于民，政策依靠于民，利益归属于民”，切实充分发挥了农民的主人翁精神。二是增强农民改革获得感来赢得广大农民的支持。在青杠树村，一方面通过生活环境的改善来增强农民的改革获得感；另一方面，在建新拆旧中，按“占谁补谁、权属调整、股份量化”的方式进行占地补偿，以农户现有宅基地及集体建设用地使用权置换建新区安置房、建房补贴及公建配套，剩余面积给予一定补偿，并作为量化入股的依据，从而获得了实实在在的实惠。三是构建可持续的农民经济收入机制。可持续的经济收入是农民支持改革创新和稳定民心的重要条件，在青杠树村，改革创新不仅为农民带来了多元化的经济收入，且在细节上体现了对风险的化解，如承包地经营权流转的租金推行“双 900”，即按耕地每年每亩稻谷 900 斤*和小麦 900 斤的正常收成，依当年市场价折算，有效地解决了可能因物价变化而产生的风险。

完善村集体经济组织建设，构建有效的乡村治理机制。乡村振兴的系统性和地域性要求有一个强有力的协调者和组织者，而具有地域与血缘先天性特征的村集体组织是胜任这一责任的必然主体。一是加强村集体经济组织建设。村集体组织弱化是江西省一个普遍现象，改变多数村集体“无资产、无资本、无资金”现状，加强村集体组织建设、强化集体经济，是确保乡村振兴的迫切任务。青杠树村的“1＋4”双轨模式和优先壮大集体经济的做法很值得江西省借鉴。二是明确政府职能的定位。要改变江西省新农村建设中一些地方农民群众“等、靠、要”的依赖思想和“政府干、村民看”的现象，把政府包大求全的“管治式治理”变为“服务式治理”。在青杠树村，当地政府只是派“三员”（党建促进员、廉政监督员、村务指导员）驻村“两委”，为乡村发展提供便利服务，具体事务由村集体经济组织自行决策。三是构建有效的乡村治理机制。完善的公众参与机制和健全的制度安排，是构建有效乡村治理机制的重要保障。青杠树村之所以能够确保社会治理的有序与高效，就是围绕村民议事会切实建立了科学的公众参与机制，并建立了完整的配套制度体系。

9.2.2 浙江永嘉：创新农村产权交易激发土地资源活力

近年来，浙江省永嘉县以农村产权制度改革为突破，引入民营资本参与农村产权交易市场建设，激发农村发展动力，取得了显著成效，可为江西省提供宝贵经验。

（1）主要做法

作为新一轮国家首批农村改革试验区，2013 年浙江温州市组建了农村产权交易管理委员会，设立了市农村产权服务中心，下辖县（市）也相应成立农村产权交易分中心，其中苍南、永嘉、平阳三县探索政府购买社会化服务，永嘉县通过竞争评审，选择温州嘉诚拍卖行组建了该县农村产权服务中心，该中心创新做法在于引入民营资本参与农村产权交易市场建设，为全县农村产权依法流转交易提供一站式服务平台。

组建专业队伍，实现专业人做专业事。温州嘉诚拍卖行承担组建永嘉县农

* 斤为非法定计量单位，1 斤＝500 克。——编者注

村产权服务中心任务后，吸纳了汇丰拍卖、佳得拍卖、产权交易拍卖、永佳拍卖、国信拍卖等5家拍卖公司，诚安房地产评估、金土地房地产评估等2家评估公司，并与嘉瑞成律师事务所、浙合律师事务所建立合作关系，工作人员具备了相应的从业资质，从而为产权交易过程中的资产评估、交易拍卖和法律等关键业务提供了扎实的专业保障，实现了专业人做专业事。不仅在调查取证、资产评估、信息公开、交易运作等具体环节上都实现了专业操作，规范运行，还对买卖合同、租赁合同等交易文本制作了标准文本，最大限度消除产权交易中的隐患。

多方联动协同，构建农村产权交易新机制。中心成立后，通过明确农村产权交易相关主体的职责，并形成多方联动协同机制。在多方协同采集农村资金、资产、资源等“三资”信息基础上，开展“清产核资”，实行属地乡镇（街道）、中介机构、村两委的“三堂会审”，并建立了县农村产权服务中心与各乡镇（街道）村账代理中心的信息共享系统。中心全程提供“清产核资、价值评估、交易运作”的“一站式服务”，政府出台文件规定农村集体资产依法转发转包、租赁、转让、入股、互换或者其他方式交易的，应在农村产权服务中心及其分机构进行；鼓励农村个人产权在农村产权服务机构进行，从而实现了渠道的归口和单一管理，实现效率最大化。

完善相关制度，规范企业运行行为。在《国务院办公厅关于引导农村产权流转交易市场健康发展的意见》《浙江省农村集体资产管理条例》以及《温州市村股份经济合作社经营性资产交易行为规范（试行）》等农村产权交易政策、法规依据的指导下，永嘉县成立了农村产权交易管理委员会，制定了《永嘉县农村产权交易实施办法（试行）》，对业务、交易范围以及程序、争议处理和法律责任等方面进行制度设计，严格规范企业在农村集体产权交易中的各种行为。特别是在交易流程中，严格明确规定农村集体产权转让前，必须经本集体经济组织成员（代表）大会讨论通过、形成决议后，采取协议、竞价、拍卖、招标等方式进行交易，保证各个环节公平、公开、公正。完善的制度建设，不仅规范了农村产权交易行为，增加了社会的透明度，更为企业运作划定了红线，确定了基本的原则遵循，确保了农村产权交易沿着正确的轨道前行。

承担社会责任，积极投身公益事业。该农村产权服务中心是以引入民营资本进行运作的产权交易中心，以集体经营性资产入场交易为主营业务，并收取一定比例的佣金以维持企业的生存与发展，但并不完全专注于营利，通过承担大量的公益事务，来赢得社会信誉。一方面，对耕地、林地承包经营权流转交易提供全免费的公益服务，依托温州市产权交易服务平台，建立全县乃至全市的数据库，为流转双方牵线搭桥，多年来成功帮助流转了7 954亩耕地、7 111亩林地。另一方面，积极接洽金融机构，以耕地和林地承包经营权作为担保，帮助交易方获得银行贷款。如2016年1月三江街道行禅村541亩土地流转，该中心协助流转受让方与农信担保公司对接，凭中心出具的农村产权《交易鉴证书》，成功为浙江“三五早”农业开发公司获得150万元贷款。

勇于探索创新，提升农村产权交易效益。一是积极探索“互联网+村集体经营性资产公开处置”交易模式。率先试水淘宝网公开竞价，在淘宝上注册了全国第一家农村产权交易平台。利用互联网交易高效、快捷、公平、公开等优势特点，实现交易信息更快、更广范围传播，大大提升了溢价率；有效防伪和串标，实现交易的公平公正。比如，东城街道浦口村城南锦苑15间商业用房转让，通过淘宝网资产交易平台全部成功交易，其中的一间商业用房起始价64.788万元，成交价190.288万元，溢价率达193.7%。二是创新开拓“三产安置房”处置业务。“三产安置房”是温州市在土地征用过程中的历史遗留，主要是征地后按照征地面积返还30%的建设指标，用于发展第三产业，安置闲置农民劳动力，但“三产安置房”从资金筹措、建造、分配、租赁等一系列过程都较为烦琐，村集体难以自主完成，常常在前期项目审批、建房集资问题、房屋建筑质量监管等方面受阻，烂尾楼房现象严重。永嘉县农村产权服务中心充分发挥专业优势，作为第三方，为其提供全程代理服务，量身定制安置房认购方案，对安置房确权前的产权交易进行规划管理，有效地解决了前期指标拼凑、集资、安置房分配、规范房屋租赁合同、安置房商业部分的招商引资等问题，取得了良好效果，盘活了沉睡多年的村集体资产，发展壮大了村集体经济。比如针对瓯北街道塘头村“三产安置房”建设项目，中心介入后，量身定做一揽子解决方案，精准制定个性化的竞价方案，帮助筹集资金2亿元，使停工近5年之久的项目重新启动施工，现已建设完成处于竣工验收阶段。

(2) 主要成效

永嘉县农村产权服务中心自2015年9月成立以来，已形成“以耕地、林地承包经营权流转交易鉴证为公益服务、集体经营性资产入市交易为主营业务、‘三产安置房’全过程代理为特色”的业务体系，在促进和规范全县农村产权交易上发挥了关键作用，有效地破解了农村产权交易缺乏场所“去不了”、私下交易“看不到”、缺乏标准“管不好”等系列难题。至2018年年底，在永嘉县农村产权交易服务中心共成交1 141宗，成交金额达11.9亿元，实现了“村集体经济壮大、企业高兴、政府满意、村民受益”的多主体共赢。

培育农村产权交易市场，盘活了农村土地资源。一是规避以往农村产权交易的乱象。由于农村土地产权交易市场发育长期滞后，形成了被人情世故所影响的交易乱象，交易时偏向亲戚熟人，结果往往损害了集体资产利益，通过农村产权服务中心的公平、公正、公开的运作，特别是采取底价密封式竞价等创新交易模式，有效防止了低价交易等暗箱操作行为，有效避免了村集体资产流失，维护了农民合法权益。二是有效地避免产权交易纠纷。因交易不规范而引发的农村产权纠纷是常见现象，特别是签订的租赁合同往往存在漏洞进而违约。现在规范交易过程中，需承租方支付一定保证金，一旦承租方违约，就可以按照合同规定保障租赁方的权益。三是最大限度地体现了农村产权的市场价值。通过拍卖，特别是网上“背靠背”的报价，最大限度地运用价值竞争机制，实现了农村产权的市场价值。2015年至2018年期间，永嘉县村集体资产的平均溢价率为26%，2018年引入淘宝网公开竞拍溢价率达到33%。

压缩村干部寻租空间，营造了良好的乡村治理氛围。一方面，农村产权的阳光交易成为了遏制农村基层腐败行为的一把利器。农村集体产权交易是农村基层腐败高发区，如今村集体资产交易交给农村产权服务中心运作，通过中心的规范和公开透明流程，有效防止了农村基层干部利用职务便利牟利的行为，压缩了村干部寻租空间。另一方面，有利于维护村干部的廉洁形象，营造良好的乡村治理氛围。村干部借助平台规范阳光的交易，更加获得村民的支持和信任，能放下工作包袱，大胆地开展农村产权交易，促进农村土地资产激活变现。现在，在永嘉县不进入服务中心的农村产权交易，都被视为其中存在猫腻，也反向推动了县农村产权交易服务中心的建设发展。

显化农村资产，实现了集体资产的增值保值。一是农村巨大的资产得到显化。有效的工作机制，成功地激活了农村长年“沉睡”的资本。二是运用市场手段实现了农村集体资产的增值保值。如瓯北街道新桥村新桥大厦二楼6年租赁权，村集体自估交易的租金大概为60万元/年，农村产权服务中心实地介入后，找出亮点，充分发掘地域所在的教育资源，通过定向宣传等措施，特别与培训机构有效沟通等，经淘宝网线上公开竞价，以 162 万元/年成交，溢价率高达 114%，有效实现了集体资产增值保值权益。村两委及村民获得实际收益后，对中心商业化运作农村集体产权交易及充分公开竞价的成效交口称赞，主动将本村集体其他的经营性资产向中心递交入场申请。

壮大村集体经济，增强了村集体组织能力。农村集体资产显化后为村集体流入了资金，壮大了村集体经济。南城街道中西村综合楼 2 000 平方米出租，租金起始价为 37 万元/年，通过淘宝网公开交易，以 68.4 万元/年成交，同时根据村集体具体需求及周边环境考量，限定综合楼一楼须作为农贸市场功能招商，为村民的生活提供便利。在为村集体取得收益的同时，村民的日常生活和周边配套也更加便利。又如瓯北街道塘头村，村集体在建造“三产安置房”时，因资金链断裂而导致烂尾，造成了村集体几百万元的亏损，在农村产权服务中心全程代理下，顺利将“三产安置房”竣工，并以公开竞价的形式为安置户分配安置房。同时，因为该村的安置房位置好质量佳，且安置户普遍经济条件较好，中心还创新地将安置房的“择位权”作为分配安置的因素考量，最后不仅实现了公开公平地完成安置，并使村集体额外收取 1 800 多万元的“择位”收益，还为该村二期安置房建造提供了资金保障。

推动土地流转，促进了农业现代化。信息不对称是当前制约农村土地流转的主要瓶颈，永嘉县农村产权服务中心利用自身平台整合大数据的优势，免费为社会提供土地流转信息，推动了土地流转，多年来成功帮助流转了 7 954 亩耕地、7 111 亩林地，促进了农业现代化。如今，耕地经营权的流转，促进了休闲观光农业、设施农业、精品农业等多种形式的农业适度规模经营，特别是推进了省级田园综合体创建试点建设；林地经营权的流转，则有力地推进了永嘉县作为省级森林休闲养生试点县的建设，实现了传统林业“砍卖树木”为产出向现代休闲养生业“赏林木”为产出的转变。

破解“三产安置房”难题，提升了资源利用效率。对于村集体经济和被征地农民都是利好的“三产安置房”政策，由于村集体缺乏开发利用能力，反而成为了当地的“烫手山芋”。永嘉县农村产权服务中心全程代理服务后，一方面，积极与金融机构沟通，针对“三产安置房”开发了专门的“农信贷”，实现了“三产安置房”与金融的嫁接；另一方面，用专业的队伍进行策划、开发、运作，成功破解了长期困扰当地的“三产安置房”难题。至 2018 年年底，农村产权服务中心代理了 7 个村 20.2 万平方米的“三产安置房”开发，从而使这些村停滞的安置房项目得以重新启动。

(3) 工作启示

江西省已完成了农村确权工作，也开展了农村集体资产清产核资，在盘活农村资源，激发乡村振兴活力上，可谓是万事俱备，只欠产权交易这一“东风”了。浙江永嘉农村产权交易改革的创新实践对农村产权交易制度改革具有积极的启示作用。

企业运作是发挥市场配置在农村产权交易中决定性作用的有效路径。引入社会资本、由企业主体运作则是实现市场在农村产权交易中的决定性作用的有效路径。一方面，企业为了生存，不得不全力开发市场。如永嘉县产权服务中心在前期投入了大量人力财力开拓市场，走遍全县80%的村庄，对具有市场需求的村庄进行了摸底调查，尽可能全面了解县域农村交易的潜力与需求。另一方面，企业为了追求效益，存在追求产权交易利益最大化、资源配置效益最优化的本能动力。永嘉县通过县产权服务中心成功交易，实现村集体资产平均溢价率达到26%，就是最好的佐证。

政府扶持是推动农村产权交易的基础保障。农村资源绝大多数是土地、房屋等不动产资产，不仅政策性强，且具有涉及面广、敏感度高、影响面大等特征，在缺乏政府政策保障的前提下，各方都持谨慎态度。在永嘉县产权服务中心成立之初，县政府及相关部门并未出台相应的政策文件，工作开展举步维艰，村集体存在种种顾虑，担心交易风险。而随着《永嘉县农村产权交易实施办法（试行）》等文件相继出台，在交易平台建设、交易范围与程序、争议处理、监督机构等方面做出了明确规定，同时政府把原来的政务服务大厅，安排给县产权服务中心作为办公场所，进一步增强了公众对服务中心的信任度，交易市场显著活跃起来。因此，政府要及时跟进，在农村产权交易规则、产权使用政策等方面做出明确规定，这是推动农村产权交易必不可少的政府扶持。

“专业人做专业事”，借社会之力是解决农村人才短板的有效路径。农村产权交易不是简单的交易双方的谈判协商，而是涉及产权的确定、资产的评估与增值策划、交易行为的规范、资产合理利用的后期监管等诸多内容，且专业性、政策性很强。永嘉县产权服务中心的运作之所以成功，一个很重要的经验就是，组建了由评估、拍卖、律师等相关专业人才队伍，并延伸金融服务，实现了“专业人做专业事”。当前各类人才的缺乏是制约乡村振兴的最大掣肘。农村既没能力，也没必要培养全部的人才，永嘉县产权交易服务创新的实践，为借社会之力弥补乡村振兴的人才短板提供了一个成功案例，通过引入社会力量，运用企业的运作，借鸡下蛋，“专业人做专业事”，不失为是解决乡村振兴人才短板的一条有效路径。

为各地留地安置处置提供一个成功经验。留地安置是各地在征地补偿安置中的一个创新，可通过发展二三产业，特别是第三产业，为失地农民带来长期稳定的收益，从而解决其长远生计问题。但由于村集体缺乏对安置用地开发利用的能力，在指标拼凑、项目报批、资金筹集、房屋分配、上市交易、资产经营等诸多方面遇到种种实际困难，留下了指标浪费、烂尾楼、开发品位低、经营失败等一系列后遗症，难以取得实效。永嘉县产权服务中心提供全程代理服务，量身定制开发方案，成功解决了留地安置种种问题，取得了各方满意的成效，这种由市场主体介入，通过市场化运作化解政府历史遗留问题的做法，一方面让老百姓受益，发展壮大了集体经济；另一方面，实现替政府分忧，有效化解政府压力，这为全国各地留地安置的处置累积提供了一个成功经验。

第 10 章　协同推进江西省脱贫攻坚与乡村振兴工作的策略及关键发力点

结合前述分析，服务江西省协同推进脱贫攻坚和乡村振兴工作，课题组在深入调研的基础上，经过讨论和思考，尤其是针对乡村制度供给不足、人才储备匮乏、资金投入不足、价值导向偏离等制约乡村振兴和脱贫攻坚的约束性因素。本书特提出未来江西省协同推进脱贫攻坚和乡村振兴工作的策略及关键发力点，以资经验借鉴。

10.1　协同推进脱贫攻坚与乡村振兴工作的主要问题

协同推进脱贫攻坚与乡村振兴战略实施，科学分析和准确判断乡村发展进程中二者协同的主要问题，有助于江西省改进协同推进思路，创新工作方式。

10.1.1　思想认识刻板化，疲于创新突破

作为 2005 年开始的新农村建设战略的升级版，乡村振兴不是一句口号，讲究的就是一个“实”字。部分利益相关者认为“国家实施乡村振兴战略是传统乡村建设的简单重复，甚至把乡村振兴简单理解为村庄建设等”的观念是错误的，是思想认识刻板化的重要体现。面对相对贫困突出、城乡贫困关联、减贫边际效益式微的时代背景与现实挑战，乡村振兴与精准扶贫工作实施过程中应加强创新，协同推进乡村振兴与脱贫攻坚工作要善于“明势”、勇于“谋势”，拒绝因循守旧、抱残守缺和途径依赖，防范思想认识的刻板化，注意防止出现“说起来重要，干起来次要，忙起来不要”和“工作推进中政府大包大揽”的风险，要激发群众发展的内生动力，协同推进才能与时俱进，实现乡村多样、特色化发展，积极探索符合时代环境变化和人民要求的协同发展之路。

10.1.2 工作开展片段化，缺乏系统思维

鉴于脱贫攻坚与乡村振兴的协同关联，考虑脱贫攻坚工作的“单向度目标指向”与乡村振兴的“综合发展愿景”的阶段性疏离，区域推进脱贫攻坚或乡村振兴过程中部分地区出现片面追求“指标业绩”的运动式“片段化”现象，致使多规并行、业务部门横向联系困难等问题出现，缺乏乡村发展的系统思维，没有长远规划和统筹谋划，部分地区仍然存在强调“突击行动”和“典型示范”的苗头，导致乡村发展方向、发展道路和发展举措等缺乏一以贯之的科学谋划与互为支撑的行为协同，渐进模式下的乡村振兴与脱贫攻坚协同推进风险突出，如忽略新型工农城乡关系构建的时代背景，重城轻乡的工作思路尚未理顺，阻碍资本、技术、人才等要素下乡的规划、政策、制度等各种障碍依然存在；一些乡村聚合大量发展资源强调贫困退出指标与乡村振兴发展指标的快速达标，却没有清晰理顺乡村发展中诸多支撑事项间主次关系和前后次序，乡村发展生计的可持续能力培育被忽略，发展过程中出现“短视”现象。

10.1.3 资源配置碎片化，难以聚焦重心

发展资源配置结构与规模影响资源配置效率和使用效益，应统筹各方面力量聚焦乡村振兴工作，精准发力，集中攻坚，确保做一件、成一件。协同推进乡村振兴与脱贫攻坚工作过程中，鉴于公共财政资源的有限性、稀缺性以及乡村发展工作的复杂性，往往出现多目标指引下的资源配置碎片化现象，乡村作为多目标、多要素协同共存的有机系统，发展中需要明确主次、先后顺序，以更好地发挥资源集聚效应和延续效应。当前乡村发展过程中遭遇“多规并行，条条各有侧重”的发展困境，致使发展资源不能得到有效整合，资源利用效率和效益受限。依据乡村振兴的战略规划，结合精准扶贫、精准脱贫工作的阶段性目标，应进一步优化资源配置机制，在明确乡村发展业务间关联、把脉乡村发展与脱贫攻坚工作开展的关键因素等核心内容的基础上，将“普惠式”帮扶与“竞争式”开发相结合，有效吸纳群众参与，高效整合乡村发展的资源要素，实现区域发展的规模经济和范围经济，促进要素增益和人民收入水平提高。

10.1.4 绩效评估结果化，忽略绩效辅导

绩效评估有助于发现相关工作开展的约束性因素，查漏补缺以提升工作绩

效。当前乡村振兴与脱贫攻坚的绩效评价工作呈现出评价体系各自独立、关注行为结果的特征，考虑乡村振兴与脱贫攻坚协同推进中的新情况与新问题，未来的绩效评估应在强调多维度综合评价的基础上，强调农民主体地位和其他社会主体参与，防止乡村振兴与脱贫攻坚工作的开展脱离群众、脱离乡村发展实际，重视全过程、多主体的系统绩效评价，准确引导和有效处理协同推进过程中“长期与短期、战略与具体、内部与外部”等三组辩证关系。尤其是关注乡村振兴与脱贫攻坚协同推进过程中的工作记录与行为辅导，保障二者协同推进的绩效提升。调研发现，绩效评估领域不仅尚未形成基于城乡功能分区的乡村多维度发展绩效评价体系，进行科学评估，以有效防范乡村振兴中一刀切、千村一面、弃城去乡等政策异化风险，而且针对乡村振兴战略实施与脱贫攻坚工作协同过程与结果的绩效评价体系建设尚属空白。

10.2 江西省协同推进脱贫攻坚与乡村振兴工作的策略优化

江西省是革命老区，是丘陵为主体的山区，是全国 14 个连片特困地区所在省，长期以来，江西省经济社会发展水平和沿海发达地区差距不小，经济社会发展任务重，同时面临打赢精准脱贫攻坚战、全面实现小康社会和实施乡村振兴战略三大任务。而今，三大任务时间紧、任务重、压力大，江西提出到 2020 年，基本构建起全省乡村振兴的制度框架和政策体系，全面打赢脱贫攻坚战，与全国同步建成全面建成小康社会。当前，江西正在抓紧落实，做好打好精准脱贫攻坚战与实施乡村振兴战略衔接，坚持推进实施乡村振兴战略与贫困地区精准扶贫精准脱贫为重点，在乡村振兴的资金、项目、人才、技术等方面向贫困地区倾斜，大力支持发展特色产业、完善基础设施、提升公共服务和优化生态环境，以促进实现振兴发展，从而为贫困村稳定脱贫、巩固脱贫成果提供有力和持久支撑。

10.2.1 思想协同：协同推进思想脱贫与思想振兴

思想是行动的指南。习近平总书记在《摆脱贫困》中指出：“扶贫先要扶志，要从思想上淡化贫困意识。”比贫穷更可怕的是思想的贫困，在打赢脱贫攻坚战中，需坚持扶贫同扶智扶志相结合，注重激发贫困地区和贫困群众脱贫致富内生动力，提高自我发展能力。同样，乡村振兴作为国家战略，追求乡村全面和系统振兴。当前，乡村振兴“三步走”宏伟蓝图已绘就，推进实施乡村振兴，上至国家，下至基层政府、普通民众，均应在思想上积极树立乡村振兴战略思维，特别是立于打好脱贫攻坚战和实施乡村振兴战略历史交汇期角度，积极树立协同推进思维，在思想上协同推进打好脱贫攻坚战和实施乡村振兴战略。

新时期乡村振兴战略对脱贫攻坚工作既提出了新的要求，又创造了有利条件。坚持以乡村振兴引领脱贫攻坚，以乡村振兴战略的新要求充实贫困地区脱贫攻坚，在脱贫攻坚与实施乡村振兴战略中，既要创造性提出解决办法，又要坚持长期思维，守正笃实、久久为功。特别在深度贫困地区，如期脱贫是乡村振兴的基础，是推进全面建成小康社会的关键，因此，做好两者协同推进工作，思想协同尤为关键。

江西是全国 14 个深度贫困地区之一，特别是赣南等原中央苏区、罗霄山脉集中连片特困地区、鄱阳湖滨湖地区，是江西省“贫中之贫，困中之困”地区。在这些地区，扶贫攻坚难度大、任务重。近年来，江西省委、省政府坚持深入推进，精准施策，聚焦深度贫困，坚持摆脱贫困与乡村振兴同步实施，在思想上树立起协同推进打好脱贫攻坚战和实施乡村振兴战略工作思维，取得了一定成绩，为打好精准脱贫，如期实现脱贫攻坚目标和开启乡村振兴奠定了坚实基础。当前，树立协同推进思想，需在以下四个方面发力：

（1）树立综合系统性协同思维

精准扶贫精准脱贫，是以习近平同志为核心的党中央作出的重大决策部署，是全面建成小康社会必须打赢打好的硬仗；乡村振兴，作为新时代国家“三农”发展新方略，是新时代“三农”工作总抓手；从发展角度看，两者统一于全面建成小康社会中，统一于实现农业农村现代化目标下，统一于实现伟大复兴中国梦宏伟蓝图里，在发展时间上相交，在发展目标上相通，在发展本质上相一致。因此，树立协同推进战略思维，既要考虑到二者阶段性，又要考虑二者相容性，坚持一盘棋思维，树立综合性系统性协同思维。当前，就是要在确保按时打赢脱贫攻坚战的同时着眼长远、提前谋划，做好同 2020 年前后乡村振兴战略的衔接，坚持以乡村振兴引领脱贫攻坚，以脱贫攻坚助推乡村振兴，推动二者形成相辅相成、相互促进的生动局面。

（2）坚持用协同思维统领工作开展

当前，需坚持用协同思维统领与谋划好有关工作。具体来说，贫困地区在脱贫攻坚工作中，应主动对标乡村振兴战略的目标要求，从生产、生活、生态、社会、政治、文化等方面着手，坚持整体推进，实现贫困人口的持续增收，为乡村振兴战略奠定基础；同时，根据打好脱贫攻坚战和实施乡村振兴战略二者面广、量大、任务重客观实际，找准乡村振兴和脱贫攻坚契合点，编好麻花辫、打好组合拳、画好同心圆、求好公约数，在工作思路、政策支持、工作力量、领导体制、运行机制等方面统筹安排、协同推进。

（3）与时俱进促进思想协同升级

脱贫攻坚阶段性目标是 2020 年现行标准下农村贫困人口实现脱贫，贫困县全部摘帽，乡村振兴战略也明确了 2020 年要取得重要进展，制度框架和政策体系基本形成。不难看出，2020 年是一个关键节点，包括精准扶贫在内的多个战略任务目标将在 2020 年完成，2020 年后，特别是摆脱贫困地区未来发展，包括脱贫后可持续发展、乡村振兴的第二步目标如何实现，都要求与时俱进推动思想协同升级。即坚持将脱贫后巩固发展、可持续发展规划或保障措施与乡村振兴 2035 年第二步目标甚至 2050 年第三步目标对接，真正实现贫困地区农业强、农村美、农民富。

（4）树立科学正确的政绩观

“功成不必在我”“功成必定有我”。当前，乡村振兴战略和打好脱贫攻坚战没有捷径可走，要求树立科学正确政绩观。中共中央国务院《关于打赢脱贫攻坚战三年行动的指导意见》和《关于实施乡村振兴战略的意见》中均对坚决纠正脱贫攻坚和实施乡村振兴战略工作中的形式主义作出了再部署。强调牢固树立正确政绩观，不急功近利，不好高骛远，不搞层层加码，不赶时间进度，不搞冲刺，不搞拖延耽误，确保经得起历史和实践检验；主张坚持因地制宜、循序渐进，在科学把握乡村的差异性和发展走势分化特征基础上，做好顶层设计，注重规划先行，突出重点、分类施策、典型引路。既尽力而为，又量力而行，不搞一刀切，不搞形式主义，坚持久久为功，扎实推进。

10.2.2　产业协同：协同推进产业脱贫与产业振兴

经济基础决定上层建筑，产业是实现农业农村经济发展和农民脱贫致富的关键所在。协调打好脱贫攻坚战和实施乡村振兴战略，产业的重要性和关键地位尤为突出。一方面，产业是实现精准扶贫的根本之策，是实现精准脱贫的不二法门；产业助力脱贫攻坚，推动精准扶贫精准脱贫；产业发展增强摆脱贫困的内生动力，提升“造血”功能，保障脱贫后的可持续性发展。另一方面，产业兴旺是乡村振兴的基石，实现产业兴旺，产业发展是关键、是核心，乡村兴必须产业兴，离开产业的乡村振兴是不可持续的，离开产业兴旺支撑的乡村振兴也不是真正的乡村振兴。协调打好脱贫攻坚战和实施乡村振兴战略，做好产业协同保障，协同推进产业脱贫与产业振兴尤为重要，只有实现产业协同保障，才能壮大发展农业农村经济，增强经济发展活力，增强集体经济组织经济，增加农民收入，增强农民发展信心。

近年来，随着精准脱贫、精准扶贫特别是打赢脱贫攻坚战三年行动的深入开展，江西积极实施了精准帮扶十大行动，特别是在产业扶贫中推进了“选准一项主导产业、打造一个龙头、设立一笔扶持资金、建立一套利益联结机制、培育一套服务体系”的“五个一”模式，强化了产业扶贫带动扶贫组织合作和利益联结机制，统筹推进产业扶贫精准到户到人，取得良好效果，为精准脱贫、精准扶贫特别是打赢脱贫攻坚战奠定坚实的经济发展基础。同时，围绕实施乡村振兴战略，江西省也提出加快发展现代农业，振兴农业农村经济目标，着力从优化农业产业结构、实施质量兴农战略、推动农村一二三产业融合发展、发展农业适度规模经营、促进小农生产和现代农业发展有机衔接、夯实现代农业发展的物质基础六个方面推动实现产业兴旺，加快推进了传统农业大省向农业强省的转变进程，巩固增强了粮食主产区地位，以“绿色农产品、生态鄱阳湖”的全国知名绿色有机农产品供应基地打造效果初显，为乡村振兴奠定了良好基础。

当前，协同推进打好脱贫攻坚战与实施乡村振兴战略，做好产业扶贫与产业振兴的协同推进工作，应在以下四个方面发力。

(1) 协同好产业发展规划

产业扶贫与产业振兴因其目标任务、发展内容等有别而致其在目标任务、产业选择、政策措施与组织保障等存在差异，产业扶贫要持续，产业振兴要发展，前提是须协同好产业发展规划。在产业发展规划中，特别要考虑精准扶贫精准脱贫启动在先，产业扶贫布局在先这一特点，乡村振兴战略的产业规划要兼顾到产业扶贫现实，力争兼顾兼容，在制定乡村振兴战略产业规划时，既要考虑到产业扶贫的既有成果，吸取产业扶贫的成功经验，弥补产业扶贫的不足，又要考虑到产业振兴的将来，实现乡村产业发展，促进产业振兴；既要考虑到产业扶贫的当前现实需要，又要考虑到乡村产业振兴的长远需求，实现产业发展规划上的协同促进、合理布局。

(2) 衔接好产业发展

扶贫产业与产业振兴侧重点有所不同。一定程度上说，产业扶贫是基于一定时空范围内扶贫脱贫需要而实行一种目的性产业布局，具有较强目的性和随机性，主要和直接目标是扶贫脱贫，而乡村振兴追求的产业发展是实现产业振兴，旨在为乡村振兴奠定全面振兴持续的经济发展动力，着眼乡村振兴长远目标，特别是农业农村现代化这一宏伟目标。因此，须做好产业发展上的衔接。为实现这目标，一应在产业发展目标上衔接。坚持从产业扶贫过渡到产业振兴；二应在产业质量提升上做好衔接。产业布局既要脱贫，又要致富，要实现可持续发展；三应勇于摈弃和淘汰落后产业。特别是一些对农村环境造成污染、对农民身心健康发展造成损害的落后产业须坚决淘汰，要以新发展理念和绿水青山就是金山银山理念引领产业发展布局及升级。

（3）向特色发展要出路

产业布局要新、要稳、要可持续，唯特色不破、不败、不衰。无论脱贫产业还是振兴产业，都须坚持农业特色产业发展，走特色发展之路。协调推进好脱贫产业与乡村振兴产业，向特色发展要出路，既要考虑做优脱贫产业存量，也要充分考虑到乡村振兴产业增量的需求；向特色发展要出路；既要有底气，坚持和独特自然条件、地理位置、气候条件等结合起来，不盲目跟踪模仿别人，顺民心、合民意；也要接地气，充分考虑区域历史传统、种植、养殖或加工习惯，善于借助科技进步，打造优势特色“产业＋”科技、“产业＋”互联网；向特色发展要出路，既要考虑先天优势，围绕先天已形成优势主导产业，确定产业发展重点；也要考虑后发优势，充分结合自身产业发展基础、资源禀赋，选择发展前景好、综合效益高的特色产业。

（4）对接好产业与市场

产业扶贫是以市场为导向，以经济效益为中心，以产业发展为杠杆的扶贫开发过程，是促进贫困地区发展、增加贫困农户收入的有效途径，是扶贫开发的战略重点和主要任务。然而，在不少贫困地区，有的地方农产品供大于求和有效供给不足并存，贫困地区销售渠道不畅，有的却又因为产量太少增收不显著，市场易失灵。在产业振兴中，构建现代农业产业体系、生产体系、经营体系，发展壮大乡村产业，同样存在市场失灵问题，为此，需要做好产业与市场的对接。需要充分发挥市场在资源配置的主导作用，坚持从实际出发，特别是政府在产业布局、销售渠道、软硬件配套等方面对产业协同做好服务，推动建立健全现代市场体系，让农民手中的优质农产品更快进城、更多增值、更多增收。加快现代农业产业发展，提高农业创新力、竞争力和全要素生产率，真正提升农业产业发展质量，全面振兴农业农村经济。

10.2.3 人才协同：协同推进人才脱贫与人才振兴

人才是推动脱贫和实施乡村振兴的关键，协同推进打好精准脱贫攻坚战和实施乡村振兴战略，必须做好人才协同保障，协同推进人才脱贫与人才振兴。人才协同保障，有利于充分发挥人才在打好脱贫攻坚战和实施乡村振兴战略中的关键作用，有利于稳定发展乡村人才工作队伍，有利于推动农业农村现代化事业发展。做好人才协同，就是既要考虑脱贫攻坚中人才数量、人才结构、人才瓶颈等问题，也要考虑到乡村振兴战略的人才需求、人才素质、人才培养等问题；既要形成人人爱才、处处要才、事事为才的良好用才爱才惜才的人才氛围，又要打造好天生有才、人尽其才、能尽其才的良好干事创业环境；要将脱贫攻坚中涌现的大量人才无缝对接到乡村振兴战略中去，在实施乡村振兴战略中，积极鼓励各类人才上山下乡，打造一支真正懂农业爱农村爱农民善经营能致富的“三农”人才队伍。

近年来，江西省围绕打好脱贫攻坚战和实施乡村振兴战略，积极做好乡村人才工作，大力招才引智育才爱才，多措并举，吸引各类人才“上山下乡”，深入推进“一村一名大学生工程”，大力培育新型职业农民，扎实做好“大学生村官”“三支一扶”、农技人员等农村基层人才培养，让许多年轻人成为现代农业经营的主力军，打造了一支规模不小的脱贫攻坚和乡村振兴人才队伍，为打好脱贫攻坚战和实施好乡村振兴战略奠定了坚实人才基础。

当前，为做好人才协同工作，仍需在以下四个方面发力：

(1) 大力培育新型职业农民

为适应现代农业发展，需大力培育新型职业农民。新型职业农民是精准脱贫和乡村振兴的基础力量，其在引领农业农村经济发展，带领农民致富增收和维护农村社会稳定等方面发挥着重要作用。大力培育新型职业农民，需要契合国家脱贫攻坚和实施乡村振兴战略需要，从建立制度着手，在经费支持、措施配套、责任落实等方面构建起新型职业农民培育体制机制。

(2) 优先发展农村教育事业

农村教育是农村人才培养的基础性工程，就贫困地区而言，受制于经济社会发展，农村教育滞后问题尤为突出。优先发展农村教育事业，就是要瞄准贫困地区脱贫和实施乡村振兴战略需要出发，优先突出教育的地位，优先保障这些地区教育资源的投入，优先配备教育事业发展的师资队伍力量。

(3) 高度重视农村科技人才的作用

农村人才，特别是农村科技人才在脱贫攻坚和乡村振兴中发挥着支撑作用：一方面，其作为农村先进生产力的代表，发挥科技作为农业第一生产力的作用；另一方面，其是国家科技兴农、科技强农的中坚力量，在先进农业科技推广、农业科学技术示范和科学技术引导上发挥着重要带动和示范作用。

(4) 鼓励动员全社会力量投身贫困地区

围绕打好脱贫攻坚战和实施乡村振兴战略，要鼓励动员全社会力量投身贫困地区，大力招才引智育才爱才，多措并举，吸引各类人才“上山下乡”。如可深入推进“一村一名大学生工程”，大力培育新型职业农民，扎实做好“大学生村官”“三支一扶”、农技人员等农村基层人才培养工作，鼓励和动员全社会力量投入贫困地区扶贫脱贫和乡村振兴战略，打造一支脱贫攻坚和乡村振兴人才力量。

10.2.4　文化协同：协同推进文化脱贫与文化振兴

文化是人类社会特有现象，农村文化历经几千年发展，乡村文化深厚历史积淀和丰富内涵，是农村人与物的外在体现，也是乡村灵魂之依托。“文以化人”，文化对人们的行为发挥着潜移默化作用。在打好精准脱贫攻坚与推动乡村振兴战略中，文化作用极其重要。在精准脱贫精准扶贫过程中，文化扶贫，极大提高了贫困群众的思想认识，提高了贫困群众的思想文化素质和科学认知水平，增强了广大贫困群众脱贫的内生动力；同时，扶持形成一批特色文化产业，发挥了既“富脑袋”又“富口袋”双重作用，推动了精准脱贫精准扶贫工作的开展。在乡村振兴中，文化振兴是“灵魂工程”，乡村文化让人记住乡愁，留住乡情，对乡村振兴“塑魂”，具有较强价值引领和价值导向作用。文化在打好脱贫攻坚战与实施乡村振兴战略中的重要作用，要求我们做好文化协同保障，协同推进文化脱贫与文化振兴工作。

近年来，江西坚持文化强省战略，加快完善了农村公共文化设施网络，全面推进了农村基本公共文化服务均衡发展，有效增强了农村公共文化发展活力，全面加强了农村公共文化人才队伍建设，提升了全省农村地区公共文化服务能力，有效保障了群众基本的文化权益，乡风文明水平明显提高。特别是在一些贫困地区，文化扶贫与文化振兴同频共振，坚持文化事业与文化产业同步发展，通过发展文化旅游产业等，加强农耕文化、红色文化、绿色文化、民俗文化的挖掘利用，极大增强了贫困地区的脱贫和乡村的文化振兴。

当前，为做好文化协同工作，仍需积极做好以下四个方面工作：

(1) 积极树立文化协同推进新理念

协同推进文化扶贫和文化振兴，先要在思想观念上求突破，树立起文化协同推进新理念，要求在思想上高度重视文化协同在打好脱贫攻坚和实施乡村振兴战略中的重要作用。既要看到文化扶贫与文化振兴中各自角色定位与独特作用，又要充分协调发挥好文化扶贫与文化振兴“1＋1＞2”的作用，形成文化协同推进的向心力、聚合力、爆发力；既要看到文化扶贫与文化振兴在乡风文明建设上关联性、相承性和一致性，又要看到文化扶贫与文化振兴的阶段性、目的性和针对性，进而实现文化协同相融相合、传承创新、共同发展。

(2) 不断充实文化协同推进新内涵

扶贫文化与振兴文化本质上是我国优秀传统农业文化的一个重要组成部分，扶贫文化因扶贫而长，振兴文化因乡村振兴而需，文化的内涵会随着时代发展而异，做好文化协同保障，需不断充实文化协同推进新内涵。在协同推进中，文化应被赋予新的时代内涵，其基本思想是统一于习近平新时代中国特色社会主义思想下，核心要义应以打赢新时代脱贫攻坚战和助力乡村振兴为目标，根本目的应是从根本上改变贫困地区的落后状态和实现贫困地区脱贫可持续发展，推动乡村振兴战略实施，实现农业农村现代化。

(3) 大力实施文化协同推进新举措

在协同推进中，要注重精准扶贫精准脱贫中依靠文化消除“穷观念”，扶贫先“治愚”；充分挖掘各地特色文化资源，找准文化与经济、文化事业与产业结合点，让文化助力脱贫；也要整合文化产业，打造文化品牌项目，坚持因地制宜，用好独特文化资源，走出独具特色文化扶贫之路。同时，在实施乡村振兴战略过程中，要采取措施，促进乡村乡风文明建设，注重传承发展乡村优秀传统文化，推动贫困地区乡村文化振兴。

(4) 不断夯实文化协同推进新基础

文化是社会关系的表现，本质上是生产力发展的结果。做好文化协同，需不断夯实文化协同推进新基础。当前，最为迫切的就是要做好与文化产业的衔接。无论扶贫或是乡村振兴，产业发挥着基础和关键作用，文化产业作为产业的一部分兼有产业和事业双重属性，文化产业既需要发挥经济作用，同时又要兼顾到社会作用。因此，协同好文化产业，就是既要充分利用好各地乡村特色文化资源优势，做大做强特色文化产业，构建“文化＋”旅游、“文化＋”产品、“文化＋”科技等文化产业，增强文化在脱贫攻坚和乡村振兴的经济实力；

又要充分发掘利用发挥好农村文化价值，坚持发掘与利用、开发与传承相结合，体现文化的文以化人、文化熏陶和提神振脑作用，推动文化助力脱贫攻坚战，助力脱贫地区乡风文明建设，实现文化振兴。

10.2.5　生态协同：协同推进生态脱贫与生态振兴

在贫困地区，生态环境脆弱与经济生活贫困往往是相伴相随的两个突出问题，全国 14 个连片贫困区大多是生态脆弱区或重点生态功能区。《中共中央国务院关于打赢脱贫攻坚战的决定》提出要把生态保护放在扶贫开发的优先位置，2018 年国家发展和改革委员会等六部委《生态扶贫工作方案》提出生态扶贫中增强生态产品供给能力、做好生态补偿等具体要求与措施。生态扶贫是打赢脱贫攻坚战的一个关键举措，显示出其强大生命力。在实施乡村振兴战略中，良好生态是乡村振兴支撑点，良好生态环境是乡村优势和宝贵财富。习近平总书记强调："要推动乡村生态振兴，坚持绿色发展，让良好生态成为乡村振兴支撑点。"协同推进打好精准脱贫攻坚战与实施乡村振兴战略，须做好生态协同保障，协同推进生态脱贫与生态振兴，这有利于在脱贫攻坚与实施乡村振兴中更好保护生态环境，有利于更好推进绿色发展方式转化，推动发展新动能转换，实现生态扶贫与生态振兴协调发展。

近年来，江西牢固树立和坚持绿水青山就是金山银山理念，推进生态扶贫与推动乡村建设同步发展，特别是在全省 25 个贫困县，有针对性地实现生态价值、脱贫攻坚与乡村振兴深度融合，让贫困群众吃上"生态饭"、摘掉"穷帽子"，加快美丽乡村建设，通过加大生态补偿力度，探索生态价值转换新模式，从而提升了这些贫困地区生态质量，实现贫困地区贫困群众获取"绿色红利"，这些为协同推进打好精准脱贫攻坚战与实施好乡村振兴战略，奠定了坚实生态协同保障基础。

当前，协调推进生态协同工作，需做好以下工作：

（1）树立好绿水青山就是金山银山理念

无论是打好精准脱贫攻坚战，还是实施好乡村振兴战略，均要以科学新发展理念为指导，树立绿水青山就是金山银山理念，坚持绿色发展、绿色赶超、绿色崛起。在打好精准脱贫攻坚与实施好乡村振兴战略中，做好生态协同保障，坚持人与自然和谐共生，走绿色脱贫与乡村绿色发展道路，坚持节约优先、保护优先、自然恢复为主，统筹好山水林田湖草系统治理，严守生态保护红线，以绿色发展引领精准扶贫、精准脱贫及乡村振兴。

（2）衔接好生态脱贫与生态振兴目标

生态扶贫，追求一个短期阶段内，通过参与生态扶贫，实现贫困群众收入水平明显提升，生产生活条件明显改善，贫困地区生态环境有效改善，生态产品供给能力显著增强，生态保护补偿水平与经济社会发展状况相适应，可持续发展能力进一步提升。而生态振兴统一于乡村全面振兴之下，既有短期阶段性目标，也有长期战略性目标。生态协同保障，要求做好两者目标衔接。就贫困地区而言，就是要通过阶段性生态扶贫奠定起生态振兴良好的生态基础，增强生态振兴发展后劲，从这个意义上看，二者目标都统一于实现农业农村现代化这个目标下，两者目标高度契合，具有高度一致性和相关性。

（3）落实好生态脱贫与生态振兴关键任务

做好两者生态协同，特别要落实好当前生态扶贫与生态振兴关键任务，既要抓好退耕还林还草、退牧还草、天然林资源、水土保持、湿地保护与恢复等工程项目，又要抓好当前农村亟须的生态环境治理，农村人居环境、完善农村公共基础设施，抓好农村突出环境问题综合治理，扎实推进农村人居环境整治“三年行动”计划，推进农村“厕所革命”，完善农村生活基础设施，将贫困地区和贫困群众顺利脱贫与建设好脱贫地区美丽家园协同起来，把增强贫困地区可持续发展能力与实现生态振兴发展结合起来。

（4）立足生态资源禀赋实现差异化发展

在协同过程中，须充分考虑贫困地区生态资源禀赋，对生态资源较好的地区，应充分发挥好资源禀赋优势，将生态资源优势转化为生态产业和生态振兴优势，积极探索绿色生态产业扶贫、乡村生态旅游扶贫等生态扶贫路径，有选择有重点发展生态种养、生态旅游等特色产业，把加快生态脱贫与生态振兴有机结合起来；同时，对生态脆弱地区、特别是生态资源匮乏区域，要坚持生态保护恢复为主，全面落实封山、禁伐、禁牧、禁养等措施，在有条件的地方实行生态移民，采取措施让位于生态修复和生态保护，做好有关配套，实现生态保护化被动为主动，在根本上增强贫困地区生态发展内生动力。

10.2.6 组织协同：协同推进组织引领与组织振兴

广大农村党基层组织是党在基层的战斗堡垒，协同推进脱贫攻坚与实施乡村振兴战略，需要组织协同保障，协同推进组织引领与组织振兴，充分发挥基层党组织的“组织动能”“组织力量”。一方面，可以把扶贫开发、实施乡村振兴战略与加强基层组织建设结合起来，围绕精准脱贫扶贫和乡村振兴战略，建立一支强有力的工作队伍，加强配优农村党支部，真正发挥充分发挥战斗堡垒作用；另一方面，在强化组织协同同时，协同推进脱贫组织引领和促进乡村振兴中的组织振兴，实现推动脱贫攻坚与乡村振兴战略，协同发展。

近年来，在脱贫攻坚与乡村振兴中，江西省从拓展组织覆盖广度，提升工作覆盖深度，全面加强农村基层党组织建设，推动基层党组织全面进步全面过硬，强化了农村基层党组织在农村各项事业中的领导核心作用，特别是在推动精准脱贫精准扶贫和布局实施乡村振兴战略过程中，特别注重选优配强村党组织书记，持续整顿软弱涣散村党组织，全面向贫困村、软弱涣散村和集体经济薄弱村党组织派出第一书记，这些举措取得实效，并有力协调推进了全省脱贫攻坚工作开展和乡村振兴战略实施。

当前，协调推进组织协同工作，需做好以下四点：

（1）选优配强农村基层党组织领导班子

基层党组织是实施乡村振兴战略的“主心骨”，是精准脱贫精准扶贫的战斗堡垒。当前，不少农村基层党组织存在人员结构偏少、年龄偏大、人心涣散、组织力凝聚力不强等问题，协调推进组织协同保障，须优先配强农村基层党支部领导班子，把年富力强、有威望、有能力、讲公德、无私心的农民吸收进来、培养起来，真正打造出一支懂农业、爱农村、爱农民的基层党组织队伍。

（2）构建“五级书记”协同工作格局

协调推进组织协同保障，要构建起打赢脱贫攻坚战与实施乡村振兴工作“五级书记”工作格局。实践证明，精准脱贫精准扶贫中形成的省市县乡村“五级书记”，即省负总责、市县抓落实，乡村各司其职工作格局，极大地推动了脱贫攻坚工作。“五级书记”工作机制同样适用于乡村振兴战略，《中共中央国务院关于实施乡村振兴战略的意见》强调：“建立实施乡村振兴战略领导责任制，实行中央统筹省负总责市县抓落实的工作机制。即党政一把手是第一责任人，五级书记抓乡村振兴。县委书记要下大气力抓好‘三农’工作，当好乡村振兴‘一线总指挥’。”“各部门要按照职责，加强工作指导，强化资源要素支持和制度供给，做好协同配合，形成乡村振兴工作合力。”

（3）做大做强农村集体经济

实践证明，基层组织组织力领导力强，农村集体经济强，农民富裕程度才能提高，农民脱贫致富才有希望，乡村振兴才有坚实保障。协同推进组织引领和组织振兴，必做大做强农村集体经济，为此，当前需强化产业在扶贫脱贫和乡村振兴的基础作用，因地制宜，坚持特色发展，综合考虑资源禀赋和区域特色，选择适合自身发展的特色产业；需促进产业融合，坚持市场发展，立足长远、超前谋划扶贫产业与振兴产业衔接，推进一二三产业深度融合发展。

（4）标本兼治惩治微腐败

基层党组织是党的神经末梢，基层党组织和党员干部是否清廉，直接关系到打好脱贫攻坚战和实施乡村振兴战略成败，习近平总书记强调："要推动全面从严治党向基层延伸。"对基层存在的贪腐现象及执法不公等问题，要认真纠正和严肃查处，维护群众切身利益。当前，要从加强教育引导、完善制度建设、强化纪律检查、加强法律惩处等多方发力，在体制机制上构建起打好脱贫攻坚战和实施乡村振兴战略的预防和惩治腐败体系，坚持零容忍、无禁区、全覆盖，对基层涉及的扶贫和推动乡村振兴中的腐败问题绝不姑息，积极树立基层党组织风清气正、海晏河清的政治新风貌。

10.2.7 社会协同：协同推进贫困治理与治理有效

打好脱贫攻坚战需对多维贫困进行社会矫正或治理，治理有效是乡村振兴战略的总目标之一，协同推进打好脱贫攻坚战与实施乡村振兴战略需构建社会协同保障。精准扶贫精准脱贫在实现贫困地区贫困群众经济收入提高的同时，一定程度上改变着也改变了乡村的治理结构；乡村振兴追求全面振兴，其中，治理有效是基础。加强农村基础工作，构建乡村治理新体系成为乡村振兴战略背景下新的命题。对贫困地区而言，构建社会协同保障，有利于推动贫困地区协调解决乡村治理难题，找到农村工作抓手，增强村级组织战斗力；有利于提高广大脱贫群众参与村庄事务治理的积极性，推动乡村振兴治理有效工作开展；有利于由精准脱贫转型治理有效，实现脱贫社会保障与乡村治理有效的衔接。

近年来，江西省在推进贫困地区社会治理和加速乡村振兴治理有效过程中，通过加强农村基层党组织建设、健全村民自治机制、提升乡村法治水平和实施德治工程等方面建立健全贫困地区乡村治理体系，提升贫困农村社会治理水平，为乡村振兴战略实施奠定坚实社会基础。

当前，推动社会协同工作，需要做好以下四个方面工作：

（1）补齐贫困地区社会治理短板

打好脱贫攻坚战与实施乡村振兴战略统一于全面建成小康社会目标下。当前，全面建成小康社会，最突出短板是农村贫困和贫困人口。推动社会协调保障，就是依靠减贫治理来补齐发展短板，推动贫困地区后发赶超，促进社会公平正义；就是采用超常规发展策略，实现乡村振兴有效治理，建设一个全面、平衡、包容和可持续农村社会。

(2) 夯实贫困地区社会治理根基

推动社会协同保障，农村社会治理根基是基层，当前，农村社会治理“最后一公里”仍然存在。协同推进打好脱贫攻坚战与实施乡村振兴战略，就是要夯实贫困地区社会治理根基，从强贫困村镇基层组织建设着手，重点加强力量薄弱的村两委建设，加强贫困村互助合作组织建设，大力发展村集体经济，发挥好贫困群众的主体作用，让贫困群众参与、实施、管理和监督减贫，增强获得感。

(3) 推动贫困地区社会治理创新

贫困地区社会治理属于农村社会综合治理难点、薄弱点，囿于经济等多因素，贫困地区社会治理积弊较多。近年来，高强力度的脱贫扶贫工作推进，一定程度上改变了这些地区的经济社会发展面貌，带来了社会治理的一系列可喜变化。但是贫困地区社会治理受积弊较深、问题较多影响，其社会治理难度不小。当前，应主动对标乡村治理有效总要求，大力推进贫困地区的社会治理创新。在管理理念、管理方式、管理手段等方面坚持科学系统思维，推进整体协同创新。

(4) 要维护贫困地区社会公平正义

实现社会公平正义，是打好脱贫攻坚战和实施乡村振兴战略的程序要求和实体结果。推动社会协调保障，着眼于贫困地区平衡发展，特别是应重点支持老区和连片特困地区脱贫攻坚和乡村振兴；着眼于贫困人口，采取超常特惠特优扶持脱贫攻坚措施和乡村振兴战略措施；着眼于共享发展，促进脱贫攻坚和乡村振兴地区贫困人口在教育、医疗、就业和社会保障等方面分享改革发展的红利，享受均等化的基本公共服务，享受到实实在在的社会公平正义。

10.3　协同推进江西省精准脱贫和乡村振兴工作的具体政策建议

依法实现“一主多辅”，规划蓝图促协同。建议省委省政府明确《乡村振兴规划》在乡村各规划中的统领地位，避免“规划打架”。抓住乡村振兴战略实施契机，尽快健全“党委统一领导，政府负责，党委农村工作部门统筹负责，乡村主体，社会力量参与”的协调运作机制，集中力量编好乡村振兴战略“一本总规”，尤其是在关注“农业规模小、效益低、竞争力弱”农业短板、“人居环境较差、老龄化问题突出、脱贫攻坚任务艰巨”农村短板等内容的同时，找准发展定位，促进乡村脱贫攻坚规划与其他专项规划和空间规划有机嵌入，作为总规的细化和实操化，各展所长、各得其所。

推进“一核两翼”基层治理，进一步明确农村集体经济组织的法人地位。完善乡村“一核两翼”治理模式，“一核”：就是巩固村党组织的领导核心地位，强化政治功能。“两翼”：就是在党领导下实行村级“政”“经”分设。“一翼”以村民自治组织为主体，强化服务功能。在党组织领导下，以网格化为切入，大力推行便民权力下放和为民服务全程代理，把服务群众浓缩到最小单元；同时健全群众参与机制，完善村规民约，补齐“精神短板”，推进乡村善治。“另一翼”以村级经济组织（股份合作社等）为主体，强化发展功能。在党组织领导和监督下，在澄清村民与集体成员在集体资产收益分享中的资格权基础上，对集体“三资”进行统一运营管理，探索壮大村集体经济市场实现形式，实现集体增收、村民致富、产业升级。创新村级集体经济发展方式，规范村民自治管理行为，健全法规条例，建构村级集体经济资源筹集、经营管理、收益分享的形成机制（可先进行试点），激发参与主体内源性发展动力。

实施乡村“骨干培育”工程，鼓励支持人才“上山下乡”。人才为先，在坚持新型主体培育的基础上，实施乡村“骨干培育”工程，持续推进乡村党支部成员、村委会成员年轻化、知识化和本土化，建议前期可设定“村两委”组织队伍建设的年龄结构、教育水平等硬性指标，并列入年度考核体系。思想为魂，充分发挥各级党校、高校等教育机构作用，针对性编排课程与教材，定期轮训村两委成员，使之不断更新知识，提高其通过更高质量的发展解决发展中所遇问题的能力。同时建立促进专业人才下沉机制，健全人才结对帮扶机制，强化乡贤和外出务工人员对接交流等，鼓励支持人才“上山下乡”。

成立农村产权交易中心，建立乡村长效发展机制。建议在推进农民财产申请登记（该项内容一定要强化宣传）以及村级集体资产清查（江西省正在开展）等工作的基础上成立农村产权交易中心，完善产权登记、设施颁证、产权交易、农业融资、资产处置等功能。结合省情，以农村产权制度改革推进农村市场化，在促进土地流转的基础上，做大农产品加工、电子商务、休闲农业、田园综合体、乡村旅游、森林康养等新产业、新业态，进而促进乡村振兴与精准扶贫。结合贫困地区“共享发展，以我为主”的发展原则，体现农村特点，遵循乡村自身的发展规律，创新扶贫开发资源的良性自我循环的长效发展机制，围绕用于支持贫困主体开展经营性项目的资金实施制度化管理，建立本金回收机制和收益分成机制。

完善全过程绩效管理体系，创设乡村振兴与精准扶贫协同治理“政策试验区”。考虑乡村振兴与精准扶贫协同推进中的新情况与新问题，未来的绩效评估应在强调多维度综合评价的基础上，强调农民主体地位和其他社会主体参与，防止乡村振兴与精准扶贫工作的开展脱离群众、脱离乡村发展实际，重视全过程、多主体、动态性的系统绩效评价，尤其是关注乡村振兴与精准扶贫协同推进过程中的工作记录与行为辅导，切实发挥绩效管理“指挥棒”的作用，保障乡村发展质量。同时，可选择贫困程度较深、发展环境恶劣等典型村，综合考察村在乡村振兴与精准扶贫协同治理中的规划协同、产业发展、文化改良、环境维护等问题，科学选点，成立“政策试验区”，给予政策“先行先试”的政策优惠，充分挖掘乡村发展潜能和探索潜在的突破路径。

参 考 文 献

陈江生，宫奕璐，2017. 推进脱贫攻坚 决胜全面小康——中国的反贫困及其展望 [J]. 当代世界 (05)：56-59.

陈婉馨，2018. 乡村振兴与城乡融合机制创新研究 [J]. 人民论坛·学术前沿 (03)：72-76.

陈锡文，2018. 实施乡村振兴战略，推进农业农村现代化 [J]. 中国农业大学学报 (社会科学版)，35 (01)：5-12.

陈晓萍，2018. 新疆乡村振兴与脱贫攻坚协同发展的重要性与协同性分析 [J]. 现代经济信息 (19)：498.

崔红志，2018. 乡村振兴与精准脱贫的进展、问题与实施路径——"乡村振兴战略与精准脱贫研讨会暨第十四届全国社科农经协作网络大会"会议综述 [J]. 中国农村经济 (09)：136-144.

单士兵，2018. 乡村振兴与脱贫攻坚要协调推进 [N]. 经济日报 3 月 29 日第 14 版.

邓永超，2018. 乡村振兴下精准扶贫中防治返贫的优化机制 [J]. 湖南财政经济学院学报，34 (04)：49-56.

杜伟，黄敏，2018. 关于乡村振兴战略背景下农村土地制度改革的思考 [J]. 四川师范大学学报 (社会科学版)，45 (01)：12-16.

冯莎，2018. 实施乡村振兴战略助力脱贫攻坚 [J]. 农业经济 (10)：30-31.

公丕明，公丕宏，2017. 精准扶贫脱贫攻坚中社会保障兜底扶贫研究 [J]. 云南民族大学学报 (哲学社会科学版)，34 (06)：89-96.

龚亮保，2017. 从脱贫攻坚到乡村振兴 [J]. 老区建设 (21)：1

辜胜阻，李睿，杨艺贤，等，2016. 推进"十三五"脱贫攻坚的对策思考 [J]. 财政研究 (02)：7-16.

管前程，2018. 乡村振兴背景下精准扶贫存在的问题及对策 [J]. 中国行政管理 (10)：151-152.

郭晓鸣，张克俊，虞洪，等，2018. 实施乡村振兴战略的系统认识与道路选择 [J]. 农村经济 (01)：11-20.

郭晓鸣，2018. 乡村振兴战略的若干维度观察 [J]. 改革 (03)：54-61.

韩立达，史敦友，2018. 民族地区乡村产业振兴实践研究——以西藏山南市滴新村为例

[J]. 西北民族大学学报（哲学社会科学版）(05)：113-120.

韩培，2018. 乡村振兴视角下贵州省剑河县生态旅游脱贫与融资模式研究 [J]. 开发性金融研究 (04)：73-80.

胡胜，2018. 乡村振兴离不开法治护航 [J]. 人民论坛 (06)：106-107.

胡中应，2018. 社会资本视角下的乡村振兴战略研究 [J]. 经济问题 (05)：53-58.

黄承伟. 打好脱贫攻坚战是实施乡村振兴战略的优先任务 [N]. 贵州日报，2018-11-20 (10).

黄承伟，2017. 党的十八大以来脱贫攻坚理论创新和实践创新总结 [J]. 中国农业大学学报（社会科学版），34 (05)：5-16.

黄承伟，2017. 深化精准扶贫的路径选择——学习贯彻习近平总书记近期关于脱贫攻坚的重要论述 [J]. 南京农业大学学报（社会科学版），17 (04)：2-8+156.

黄承伟，2016. 习近平扶贫思想体系及其丰富内涵 [J]. 中南民族大学学报（人文社会科学版），36 (06)：129-133.

黄祖辉，2018. 准确把握中国乡村振兴战略 [J]. 中国农村经济 (4)：2-12.

姜德波，彭程，2018. 城市化进程中的乡村衰落现象：成因及治理——“乡村振兴战略”实施视角的分析 [J]. 南京审计大学学报，15 (01)：16-24.

姜长云，2017. 精准脱贫攻坚与发展农村服务业的关联度 [J]. 改革 (08)：27-30.

姜长云，2108. 实施乡村振兴战略需努力规避几种倾向 [J]. 农业经济问题 (01)：8-13.

蒋永穆，2018. 基于社会主要矛盾变化的乡村振兴战略：内涵及路径 [J]. 社会科学辑刊 (2)：15-21.

解学智，2016. 脱贫攻坚与供给侧改革 [J]. 中国金融 (22)：13-15.

蓝海涛，涂圣伟，张义博，等，2018. 我国实施乡村振兴战略的对策思考 [J]. 宏观经济管理 (4)：60-63.

李创，吴国清，2018. 乡村振兴视角下农村金融精准扶贫思路探究 [J]. 西南金融 (06)：28-34.

李铜山，2017. 论乡村振兴战略的政策底蕴 [J]. 中州学刊 (12)：1-6.

李外禾，2018. 乡村振兴背景下涪陵区精准脱贫对策研究 [J]. 农村经济与科技，29 (13)：129-130.

李晓园，钟伟，2018. 乡村振兴中的精准扶贫：出场逻辑、耦合机理与共生路径 [J]. 中国井冈山干部学院学报，11 (05)：122-130.

李新平，2018. 乡村振兴和精准扶贫的关系研究 [J]. 劳动保障世界 (32)：23.

李迎生，徐向文，2016. 社会工作助力精准扶贫：功能定位与实践探索 [J]. 学海 (04)：114-123.

李迎生，2016. 推进社会政策与新扶贫攻坚方案的有效衔接 [J]. 甘肃社会科学 (04)：2-6.

刘彦随，2018. 中国新时代城乡融合与乡村振兴［J］. 地理学报，73（04）：637－650.

刘志阳，李斌，2017. 乡村振兴视野下的农民工返乡创业模式研究［J］. 福建论坛（人文社会科学版）（12）：17－23.

陆益龙，2018. 乡村振兴中精准扶贫的长效机制［J］. 甘肃社会科学（04）：28－35.

罗必良，2017. 明确发展思路，实施乡村振兴战略［J］. 南方经济（10）：8－11.

吕方，2017. 精准扶贫与国家减贫治理体系现代化［J］. 中国农业大学学报（社会科学版），34（05）：17－23.

苗国厚，2018. 打赢脱贫攻坚战要破解三个关键问题［J］. 人民论坛（11）：62－63.

莫光辉，陈正文，2017. 脱贫攻坚中的政府角色定位及转型路径——精准扶贫绩效提升机制系列研究之一［J］. 浙江学刊（01）：156－163.

莫光辉，2017. 精准反腐：脱贫攻坚战的政治生态保障——精准扶贫绩效提升机制系列研究之九［J］. 行政论坛，24（01）：40－46.

莫光辉，2016. 绿色减贫：脱贫攻坚战的生态扶贫价值取向与实现路径——精准扶贫绩效提升机制系列研究之二［J］. 现代经济探讨（11）：10－14.

母中旭，陈刚，2017. 浅析五大发展新理念下的连片贫困地区脱贫攻坚路径［J］. 中国人口·资源与环境，27（S1）：270－273.

牛胜强，2017. 多维视角下深度贫困地区脱贫攻坚困境及战略路径选择［J］. 理论月刊（12）：146－150＋176.

宋宸刚，丛雅静，2018. 我国精准扶贫的最优模式与关键路径分析［J］. 调研世界（03）：58－61.

檀学文，李静，2017. 习近平精准扶贫思想的实践深化研究［J］. 中国农村经济（09）：2－16.

唐任伍，2018. 新时代乡村振兴战略的实施路径及策略［J］. 人民论坛·学术前沿（03）：26－33.

田菊会，乔亚杰，孟祥屾，2018. 精准扶贫背景下的乡村振兴战略研究［J］. 经济研究参考（10）：65－69.

万君，张琦，2017. “内外融合”：精准扶贫机制的发展转型与完善路径［J］. 南京农业大学学报（社会科学版），17（04）：9－20＋156.

万君，张琦，2016. 区域发展视角下我国连片特困地区精准扶贫及脱贫的思考［J］. 中国农业大学学报（社会科学版），33（05）：36－45.

万俊毅，曾丽军，周文良，2018. 乡村振兴与现代农业产业发展的理论与实践探索——“乡村振兴与现代农业产业体系构建”学术研讨会综述［J］. 中国农村经济（03）：138－144.

王超，蒋彬，2018. 乡村振兴战略背景下农村精准扶贫创新生态系统研究［J］. 四川师范大学学报（社会科学版），45（03）：5－15.

王东宾，2018. 将乡村振兴与精准脱贫有机衔接［N］. 中国城乡金融报，2018-03-21（B03）.

王宏新，付甜，张文杰，2017. 中国易地扶贫搬迁政策的演进特征——基于政策文本量化分析［J］. 国家行政学院学报（03）：48-53+129.

王景新，支晓娟，2018. 中国乡村振兴及其地域空间重构——特色小镇与美丽乡村同建振兴乡村的案例、经验及未来［J］. 南京农业大学学报（社会科学版），(2)：17-26.

王曙光，2018. 乡村振兴战略与中国扶贫开发的战略转型［J］. 农村金融研究（2）：14-19.

王晓芬，饶篁，2018. 乡土重建视阈下的精准扶贫路径研究［J］. 云南社会科学（03）：115-119.

王亚华，2018. 乡村振兴“三步走”战略如何实施［J］. 人民论坛（10）：72-74.

魏后凯，2018. 如何走好新时代乡村振兴之路［J］. 人民论坛·学术前沿（03）：14-18.

魏玉栋，2017. 脱贫攻坚须处理好三个关系［J］. 人民论坛（27）：131.

温铁军，2018. 生态文明与比较视野下的乡村振兴战略［J］. 上海大学学报（社会科学版），35（01）：1-10.

吴成玉，李定国，2018. 乡村振兴战略：革命老区“精准脱贫”中的“志贫”研究［J］.（10）：80-81.

吴国宝，2018. 将乡村振兴战略融入脱贫攻坚之中［EB/OL］. http：//theory. gmw. cn/2018-01/02/content_27246458. htm.

萧子扬，黄超，新乡贤，2018. 后乡土中国农村脱贫与乡村振兴的社会知觉表征［J］. 农业经济（1）：74-75.

谢方，徐志文，2017. 乡村复合生态系统良性循环机制与管理方法探讨［J］. 中南林业科技大学学报（社会科学版），11（1）：47-51.

熊小林，2018. 聚焦乡村振兴战略 探究农业农村现代化方略——“乡村振兴战略研讨会”会议综述［J］. 中国农村经济（01）：138-143.

徐虹，王彩彩，2018. 乡村价值定位与乡村振兴［J］. 乡村振兴战略下对精准扶贫的再思考（3）：11-17.

徐虹，王彩彩，2018. 乡村振兴战略下对精准扶贫的再思考［J］. 农村经济（03）：11-17.

姚兴会，2018. 脱贫攻坚衔接乡村振兴战略微观考察——以重庆市黔江区李子村为例［J］. 重庆行政（公共论坛）19（05）：74-76.

叶兴庆，2018. 新时代中国乡村振兴战略论纲［J］. 改革（1）：65-73.

余应鸿，2018. 乡村振兴背景下教育精准扶贫面临的问题及其治理［J］. 探索（03）：170-177.

袁彪，2018. 基于精准扶贫视角下的乡村振兴发展路径探索［J］. 农业经济（07）：47-48.

张军，2018. 乡村价值定位与乡村振兴［J］. 中国农村经济（01）：2-10.

张强，张怀超，刘占芳，2018. 乡村振兴：从衰落走向复兴的战略选择［J］. 经济与管理，32（01）：6－11.

张晓山，2017. 实施乡村振兴战略的几个抓手［J］. 人民论坛（33）：72－74.

张照新，2018. 以乡村振兴战略引领新时代农业农村优先发展［J］. 人民论坛·学术前沿（03）：34－39＋77.

郑瑞强，翁贞林，黄季焜，2018. 乡村振兴战略：城乡融合、要素配置与制度安排［J］. 农林经济管理学报 17（1）：1－6.

郑瑞强，朱述斌，2018. 新型城乡关系、乡村未来与振兴之路：寻乌调查思考［J］. 宁夏社会科学（3）：64－68.

钟丽，2018. 乡村振兴背景下教育精准扶贫存在的问题及治理路径［J］. 高等教育在线（10）：153－155.

周立，2018. 乡村振兴战略与中国的百年乡村振兴实践［J］. 人民论坛·学术前沿（03）：6－13.

朱家舜，王朗，2018. 乡村振兴战略下精准扶贫策略［J］. 合作经济与科技（11）：190－192.

朱启臻，2018. 当前乡村振兴的障碍因素及对策分析［J］. 人民论坛·学术前沿（03）：19－25.

庄天慧，孙锦杨，杨浩，2018. 精准脱贫与乡村振兴的内在逻辑及有机衔接路径研究［J］. 西南民族大学学报（人文社科版）39（12）：113－117.

左停，贺莉，赵梦媛，2017. 脱贫攻坚战略中低保兜底保障问题研究［J］. 南京农业大学学报（社会科学版）17（04）：28－36＋156－157.

Athalya B，Yee G A，1999. Capitals and Capabilities：A Framework for Analyzing Peasant Viability，Rural Livelihoods and Poverty［J］. World Development，27（12）：2021－2044.

Barrett C B，Carter M R，2013. The Economics of Poverty Traps and Persistent Poverty：Empirical and Policy Implications［J］. Journal of Development Studies，49（7）：976－990.

Bebbington A，1997. Capitals and Capabilities：A Framework for Analyzing Peasant Viability，Rural Livelihoods and Poverty［J］. World Development，27（12）：2021－2044.

Bourguignon F，Chakravarty S R，2003. The Measurement of Multidimensional Poverty［J］. The Journal of Economic Inequality，1（1）：25－49.

Carlos Gradín，2017. Rural Poverty and Ethnicity in China［J］. Research on Economic Inequality，23：221－247.

Coirolo L，Mclean K，Mokoli M，et al.，2001. Community based rural development：reducing rural poverty from the ground up［J］. Rural Development Strategy Team World Bank.

Dercon S，2009. Rural Poverty [J]. World Bank Research Observer (1)：1-28.

Developing Countries [J]. World Development，2009，37 (11)：1717-1727.

Ellis F，1998. Household Strategies and Rural Livelihood Diversification [J]. Journal of Development Studies，35 (1)：1-38.

Ellis F，1999. Rural livelihood diversity in developing countries：evidence and policy implications [J]. Odi Natural Resource Perspectives.

Fan S，Thorat H S，2000. Government Spending，Growth and Poverty in Rural India [J]. American Journal of Agricultural Economics，82 (4)：1038-1051.

Hulme，1996. Finance against poverty：Volume 1. [J]. Finance Against Poverty.

Imai K S，Gaiha R，Garbero A，2014. Poverty Reduction during the Rural-Urban Transformation：Rural Development is still more important than Urbanisation? [J]. Brooks World Poverty Institute Working Paper.

Islam N，2007. Reducing poverty and hunger in {Asia：the role of agricultural and rural development. [J]. Twenty twenty (2020) focus briefs / International Food Policy Research Institute (IFPRI)：15.

Jalan J，Ravallion M，2016. Determinants of transient and chronic poverty：evidence from rural China [J]. Social Science Electronic Publishing.

Kay，Cristóbal，2009. Development strategies and rural development：exploring synergies，eradicating poverty [J]. Journal of Peasant Studies，2009，36 (1)：103-137.

Lipton M，1980. Migration from rural areas of poor countries：the impact on rural productivity and income distribution. [J]. World Development，1980，8 (1)：1-24.

Macmillan P，1994. Poverty，Inequality And Rural Development [M]. St Martins Press.

Reardon，T，Barrett，C. B，2006. Agrifood Industry Transformation and Small Farmers in Renkow M. Globalization and the Developing Countries：Emerging Strategies for Rural Development and Poverty Alleviation [J]. American Journal of Agricultural Economics，30 (3)：255-256.

Töpfer，K，2000. Rural poverty，sustainability and rural development in the twenty-first century：a focus on human settlements. [J]. Zeitschrift Für Kulturtechnik Und Landentwicklung.

Ward，Patrick S，2016. Transient Poverty，Poverty Dynamics，and Vulnerability to Poverty：An Empirical Analysis Using a Balanced Panel from Rural China [J]. World Development，78：541-553.

附　录

附录1　井冈山率先脱贫摘帽的典型做法、主要成效及经验启示

井冈山是中国革命的摇篮，位于湘赣边界罗霄山脉中段，国土面积1 297.5平方千米，人口17.1万，有27个乡镇（场）126个行政村。长期以来集革命老区、偏僻山区、贫困地区于一体，经济社会发展相对滞后，其中有省“十二五”“十三五”贫困村78个。2013年初有贫困人口2.35万，贫困发生率21%，是全国平均水平的2倍，贫困户人均纯收入2 600元，仅占全国农村居民人均纯收入的29.2%。到2014年初，井冈山仍有44个贫困村、4 638户16 934名农村贫困人口，贫困发生率13.8%，远高于全国5.4%的平均水平，是国家扶贫开发工作重点县、罗霄山集中连片特困地区贫困县。

2016年春节前夕，习近平总书记带着对老区人民的深情牵挂来到井冈山，看望慰问老区人民，作出“井冈山要在脱贫攻坚中做示范、带好头”的重要指示。井冈山牢记嘱托，感恩奋进，奋力脱贫攻坚，2016年贫困发生率下降到1.6%，2017年2月在全国率先实现脱贫摘帽。井冈山脱贫摘帽后工作不放松，2018年贫困发生率进一步降到0.25%，脱贫攻坚战取得决定性胜利。

当前，脱贫攻坚已到了决战决胜、全面收官的关键阶段。习近平总书记指出，要确保农村贫困人口全部脱贫，采取有效措施，巩固拓展脱贫攻坚成果，确保高质量打赢脱贫攻坚战。深入调研和总结井冈山脱贫攻坚实践，探索其主要做法、成效及经验启示，对全省乃至全国贫困地区决战决胜脱贫攻坚、实现脱贫后的高质量可持续发展具有重要意义。

一、井冈山脱贫攻坚的主要做法

2018年8月至2019年8月，江西农业大学与江西省扶贫办公室、井冈山市扶贫办公室组成联合调研组，深入13个乡镇（场）39个行政村，召开各类

调研座谈会累计 63 场次，走访群众 83 户（其中贫困户 57 户），深度访谈市乡各级干部、村支部书记、驻村第一书记、帮扶企业负责人、合作社负责人、烈士后代等共 49 人，对井冈山脱贫摘帽实践、脱贫后巩固脱贫攻坚成果、推动革命老区发展，有了较为全面的了解。

从调研情况看，井冈山市脱贫攻坚经历了从“大水漫灌”“大概印象、笼统数据”“撒胡椒面”到“精准滴灌”“靶向扶贫”的过程。2013 年 11 月，习近平总书记在湘西花垣县十八洞村考察调研时指出，扶贫攻坚就是要实事求是、因地制宜、分类指导、精准扶贫。井冈山市迅速行动，及时调整工作思路，扎实推进脱贫攻坚工作。2016 年 2 月，习近平总书记在井冈山视察指导时强调，“在扶贫的路上，不能落下一个贫困家庭，丢下一个贫困群众”。井冈山把总书记的殷切期望化作强大的精神动力，积极探索，勇于创新，围绕“扶持谁、谁来扶、怎么扶”等核心问题，下足“绣花”功夫，强化责任担当，取得了较好成效。

（一）首创“三卡”精准识别

“三卡”识真贫。脱贫攻坚不能大而化之，贵在精准识别。调研发现，井冈山市深刻领会精准扶贫政策精神，在全国首创“红黄蓝”三卡精准贫困户识别方法，根据“村内最穷、乡镇平衡、市级把关、群众公认”原则，按照“一访、二榜、三会、四议、五核”的“12345”精准识别程序，确定的红卡户为贫困程度较深家庭，蓝卡户为贫困程度一般家庭，黄卡户为 2014 年已脱贫家庭。经过细致的工作，全市在 2014 年识别出红卡户 1 483 户 5 014 人、蓝卡户 2 218 户 7 787 人、黄卡户 937 户 4 133 人。结合建档立卡“回头看”，共核查清理贫困户 303 户 1 155 人，新识别纳入的建档立卡对象 44 户 136 人，为后续帮扶工作开展打下了坚实基础。茅坪乡坝上村，2014 年开始上报的贫困户是 40 户，后经核查，有 4 户家庭不符合贫困户标准，其中有的家庭不仅住着每层一百多平方米的 3 层楼房，还有小汽车。工作人员按照识别程序和标准予以剔除，坝上村的贫困户最终由 40 户核减为 36 户。一名户主在调研人员访谈时说，“工作人员按照标准精准识别，我心服口服。”通过首创“红黄蓝”三卡精准识别，井冈山把最困难、最需要帮扶的贫困群众找出来，建档立卡，确保把政策、资金、项目等送到最需要的贫困群众面前。

动态管理促精准。调研发现，井冈山市扶贫管理部门及时监测贫困动态，逐户逐项筛查。在精准退出、动态管理上，创新制作了以贫困户基本信息卡、帮扶工作记录卡、脱贫政策明白卡、贫困户收益卡为主的“四卡合一”脱贫档案卡，做到帮扶措施落实情况明明白白；统一印制了《贫困户收益确认公示表》，做到贫困群众每项实际收入清清楚楚。2016 年识别剩余贫困户 539 户 1 417 人，2017 年识别贫困户 44 户 139 人，2018 年识别贫困户 9 户 28 人。睦村乡河桥村贫困户谢霜月，2016 年丈夫病逝时怀有身孕，家中还有年幼孩子需要抚养，家庭顿时陷入困境，当时并没有被识别为“建档立卡”贫困户，乡村干部通过动态监测了解后，迅速按照程序将其纳入建档立卡对象予以精准帮扶。在井冈山，像谢霜月这样及时得到帮扶的家庭还有很多。在精准扶贫中强化动态管理，及时跟踪问效，确保识真贫、扶真贫，井冈山做到了“贫困户一个不漏，非贫困户一个不进，贫困原因个个门清，脱贫门路户户有数”。

（二）发展扶贫产业强基固本

聚焦“231”产业富民工程。“井冈山，两件宝；历史红，山林好。”稳定脱贫关键在于产业脱贫，井冈山市因地制宜，实现了“村村有主导产业”“户户有增收门路”。脱贫攻坚以来，井冈山市依托自身资源禀赋，因地制宜发展特色优势产业带动脱贫。完善奖补、信贷等支持政策，拓展“线上线下相结合”的营销渠道，大力推进“农业＋”，重点打造 20 万亩茶叶、30 万亩毛竹、10 万亩果业种植加工基地的“231”富民工程，实现每个乡镇有一个产业示范基地、每个村有一个产业合作社、每个贫困户有一个增收项目，确保家家有一个致富产业，户户有一份稳定的产业收入。实施“一户一丘茶园，一户一片竹林，一户一块果园，一人进区务工”的“四个一”产业帮扶模式，实现“资源变资产、资金变股金、农民变股东”。以拿山镇为例，采取“公司＋合作社＋农户”模式建设了 350 亩鹏浩农业草莓基地，向贫困户提供产前、产中、产后全方位服务，为附近 150 余户贫困户提供了获得土地租金、分红股金和务工佣金的发展机会，实现户均每年增收万元以上。在井冈山最南端下七乡汉头村，红茗茶叶种植合作社负责人吴冬华投资 250 万元，流转土地 350 亩，种植茶叶、脐橙和黄桃，2018 年加入合作社的 91 户贫困户，通过“租金＋股金＋薪金”，户均增收 3 800 元。

擦亮全域旅游品牌。依托厚重红色资源，井冈山通过大力实施“旅游＋”，创新红色教育培训、乡村旅游、电商等业态，延长旅游产业链，实现一二三产业融合发展。将旅游产业向贫困山村延伸扩展，通过提供景区公益就业岗位、开办农家乐、资产收益增值等为贫困群众开启了旅游脱贫的新通道，让旅游发展红利精准惠及贫困百姓。井冈山市建立健全党政主要领导挂帅的全域旅游推进工作机制，成立井冈山红色培训管理办公室，围绕“人、物、事、魂”，挖掘红色资源，增强红色文化吸引力，提升红色文化感染力，推出集体验式、参与式、互动式为一体，在全国领先的红色培训“井冈模式”。据统计，仅2018年井冈山就实现红色培训人数52.28万人次。按照全域全业理念，形成以茨坪为中心向周边辐射的“1＋6”特色旅游小镇、乡村旅游点、农家乐三级旅游体系，推进融合农业观光、农家乐、休闲度假等内容的全域旅游。柏露乡长富桥村民宿负责人赵小桃说，现在的村子道路宽了，景色美了，慕名而来的游客越来越多，到了周末和节假日，民宿的床位都不够用，欣喜之情溢于言表。

推动贫困户融入扶贫产业。访谈中，我们发现如何让有劳动能力的贫困户融入扶贫产业实现良性发展，获得持续收益？这是市县乡三级扶贫干部一直在思考的问题。在推进产业扶贫的过程中，井冈山市注重机制创新，推进“公司＋”“优势产业＋”“旅游＋”和“互联网＋”四种产业扶贫模式，延伸产业链条，找准“脱贫抓手”，做好利益联结，找准“脱贫靠山”，施行“一村一策、一户一法”，让贫困户在新产业链条中找到自己的位置，让脱贫成果持续稳定地惠及贫困群众。在推进全域旅游的过程中，井冈山市探索科学有效的扶贫模式：联营互动，把经营户的农家乐“统起来”；“协会＋农户”，将贫困户纳入农家乐产业协会，实行统一标准、统一管理、统一经营；订单扶贫，把宾馆酒店与贫困群众“连起来”，等等。井冈山景区100多家宾馆酒店与所有贫困村结对帮扶，在食材、农副产品等方面实行产供销“一条龙”，实现农旅联动、电商带动，让农副产品在线上线下销售“快起来”。

（三）扶志扶智斩断“穷根”

补齐“精神短板”。井冈山是革命的山、战斗的山，也是英雄的山、光荣的山。脱贫攻坚也需要精神力量的支撑，井冈山市全面推进志智双扶工程，注重传承红色基因，激发贫困群众脱贫致富热情，通过“红色讲习所”“乡村大讲堂”“五老宣讲团”“双向点评会”“致富带头人、脱贫典型巡回宣讲”等，开展红色培训，深入学习和广泛宣讲井冈山精神，引导群众把井冈山精神内化于心、外化于行，坚定对幸福美好生活的执着追求。例如“井冈山精神”宣讲第一人毛秉华，五十年如一日义务宣讲井冈山精神，累计宣讲报告近2万场，平均每年讲课300多场，听众累计达200万人次。老人去世后，“毛秉华工作室”接续井冈山精神宣讲事业，让听众更生动地体悟到穿越时空的井冈山精神。

“五步互动”促进贫困群众自我发展。扶贫不是慈善救济，而是要引导和支持有劳动能力的人，依靠自己的双手开创美好未来。井冈山实行“五步互动”，干部包联，典型示范，帮带扶持，考核激励，评议促动。从思想切入，做好精神扶贫，激发贫困群众内生动力。当调研组来到神山村彭夏英家时，这位2018年全国脱贫攻坚奋进奖获得者激动地给我们讲起她的脱贫致富故事。她原来是“蓝卡”贫困户，2016年习近平总书记来神山村，亲切鼓励她要树立信心，脱贫致富。在总书记的鼓励下，她办起了全村第一家农家乐，开起了山货小卖部，加入了合作社，通过辛勤劳动实现了脱贫致富。她自己感慨地说，“政府只能扶持我们，不能抚养我们!”生活好转后，彭夏英不仅主动退出贫困户，而且把丈夫享受的低保指标让给了更需要的村民。扶贫干部常用彭夏英等本土“最美脱贫户”的事迹鼓励贫困群众，并通过“最美脱贫人”“先进脱贫户”“自力更生模范”等评选，让贫困群众懂得“脱贫靠自己、小康等不来”的道理，形成“推举一个典型，激活一批群众”的示范效应。各地探索“增收激励法”、积分兑换“爱心超市”和村民道德“红黑榜”等做法，充分调动贫困群众的积极性、主动性、创造性。针对贫困群众脱贫信心不足的问题，井冈山市委书记刘洪告诉我们，把贫困户身边的典型挖掘出来，通过身边人讲身边事，调动贫困群众的积极性。

教育扶贫阻断贫困代际传递。扶贫先扶志，扶贫必扶智。至2018年末，井冈山市共实施学校标准化建设、农村薄弱学校改造等项目150多个，改造学校35所，补充乡村教师200余名，加大了对建档立卡贫困家庭子女的救助力度，积极面向农村贫困家庭定向培养人才，让贫困家庭孩子接受公平而有质量的教育，掌握更多的知识和技能，彻底斩断“穷根”。我们发现，井冈山没有义务教育阶段适龄儿童少年失学、辍学现象，学龄儿童入学率达到100%。2015年以来，井冈山市着力加强贫困群众技能培训，依托江西农业大学、江西省农业科学院等单位的科技特派团专家，根据贫困户的致富意愿、劳动能力的实际，优化“培训菜单”，组织开展电商、家政、种植、养殖、烹饪技术、旅游民宿业等项目培训，超过3万人次接受培训，其中贫困群众2 300余人。技能培训帮助贫困群众提高工作技能和就业能力，让他们“一技在手，脱贫有望”。

（四）注重统筹分类帮扶

注重扶贫资源优化统筹。中国特色的扶贫开发道路，一个鲜明标志和优势就是政府主导。越是进入脱贫攻坚决战决胜阶段，越要集中发挥党委、政府、市场、社会等各方优势，形成大扶贫治理格局。在推进脱贫攻坚工作中，井冈山市做好做足资金文章，充分发挥财政资金引导作用和杠杆作用，撬动更多金融资本、社会帮扶资金参与脱贫攻坚，形成了脱贫攻坚的资金优势。从2015年开始，井冈山市除了将中央、地方四级财政涉农资金纳入统筹外，还将教育、医疗、卫生等社会事业方面的部分资金纳入整合范围，2015—2018年共整合筹集扶贫资金16.35亿元。同时设立爱心扶贫基金，作为贫困户代缴新农合、新农保、医疗附加险、贫困户低保提标和市级低保金、贫困户金融收益分红、建档立卡贫困学生教育帮扶、就业帮扶、产业帮扶等方面的资金，2015—2018年共筹集爱心扶贫资金1.3亿元，对脱贫攻坚巩固提升起到了保障作用，形成了“多个渠道引水、一个龙头放水”的扶贫投入新格局，全力推进脱贫攻坚。

实施“五个起来”分类帮扶。因地制宜破解发展难题，带动贫困户脱贫致富，是确保精准扶贫质量和效率的关键。井冈山市聚焦产业、安居、保障、基础设施四大关键，针对贫困人口不同的致贫原因和自身特征，分类施策，逐步探索出针对不同人群的“服务菜单”：按照“‘产业＋’将有能力的扶起来、‘公司＋’将扶不了的带起来、‘兜底＋’将带不了的保起来、‘安居＋’将住不了的建起来、‘美丽乡村＋’将建好了的靓起来”的分类帮扶思路，探索出“五个起来”模式。据井冈山市扶贫办统计，至2018年末，井冈山农业产业扶贫带动脱贫13 832人、就业扶贫带动脱贫3 605人、兜底保障扶贫带动脱贫21 022人。针对特殊困难群体，运用“政策叠加＋重点帮扶”组合拳，推进低保线和贫困线“双线融合”，对贫困户子女教育实施一揽子帮扶，筑起健康扶贫保障防线。大井林场红卡户邹列民父子，智残技不缺，父亲有一手挖冬笋的“绝活”，儿子虽然不识人民币，由于林场提供景区摊位及游客爱心购买，也有了一定收入。邹列民一家依靠政府“贫困补助、就业支持、低保救助”等帮扶，2016年实现脱贫，2018年全家总收入达到4.6万元，实现了生计可持续，稳定脱贫。

推进“四个全覆盖”稳定脱贫。“摘帽”不是终点，让人民过上更加美好的生活才是我们的奋斗目标。为巩固提升脱贫攻坚成效，除严格执行“脱贫不摘责任、不摘政策、不摘帮扶、不摘监管”外，井冈山市积极探索稳定脱贫长效发展机制，相继出台了《关于井冈山脱贫攻坚巩固提升的实施意见》《井冈山发展壮大村级集体经济的实施意见》《井冈山在革命老区高质量发展探索经验作出示范的实施意见》等指导性文件，创新完善“产业增收、返困不返贫兜底保障、进退动态管理、党建引领”四个全覆盖机制，确保贫困人口的现金收入、居住条件、保障水平、综合素质不断提升，保持政策、措施的延续性，为脱贫致富提供根本保证和持久动力。我们在调研中了解到，新城镇按照“农业强镇、产业富民”的扶贫思路，通过招商引资、能人带动等方式，规划建设了一个占地面积约 3 000 亩的新城镇现代农业生态示范园、一个万亩黄金茶基地、一个千亩猕猴桃基地，优先安排有意愿、有劳动力的贫困户就近务工，帮助全镇 216 户贫困户稳定脱贫。

（五）强化党建夯实责任

扎实建好党支部。井冈山市委注重发挥党组织的政治引领和服务功能，深入挖掘井冈山精神蕴含的丰富党建内涵，深入推进“一强化、三规范、一监督”的“131”治理模式，把党组织建在“扶贫产业链、移民安置区、专业合作社和龙头企业”中，切实把党的政治优势、组织优势转化为致富优势、发展优势，做到脱贫攻坚推进到哪里，党支部的战斗堡垒作用就发挥到哪里。井冈山市注重村党支部班子建设，将一批大学生村官、致富带头人、返乡创业能人等选进班子。加强村级年轻后备干部培育，据统计，目前井冈山共有村级后备干部 585 人，其中 35 岁以下的 211 人，切实加强基层党组织带头人队伍建设。全市 306 个专业合作社及产业协会、43 个移民集中安置点实现党的工作全覆盖；同时井冈山市委积极推进资源要素向基层倾斜，每个乡镇增加 30 万元、每村增加 3 万元转移支付经费，用于开展党员培训等党建活动，不断促进基层党支部自我发展提升。

落实主体责任。脱贫攻坚工作，实干是最响亮的语言。2014 年，在全市一次党员干部大会上，明确提出各乡镇、林场的党政负责人要主动担当，有谁觉得困难大而难以战胜，可以提出来就地换岗。按照中央和省委精准扶贫统一部署，井冈山从实际出发，积极开展“党员干部进村户、精准扶贫大会战”，探索建立了“321”干部帮扶责任机制。江西省委书记刘奇同志挂点井冈山，22 次赴井冈山调研指导，进村入户，走访慰问困难群众，指导脱贫攻坚工作；省市县组织 3 200 名党员干部组成 25 个扶贫团、313 个驻村工作组、下派第一书记 118 名，奔赴精准扶贫一线战场，“乡乡有扶贫团，村村有帮扶队，一个村派一个第一书记，一个贫困户至少一名帮扶责任人”，确保每户贫困群众都有帮扶干部，“让干部动起来，把责任扛起来，带群众富起来”。

发扬优良作风。井冈山市在脱贫攻坚中传承红色基因，大力弘扬井冈山精神和苏区干部好作风，激励党员干部关心群众，全心全意为人民服务，以“干部脱皮，群众脱贫”的坚定毅力和决心，以自备伙食去扶贫的实干作风，在脱贫路上“作示范、带好头”。古城镇长溪村帮扶干部吕常红，挨家挨户了解群众诉求，田间地头听取群众意见，一遍一遍和村镇干部研究帮扶措施，真诚付出赢得了贫困群众的信任和配合。她常挂在嘴边的话是“长溪村贫困群众一日不脱贫，我就一日不离开长溪村。”井冈山市人民武装部首任部长、90多岁的老八路陈学文由衷感慨：“在扶贫干部身上，我看到党的好作风没有丢，老红军的本色没有变，不愧是新时期的红军传人。”作风建设离不开纪律保障，井冈山市坚持把纪律挺在前面，把制度立在一线，把督查送到群众身边，努力拓宽监督渠道，专门印制了5万份“把纪律挺在前面请您监督”日历画卡，张贴在人流密集地区，发放到普通群众手中，用铁的纪律为脱贫攻坚护航。

二、井冈山脱贫攻坚的成效

经过2014—2016年三年不懈努力，井冈山在全国率先脱贫摘帽，农民生活有了较大改善，脱贫攻坚取得了良好成效。今天的井冈山正如老百姓所说：“糍粑越打越黏，生活越过越甜”。

（一）率先在全国脱贫摘帽

贫困发生率持续下降。据经国务院扶贫开发领导小组委托的第三方机构的评估数据，井冈山市贫困人口由2014年的4 638户16 934人降至2016年的539户1 417人，贫困发生率由2013年的13.8%下降到2016年的1.6%，低于2%的国家标准，井冈山兑现了党和人民的庄严承诺，实现了在全国率先脱贫摘帽。脱贫后，井冈山干部群众感恩奋进，在巩固提升脱贫攻坚成果上再精准、再发力，在致富路上奋力奔跑，2018年贫困发生率下降到0.25%，脱贫攻坚战取得决定性胜利（附图1）。

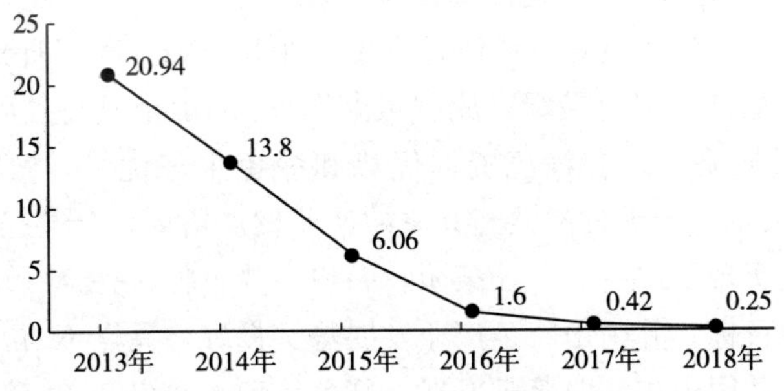

附图1　井冈山2013—2018年农村贫困发生率变化图（单位：%）

农民收入持续快速增长。据统计，2013 年井冈山市农村居民人均可支配收入为 5 857 元，2016 年增长到 8 577 元，2018 年达到 10 968 元（附图 2）。贫困户人均可支配收入由 2014 年的 2 600 元，增长到 2016 年的 4 500 元、2018 年的 6 100 元，每年增长幅度超过 10%，“吃穿不愁”目标如期实现，老区人民“荷包”越来越鼓，生活越来越好，“芝麻开花节节高”。

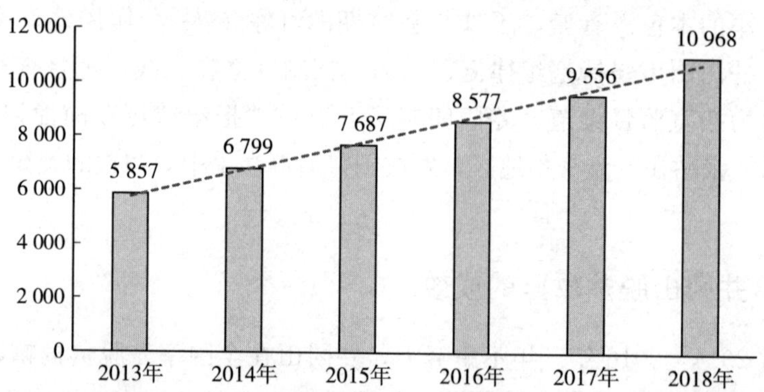

附图 2　井冈山 2013—2018 年农村居民可支配收入增长图（单位：元）

“三保障”和饮水安全水平稳步提高。据调研，2015—2018 年井冈山市在“教育扶贫、健康扶贫、安居扶贫”方面共投入资金 17 569 万元，“三保障”取得预期效果。没有义务教育阶段适龄儿童少年失学、辍学现象，建档立卡贫困人口参加基本医疗保险、大病保险比例均达到 100%。截至 2018 年末，异地搬迁 1 293 户，改造危房 11 703 栋，贫困户危房改造全面完成；农村安全饮水比例达到 100%，农村水量、水质安全比例达 100%。脱贫攻坚圆了井冈山贫困群众的上学梦、健康梦和安居梦，“三保障”和饮水安全水平稳步提高。

（二）扶贫产业“造血”功能增强

特色产业发展势头良好。调研过程中，在井冈山，我们听到较多的一句话就是“红色最红，绿色最绿，脱贫最好”。井冈山市坚持“红色引领、绿色崛起”发展战略，结合红色资源优势和绿色生态优势，做精做强“红”“绿”两篇大文章，着力构建共建共享的产业发展格局。“十三五”以来，井冈山富民产业实现了“一户一丘茶园、一户一片竹林、一户一块果园、一户一人务工”的目标。井冈山特色产业发展势头良好，亮点不断，特别是党的十八大以来，井冈山旅游业蓬勃发展，红色培训人数由 2014 年的 12.9 万人次增长到 2018 年的 52.28 万人次，年均增长 41.88%；2018 年接待旅游人数超过 1 800 万人次，旅游收入达 150 亿元，是 2012 年的 2.4 倍；一二三产业结构比由 2012 年的 9.61∶37.27∶53.12 调整为 2018 年的 7.03∶25.20∶67.77。调研发现，大陇镇陇上行生态农业开发有限公司采用“1（公司）＋8（村合作社）＋48（蓝卡户）”的产业互助模式，通过入股、提供就业岗位等方式，不仅为全镇 8 个村（居）带来每村 8 万元/年的集体经济收入，还为参与入股的 48 户蓝卡贫困户带来 1 000 元/年的股金分红。“一场红色演出，带富一方百姓”“一堂课带富了一个村”，井冈山着力做强红色文化产业，不断培植特色优势产业发展的新动能，井冈山红色引领、绿色生态支撑的旅游产业，带动群众脱贫致富，脱贫攻坚成效明显，逐渐成为强市富民的支柱性产业。

群众收益实现可持续。让红色资源吸引人、绿色资源留住人，让不同层次劳动能力的贫困群众有机融入产业链，走出了一条“红”“绿”产业融合发展的脱贫致富之路。调研了解到，东上乡蒲陇村红卡户李新良，原来小打小闹养蜂三四箱，赚不到几块钱。2018 年 6 月东上乡引入海伦堡集团，成立井冈山海伦堡养蜂合作社。李新良带头入社，在合作社的帮扶指导下，养蜂 150 箱，一年收入可达八九万元。小蜜蜂成就脱贫大产业，让东上乡 8 个村集体、16 户贫困户吃上了可持续、不返贫的“定心丸”。成立于 2015 年的井冈山市茅萍乡峰源果业种植专业合作社，当年吸纳了 30 户贫困户加入。2017 年以“合作社＋贫困户＋扶贫小额信贷”的产业帮扶新模式，带动农户户均增收 2 600 元。2019 年合作社共吸纳贫困户 107 户，形成了种植面积达 500 亩、年产 15 万斤的黄桃产业园，让贫困群众收益实现可持续。

（三）贫困村面貌焕然一新

基础设施显著改善。井冈山市注重推进贫困村组基础设施建设，着力解决交通、水利、电力、通信等“最后一公里”问题，帮助贫困群众实现了走平坦路、喝干净水、上卫生厕、住安全房的愿望。调研发现，至 2018 年年末，全市农村电网改造、通信网络、农村垃圾处理实现行政村全覆盖，累计改水改厕 1.2 万余户，实现了 25 户以上自然村全部通水泥路、通自来水，农村安全饮水的比例和农村水质、水量达标比例均达到 100%，农村通电比例达到 100%，所有行政村卫生室、文化室、党建活动室均已达标。如今的井冈山，农村环境干净整洁，孩子们在宽敞明亮的教室里上课，村民们在家门口享受医疗服务，老人们还可以到休闲广场跳广场舞……革命先烈为之奋斗的美好生活，正在变成现实。

环境红利持续释放。“环境就是民生，青山就是美丽，蓝天也是幸福。”井冈山蓝天、碧水、青山、净土和完善的基础设施，有利于农旅结合，成为巩固提升脱贫攻坚成效，实现高质量可持续发展的巨大资源优势，绿水青山正在变成“金山银山”。调研发现，井冈山地处毛竹中心产区，借助产业和文化的力量发展竹产业，将竹产业与旅游、森林小镇、森林康养等结合，让竹旅经济渗透井冈全域旅游，助推脱贫攻坚和乡村振兴。截至2018年末，全市有毛竹23万亩、3 400余万株，竹加工企业58家，2017年竹业产值超过1亿元，通过采取“公司＋基地＋合作社＋农户”的模式，帮助贫困群众将生态优势转化为资源优势，带动增收致富。原来“脏乱差”的柏露乡长富桥村，经过村庄整治，大力发展田园综合体、乡村旅游等扶贫项目，让美丽风景变成了美丽经济，不仅让贫困户告别贫困，也让村庄成为村民安居乐业的美丽家园。

（四）脱贫内生动力全面激发

发展方式转型升级。井冈山在全国率先脱贫摘帽，红色教育培训成为全国品牌，荣获了全国全域旅游示范区、国家生态文明示范市等称号，在新时代新征程中焕发出更加强大的生机活力。与此同时，村民生产生活方式也在发生改变。调研发现，随着基础设施大幅改善和产业日渐兴旺，越来越多在外打拼的村民返乡创业就业，且80%都是从外面回来的“80后”“90后”，昔日的贫困村由此焕发出勃勃生机。随着井冈山全域旅游带动，许多村民也开始“转行”，如神山村民曾经的标配是“扁担＋解放鞋＋蛇皮袋”，今天的标配是“轿车＋电脑＋麦克风”，全村有专业导游10多人，拿起麦克风就可以讲解；大陇镇案山村贫困群众放下“锄头把”，拿起“金话筒”，吃上“旅游饭”。调研发现，群众增收又易俗，茅坪乡坝上村老支书李大伯告诉我们，现在和五年之前变化确实很大，五六岁的小孩都能自觉地把垃圾扔到垃圾桶里，会说普通话的越来越多，人的素质也提高了，老区人民在干净、整洁、舒适、美丽的环境中实现了脱贫。

贫困群众“精气神”得到提振。志智双扶成为井冈山巩固提升脱贫成效的“助推器”，通过政策宣讲、技能培训、文化惠民、移风易俗、培树典型，“贫困群众眼界开了、思路开了，发展的意愿也就会更强”，井冈山市农业农村局负责同志在访谈中告诉我们。志智双扶使得贫困群众自身脱贫本领和自我“造血”功能不断增强，脱贫内生动力得到全面激发。厦坪镇菖蒲村村民尹厚根，患过小儿麻痹症，是个残疾人，哥哥和弟弟不幸去世，嫂子和弟媳先后改嫁，留下年迈的母亲和2个年幼侄女，身残志坚，在政府“物质＋精神”帮扶下，勇敢面对困难和挫折，自立自强，出租红军服、开办农家乐，不仅自己实现脱贫，培养 2 个侄女上大学，还带动 10 多户贫困群众脱贫。尹厚根的这种身残志坚、回报社会、带动村民共同致富的事迹感染了其他贫困户。像尹厚根这样的由贫困户转变为脱贫带头人的典型比比皆是。井冈山率先脱贫摘帽，实现了贫困人口“两不愁三保障”的目标，构筑了防止返贫机制，为全面奔小康奠定了发展基础，脱贫成效群众满意、社会满意。脱贫群众通过切身体验和变化，点燃了求变、求富的激情，提振了“精气神”。

（五）农村基层党建进一步加强

党员干部党性得到锤炼。习近平总书记强调，以百姓心为心，与人民同呼吸、共命运、心连心，是党的初心，也是党的恒心。在脱贫攻坚战场上，井冈山市 3 000 多名党员干部沉下身子，和老百姓同吃、同住、同闯脱贫路，再现当年“苏区干部好作风”。在井冈山，干部“逢提必下”，注重干部基层历练。在新城镇排头村，我们发现，村民亲切地称第一书记罗军元为“新时期派来的党代表”，言语中充满了对他工作作风和帮扶成效的肯定。通过扶贫实践的淬炼，井冈山党员干部为民服务的信念更加坚定，克服困难的意志更加顽强，战胜贫困的步伐更加坚实。

干群关系更加和谐。精准扶贫精准脱贫，架桥修路办产业，帮的是大事、扶的是长远；养鸡养鸭赠书包，给的是“小”钱、见的是真情。井冈山通过组织党员干部开展点亮“微心愿”活动，仅 2016 年，全市 2 000 余名党员干部共收到群众“微心愿”“微诉求”8 217 个，点亮“微心愿”7 720 个，结对帮扶 3 576 对，募集爱心款 180 余万元、爱心图书 1 万余册，帮助留守儿童实现“微心愿”2 683 个。点亮“微心愿”行动，赢得了群众的由衷赞叹和支持，架起了一座党员干部与群众之间的“连心桥”。大陇镇大陇村尹仁善，担任村党支部书记 20 多年，对此这样感慨：“现在村支部的底气更足了，号召力更强了，工作更顺了。”

三、井冈山脱贫攻坚的经验启示

习近平总书记指出，人民对美好生活的向往，就是我们的奋斗目标。为人民谋幸福是我们党的初心和使命。井冈山用率先脱贫摘帽的实际行动，生动诠释了习近平总书记关于扶贫工作的重要论述，探索出一条接地气可复制可推广的脱贫攻坚新路子，让跨越时空的井冈山精神绽放出新的时代光芒。

启示一：牢记嘱托，感恩奋进

小康不小康，关键看老乡。2016年春节前夕，习近平总书记亲临江西视察指导，第一站就到井冈山看望慰问老区干部群众，深情嘱托“井冈山要在脱贫攻坚中做示范、带好头。”“在扶贫的路上，不能落下一个贫困家庭，丢下一个贫困群众。”2019年5月，总书记再次亲临江西视察指导，强调“实现已脱贫人口的稳定脱贫，减少和防止贫困人口返贫”，要求江西“在加快革命老区高质量发展上做示范”。习近平总书记深入贫困革命老区作出的一系列重要指示，为贫困地区脱贫攻坚指明了前进方向，是习近平总书记治国理念和执政方略的具体体现，是我们全面打赢脱贫攻坚战的行动指南。井冈山牢记习近平总书记的殷切嘱托，感恩奋进、担当实干，切实把总书记的关心关怀转化为对党绝对忠诚的政治信仰，转化为推进改革发展的巨大动力，切实把脱贫攻坚作为头等大事和第一民生工程，坚持以脱贫攻坚统揽经济社会发展全局，凝心聚力决战脱贫攻坚，在全国率先脱贫摘帽。井冈山的脱贫攻坚实践，就是牢记习近平总书记殷切嘱托、感恩奋进的生动体现。

启示二：要脱贫，产业要先行

发展产业是实现脱贫的根本之策。要因地制宜，把培育产业作为推动脱贫攻坚的根本出路。调研发现，井冈山从实际出发，把产业扶贫作为根本，充分挖掘利用红色文化、绿色生态两大资源优势，因地制宜做好“红”“绿”产业融合发展两篇文章，让两种资源活了起来，形成经济优势、产业优势；时刻不忘强化贫困群众在产业发展中的“有机融入和利益实现”，让脱贫地区和人民富了起来，靠山吃山“吃”出水平，靠水吃水“吃”出长远，实现了脱贫动能新提升，发展力量新转换，促进了脱贫增收。通过调研井冈山的产业扶贫实践，我们认为，发展产业作为实现脱贫的根本之策，一定要因地制宜、因户制宜、因时制宜，抓住产业这个关键，把培育产业作为推动脱贫攻坚的根本出路。贫困地区地理位置有不同、资源禀赋有区别、发展水平有差异，唯有选准选好产业，施行“一村一策、一户一法”，注重提高产业科技含量，做好产业发展与贫困群众的利益联结，才能走出产业发展和扶贫开发共赢之路，确保群众长远生计发展可持续。

启示三：依靠群众，充分激发脱贫攻坚的内生动力

心系群众，依靠群众，扶贫开发方得始终。脱贫攻坚说到底是为人民服务，理应尊重贫困群众在脱贫攻坚工作中的主体地位。调研发现：一个不少，全面脱贫不掉队；让群众来评议，让群众来参与，以群众的眼光和立场来看问题、想问题、处理问题，向最弱势、最困难的贫困群众伸出援手，帮助决断，是井冈山脱贫攻坚自始至终坚持的重要原则。在脱贫攻坚中创新工作方式，坚持内外联动，汇聚脱贫攻坚的强大合力。通过志智双扶、纳入合作社、五步互动、产业奖补等方式，引导贫困户融入市场，让贫困户在新的产业链条发展中找到自己的位置，强化贫困群众参与发展过程中的利益实现，进而把群众调动起来，激发群众脱贫内生动力。积极动员社会力量参与扶贫开发，构建大扶贫格局，汇聚起脱贫攻坚的强大合力。正如习近平总书记强调，脱贫致富不仅仅是贫困地区的事，也是全社会的事；用好外力、激发内力是必须把握好的一对重要关系；只有用好外力、激发内力，才能形成合力，打赢脱贫攻坚战。

启示四：防止脱贫后返贫，建立健全长效机制

贫困具有长期性和动态性，在脱贫攻坚进程中，一些贫困人口脱贫后可能因能力提升不够、灾病因素困扰、发展依赖心理等原因返贫，影响脱贫攻坚战的成效，防止返贫便成为脱贫攻坚的重要内容。井冈山市在脱贫摘帽后依然持之以恒、苦干实干，政策不变、力度不减，为防止贫困户再次返贫，继续实施“五个起来”分类帮扶，重点创新完善“产业增收、返困不返贫兜底保障、进退动态管理、党建引领”四个全覆盖机制，保持政策、措施的延续性，为脱贫致富奔小康提供根本保证和持久支撑，实现稳定脱贫、保障可持续。脱贫攻坚进程中，各级管理部门应继续做好防止脱贫后返贫工作，要充分认识脱贫攻坚的长期性和约束性，坚持底线思维，聚焦“两不愁、三保障”目标要求，兼顾当前和长远，加强脱贫攻坚与乡村振兴等战略有机衔接，注重一二三产业融合发展，健全稳定脱贫长效机制，充分确保脱贫成效获得群众认可、经得起实践和历史检验。

启示五：大力弘扬井冈山精神，为革命老区高质量发展提供强大动力

井冈山孕育了伟大的井冈山精神，是中国共产党人的精神家园。在脱贫攻坚中，井冈山人民大力弘扬井冈山精神，传承红色基因，汲取强大精神力量，把井冈山精神转化为对美好生活奋斗目标的执着追求。深入贯彻新发展理念，坚持从实际出发，探索出一条旅游兴市富民路子，根本扭转了“守着金饭碗过穷日子”的被动局面，跨越时空的井冈山精神已然成为实现脱贫致富的“红色引擎”。井冈山在全国率先脱贫摘帽，是新时代井冈山干部群众扎根红土地，坚定跟党走，用奋进之笔谱写的一部“脱贫致富奔小康”的时代诗篇，让井冈山精神又一次跨越时空，接续传承，绽放出新的时代光芒。打赢脱贫攻坚战是一项光荣而艰巨的历史任务，夺取全面胜利还要不懈努力、继续奋斗。在决战决胜、全面收官的关键阶段，我们必须以传承红色基因为己任，大力弘扬井冈山精神，坚持精准导向、富民导向和创新导向，推进扶贫开发这一"新的长征"走向深入，为打赢脱贫攻坚战决胜全面建成小康社会提供强大精神动力。

附录 2　江西在全国脱贫攻坚领跑的制度创新研究

江西在全国脱贫攻坚领跑的制度创新研究*

改善民生，持续推进打赢脱贫攻坚战，是江西在贯彻落实党的十九大精神开局之年各项工作的重中之重。2018 年江西省从更高层次系统部署脱贫攻坚工作，强化制度创新，年度实现 42 万人脱贫，1 000 个贫困村退出，10 个贫困县脱贫摘帽，贫困人口由 2015 年底的 200 万人减至 2018 年年底的 50.9 万人，贫困发生率由 5.7%降至 1.38%，属于农村贫困发生率降至 3%及以下的 23 个省份之一，在中部六省减贫发生率比较中位于前列，全省脱贫实效和质量进入历史最好时期，扶贫开发工作高质量持续推进，正扎实践行和稳步实现着习近平总书记对江西“要在脱贫攻坚上领跑”的重要要求①，决不让一个老区群众在全面小康中掉队。

一、发扬革命老区优良传统，挖掘井冈山精神的时代价值，增强扶贫开发行为自觉

新时代脱贫攻坚工作价值不仅仅在于贫困人口生计水平提高和发展，更是一场“干部能力再提升、群众思想再教育”的重要活动。作为革命老区，江西红色文化深邃厚重，革命精神直抵人心，尤其是“坚定执着追理想、实事求是闯新路、艰苦奋斗攻难关、依靠群众求胜利”的井冈山精神，跨越时空、永放光芒。为了打赢精准脱贫攻坚战，江西发扬革命老区优良传统，挖掘井冈山精神的时代价值，坚持以习近平新时代中国特色社会主义为指导，着力强化理论武装，不断提升政治站位，持续增强干部群众扶贫开发行为自觉。

（一）全员学习，振奋精神，提高扶贫工作人员的政治自觉

党的十九大报告指出：“中国共产党人的初心和使命，就是为中国人民谋幸福，为中华民族谋复兴”，新时代扶贫开发就是党和政府及各级干部始终不忘初心和使命的具体体现。习近平总书记关于脱贫攻坚的重要论述，科学回答

* 此文纳入《江西经济社会发展报告（2019）》蓝皮书。

① 江西是著名的革命老区，脱贫攻坚任务比较重，打赢脱贫攻坚战意义重大。习近平总书记对江西的脱贫攻坚工作始终挂念在心，希望江西在脱贫攻坚上领跑。

了脱贫攻坚的一系列重大理论和实践问题，为全力打赢打好精准脱贫攻坚战提供了根本遵循。江西把深入学习贯彻习近平总书记关于扶贫工作的重要论述纳入各级党委（党组）理论学习中心组重要内容，向全省扶贫干部统一发放《习近平扶贫论述摘编》22 万多册，掀起“大学习、大调研、大落实”的全员学习和能力提升活动，聚焦地方党政领导干部、扶贫系统干部、部门行业干部、帮扶干部、贫困村干部等 5 类扶贫干部，制定培训计划，在 2018 年共培训约 6 000 期 83 万人次，为扶贫干部“思想提神、知识充电、能力加油”；同时依托红色资源，传承红色基因，将弘扬井冈山精神、苏区精神等红色革命精神和革命老区优良传统作风，融入学习提升和脱贫攻坚之中，为打赢精准脱贫攻坚战强化精神动力支撑；加强基层党建引领，深化“连心、强基、模范”三大工程，深入推进“党建＋”扶贫模式，发挥基层党组织领导精准扶贫、精准脱贫的核心作用。

狠抓作风建设，明确了“以政治担当抓作风建设、以作风攻坚促脱贫攻坚”的政治要求，使得各级干部和工作人员在“全员学习、持续学习和作风建设”中不断增强历史使命感和政治责任感，持续提升扶贫工作人员的主观能动性、工作积极性和解决实际问题的能力，逐步在扶贫工作推进过程中实现打赢脱贫攻坚战的理论自觉、政治自觉和实践自觉的统一。

（二）强化参与，“志、智”双扶，全面激发贫困人口内生发展动力

贫困群众既是扶贫开发的对象，也是脱贫致富的主体，脱贫攻坚目标终究是要靠贫困群众辛勤劳动来实现。全面激活贫困群众的脱贫内生动力，调动贫困群众发展的积极性，是提高扶贫开发工作质量和防范贫困循环风险的重要保障。江西将全面激发贫困群众内生动力视为系统工程，既注重“坚定不移、敢闯新路”等老区革命精神的洗礼和熏陶，更注重通过改变贫困人口生计环境重建其发展系统关联，彻底拔除“发展环境闭塞”这一导致老区人民陷入贫困的“穷根”：坚持“志智”双扶，物质扶贫与精神扶贫并重，将扶贫与扶志、扶智、扶勤、扶德紧密结合，坚持扶志为先、扶智为本、扶勤为要、扶德为重，通过抓典型宣传、重技能培训、树勤劳脱贫导向、治不良习俗等方式，健全完善深入开展扶贫扶志感恩行动的有效机制，解决贫困人口“不想干、不会干、不愿干和不去干”问题，2018 年江西共有 4 名个人、1 个集体获得全国脱贫攻坚奖；同时强调“第一书记”引领、能人带动等方式强化贫困人口参与，加之实行项目奖补制、普惠制，进一步调动群众参与脱贫攻坚的积极性，使其内生发展动力在与其他社会主体发展行为互动和比较过程中得到全面激活，发展意

识、发展能力、感恩情怀不断增强，逐步改变了部分贫困人口的“等、靠、要”思想、“懒、慵、散”行为和攀比心理，进入社会系统正常发展轨道并实现良性发展，体现上述理念并以倡导“一领办三参与”（村干部与能人带头领办、村党员主动参与、村民自愿参与、贫困群众统筹参与）为内核的产业扶贫合作新模式和《江西省产业扶贫运行机制管理办法》被国务院扶贫办等部委转发全国借鉴。

二、深化扶贫开发规律认知，重视战略协同推进与资源整合，落实精准扶贫政策

扶贫开发旨在贫困人口脱贫致富和区域发展，是解决贫困人口发展致富奔小康的一种手段，也是一种推进区域整体发展的综合发展方式，更是通过调整社会财富和资源分配开展的社会经济系统结构重构，以更有效率的推进经济发展和社会公平实现。为更好地落实精准扶贫政策，江西不断深化扶贫开发规律认知，重视战略协同推进与资源整合，使扶贫资源配置效率和脱贫攻坚工作质量持续提升。

（一）聚焦重点任务，夯实基础保障

《中共江西省委江西省人民政府关于打赢脱贫攻坚战三年行动的实施意见》（2018 年 9 月 10 日）指明了江西 2018—2020 年的脱贫攻坚任务，明确提出要千方百计提升老区人民福祉，切实提高贫困人口获得感。对照脱贫攻坚任务，依据“打赢脱贫攻坚战，核心是精准，关键是落实，实现高质量、确保可持续”的总体要求，江西深化扶贫开发规律认知，坚持目标导向、精准导向和质量导向，聚焦重点和难点领域，着力推动脱贫攻坚工作整体推进：一是集中力量支持深度贫困地区扶贫开发，加大深度贫困村脱贫攻坚帮扶力度，坚持政策、资金、项目、举措优先倾斜支持。截至 2018 年底，全省 269 个深度贫困村总投入约达 23 亿元，并在已安排定点帮扶单位的基础上，再从省直单位、国有企业组织中选派 52 个单位挂点帮扶程度深、脱贫难度大的 52 个深度贫困村，促进其脱贫致富。二是关注特殊群体发展权益的实现。按照“兜底线、织密网、建机制”要求，切实落实困难和重度残疾人保障、孤儿养育、农村留守儿童和老年人等特殊困难群体的关爱保护，抓好农村低保政策与扶贫开发政策的衔接。2018 年江西农村低保标准达到每人每年 4 080 元，高于全国同期标准 20％，农村特困人员集中和分散供养标准较之 2017 年也有较大提高，增幅分别为 7.1％和 8.6％。三是关注脱贫成果巩固提升长效机制建设，强化脱贫高

质量达标、可持续发展措施。除严格执行已摘帽脱贫县“脱贫不摘责任、不摘政策、不摘帮扶、不摘监管”外，积极探索脱贫攻坚长效发展机制，如“脱贫摘帽县”较为集中的吉安市已于2018年制订并出台了《关于建立健全长效机制巩固提升脱贫成果的意见》（2018年6月27日），重点建立健全动态管理、素质提升、产业扶贫、服务管理、投入保障、政策落实等六大长效机制，确保脱贫攻坚质量。

服务江西扶贫开发工作顺利推进，江西不断强化扶贫资金、项目、政策、人才等资源保障。尤其是资金方面，2018年全省各级共投入财政扶贫资金约70亿元，并出台了《江西省完善扶贫资金项目公告公示制的实施意见》《关于全面完善县级脱贫攻坚项目库建设的指导意见》等管理制度，全面规范扶贫资金项目管理；因地制宜丰富完善“产业扶贫信贷通”“油茶贷”“脐橙贷”等精准扶贫特色金融产品，加大金融扶贫力度；实现向全省贫困村、软弱涣散村和集体经济薄弱村党组织选派驻村第一书记全覆盖，明确省市县乡和派出单位职责，实行“双考核”“双问责”等制度，为扶贫开发工作提供有力的资源和制度支撑。

（二）创新扶贫开发模式，提高扶贫资源配置效率

完善产业扶贫机制，着力提高产业扶贫实效。产业扶贫是扶贫开发的核心和关键，关系到扶贫开发目标实现和贫困人口长远生计，同时能够有效促进贫困人口与社区非贫困人口之间的经济发展和社会融合。江西把发展产业扶贫作为根本之策，深入贯彻实施《江西省产业扶贫运行机制管理办法》，将推进优质稻米、蔬菜、果业、茶叶、中药材、油茶、草地畜牧、水产、休闲农业与乡村旅游等九大产业发展工程与加快构建“一村一品”产业扶贫新格局结合起来，辅之以“选准一项主导产业、打造一个龙头、设立一笔扶持资金、建立一套利益联结机制、培育一套服务体系”的“五个一”模式，立足资源优势，大力发展特色化、品牌化、规模化和产业化的现代农业，不断壮大村级集体经济，增强造血功能，确保稳定增收“两不愁”，2018年，全省实施扶贫特色产业项目9 740个，比2017年增加1 467个，覆盖贫困人口113万余人，比2017年增加近30万人。为让更多贫困户有稳定收入，持续巩固和扩大脱贫攻坚成果，江西尤其注重产业扶贫过程中的优秀人才支持和科技创新驱动，建立了农业扶贫发展指导员制度，大力培育致富带头人，在全省普遍兴办了村集体经济，组建了专业合作社，创新“电商＋扶贫”“电商＋创业”发展模式，约有近万名致富带头人得到培训、82万贫困户受益于产业发展扶持。

多措并举，开展组合式扶贫开发。精准把脉贫困人口多维贫困特征和贫困人口生计发展需求，因人、因地制宜，对有劳动能力可就业的，加强就业技能培训，帮助联系合适的工作岗位，并给予一定数额的就业补助，实现“一人就业，全家脱贫”；对能发展生产和自主创业的，通过给予小额贴息贷款和种养技术培训等方面的支持，帮助其发展产业、创业增收摆脱贫困；对缺乏劳动能力、难以自我发展的，由政府帮助以产业扶贫资金入股专业合作社获得收益分红，带动贫困群众共享产业发展成果，确保稳定脱贫。对完全丧失劳动能力和因病、因残等致贫的，做到“应保尽保”，推进贫困线与低保线“双线融合”，同时叠加光伏扶贫、健康扶贫等保障措施，确保把贫困户的收入兜底保障到贫困线以上；对生活环境和居住条件恶劣的，通过实施“五位一体”安居扶贫，加强基础设施和基本公共服务项目建设，让其住有所居、安居乐业。分类施策，“组合拳”扶贫模式成效显著：通过完善“政策扶贫、资金奖补、就业服务、金融支持、督促考核”的工作机制，实行“一扩二贷十补”政策，约有25万人通过帮扶实现就业，占全省本地户籍未脱贫劳动力的70%以上；筑牢贫困群众“四道保障线”，探索对深度贫困人口建立“爱心”救助兜底机制新防线，提高了贫困人口健康扶贫水平；易地扶贫坚持“搬迁是手段，脱贫是目标”，实施县乡村三级梯度安置模式，完善强化乡村公共服务，保障扶贫移民稳步进行，至2018年底，已完成全省“十三五”易地扶贫搬迁任务的97%；以实行双负责（围绕推进教育精准扶贫资助政策落实到人，创新实行学校校长与乡镇属地“双负责”制）为要求强化教育扶贫政策落实的新机制，打造了“农校对接”模式并得到教育部的肯定并推介。

整合扶贫资源，协同发挥政府和市场功能。在凸显政府主导作用的前提下，充分发挥市场化扶贫运作的柔性化优势，倡导政府主导下市场化精准扶贫是我国在扶贫工作新形势下所进行的重大理论创新与实践创新。江西充分调动各方面参与扶贫开发的积极性，努力构建多元主体共济的大扶贫格局：以推行“大村长”制（由县领导、乡镇主要领导、县直单位领导担任行政村“大村长”工作制）为途径创新合力脱贫攻坚新举措，建立思想统一、行为协调和资源整合的基础和平台；用好对口帮扶政策，积极对接52个中央和国家部委以及159名挂职干部，做好对口支援赣南等原中央苏区31个县（市、区）工作，2018年在江西定点扶贫的中央和国家部委选派挂职扶贫干部65人，驻村第一书记16人，直接投入帮扶资金约达4亿元；强化行业扶贫责任，加大行业部门牵头责任的落实力度；凝聚社会力量，引导社会组织、社会资源基金参与扶贫，深入推进“千企帮千村”“社会扶贫网”精准扶贫行动，截至2018年底，江西民营企业参与行动总数达到0.35万家，实施帮扶项目0.75万个，帮扶村数0.42万个，受帮扶贫困人口数量达47万人，全省共有1 300余家民营企业网上帮扶贫困户数2.7万户，线上对接贫困户需求0.57万个，线下帮扶贫困户需求2.4万个；强化消费扶贫促进脱贫，将“消费扶贫”纳入省派单位定点扶贫和地方各级结对帮扶工作内容，支持贫困区域立足特色资源优势，打造江西消费扶贫产品和服务品牌，拓宽扶贫产品销售渠道，降低贫困人口经营风险，促进贫困人口增收，如2018年10月由省扶贫和移民办、省商务厅、省农业厅联合主办了江西省扶贫产品展销会，参展产品来自92家企业共计700余种，涉及蔬菜瓜果、大米杂粮、健康饮品、干货等扶贫产品，既向广大市民宣传“消费扶贫”理念，又增强客户对扶贫产品的体验感，达到线上线下交流互动效果。

（三）规范监管，防范风险

进一步健全“省负总责、市县抓落实、乡镇推进和实施”机制，各级政府之间签订“军令状”“责任书”，层层压紧压实责任，建立网格化信息管理和精细化服务工作体系，完善常规督察、专项督察等相结合的督导检查机制；贯彻落实《江西省驻村第一书记和驻村工作队选派管理办法》，强化驻村帮扶责任，完善工作例会、考勤管理、工作报告等制度；将各类考核评估、督察巡查、审计检查等监管活动有机集合，使之贯穿于扶贫开发工作全过程，确保责任落实到位、工作质量到位。

充分依托大数据等信息技术，注重扶贫开发工作和贫困户生计发展状况的动态监测，合理利用支持政策、市场杠杆等手段，防止扶贫产业发展“过度行政化”、项目支持“门槛化”、扶贫资源利用“碎片化”等系列风险，营造扶贫开发工作良好氛围。

三、系统思维，创新谋划，拓展区域脱贫攻坚领域，促进江西扶贫开发工作跃上新台阶

不谋全局者，不足以谋一域；不谋万世者，不足以谋一时。江西在推进扶贫开发工作过程中坚持以脱贫攻坚统揽经济社会发展全局，面对巩固提升阶段深度贫困区域脱贫困难、贫困标准线上边缘人口发展脆弱、脱贫攻坚可持续发展压力较大等诸多挑战，江西扶贫开发工作任重道远，仍需坚持创新引领，结合2019年40万贫困人口脱贫、387个贫困村退出、6个国定贫困县和1个省

定贫困县摘帽的扶贫开发任务，围绕“核心是精准、关键在落实、实现高质量、确保可持续”的工作要求，在全面总结过去经验做法的基础上，积极开拓进取，以更有效的举措、更有力的行动、更扎实的工作，确保2020年全省脱贫质量和成效位居全国第一方阵，为与全国同步全面建成小康社会奠定扎实的基础。

（一）关注扶贫开发城乡协同推进

鉴于国家区域协调、城乡融合等发展战略要求，系统谋划，整体布局，坚持以人民为中心的发展思想和新发展理念，在全国率先出台了《中共江西省委江西省人民政府关于加大城镇贫困群众脱贫解困力度的意见》（2018年3月6日），以切实保障城镇贫困群众基本生活和发展权益。基于“人口的流动性”特征，空间重构减贫理念指导下的城乡扶贫开发工作需要在更高层次、更广领域筹集资源，创新扶贫开发工作方式，以应对贫困人口的流动性、城乡贫困的动态性、致贫原因的多维性以及贫困退出人口返贫风险性等问题，仍应不断拓展脱贫攻坚领域以扶贫治理现代化格局重构，进一步促进城乡融合发展，服务于贫困群众发展权益保障和全面建成小康社会目标顺利实现：建议在国务院扶贫开发领导小组办公室的统一领导下，实现城乡扶贫开发工作的接轨与并轨，组建“城乡贫困人口扶贫开发办公室”或者“贫困人口扶贫开发办公室”，行使城乡贫困人口发展帮扶以及促进其生计可持续发展之责，并逐步消减城乡贫困统筹治理的政策异化、瞄准困难、政策脱节、资源漏出、市场排斥等风险。

（二）统筹衔接精准扶贫战略与乡村振兴战略

国家分别于2013年和2017年提出了“精准扶贫、精准脱贫战略”和乡村振兴战略：前者重在补齐发展短板，促进贫困人口增收致富，维护和保障其发展权益；后者旨在夯实发展基础，优化区域发展空间格局，构建新型工农城乡关系。乡村振兴是涵盖政治、经济、社会、文化等多重领域的全面振兴，精准扶贫、精准脱贫是乡村振兴战略实施的基础性工作和重要内容，形成精准脱贫攻坚和乡村振兴战略实施的良性互动格局，是实现贫困地区发展质量提升的关键：应加强统筹衔接脱贫攻坚与乡村振兴战略，重视贫困区域精准扶贫和乡村振兴战略在规划、主体、载体、组织和监管等方面的有机协同；通过持续制度创新，将扶贫资源的利用与老百姓所思所想紧密结合起来，提高扶贫资源配置效率，促进区域整体实力提升；贫困地区在推进乡村振兴战略实施过程中应把脱贫攻坚作为首要任务，乡村振兴战略在“脱贫摘帽县”优先扶持，用乡村振兴措施巩固脱贫攻坚成果，促进“脱贫摘帽县”实现高质量、跨越式发展。尤其需要注意的是，未来一定要加强贫困区域本土人才的培养，开发这个取之不尽、用之不竭的巨大“脑矿”，尽快培养出一支本土化、专业化人才，使其能够在外部介入力量减弱甚至退出的时候，发挥主体作用，实现接续发展。

（三）重视贫困标准边缘非贫困人口发展扶持

扶贫开发重在精准，但由于贫困人口精准识别标准的经济取向，使得收入水平略高于贫困标准的非贫困人口并没有被建档立卡并纳入帮扶范围。由于被排除到发展帮扶体系之外，得到的帮扶几乎没有，贫困程度可能甚于得到帮扶资源的贫困人口，边缘非贫困人口生计发展脆弱性明显。建议未来的扶贫工作借鉴“以区域发展带动扶贫开发，以扶贫开发促进区域发展”的连片特困区扶贫开发经验，开展贫困标准边缘非贫困人口生计发展调查，调整贫困人口脱贫的帮扶方式，灵活实现“政策户瞄准到项目区域覆盖的转变”，消减贫困人口与非贫困人口之间因为扶贫资源配置带来的隔阂，使得更多的社区民众在交互关联中共同受益于扶贫开发政策，脱贫致富奔小康。

（四）巩固脱贫攻坚成果必须处理好政府与市场的关系

到2020年全面打赢脱贫攻坚战，决胜全面建成小康社会，这既是省委、省政府庄严的承诺，更是全省人民攻城拔寨的决战。在这决战决胜脱贫攻坚的关键时刻，江西必须以更大的决心、更明确的思路、更富有成效的举措实现脱贫攻坚目标：坚持以党的十九大精神为指引，时刻牢记习近平总书记“人民对美好生活的向往就是我们的奋斗目标”“不让老区群众在脱贫攻坚的路上掉队”等殷切嘱托，围绕“巩固脱贫成效，决战同步小康”的奋斗目标，按照决胜全面小康的总体要求，把脱贫攻坚作为发展的头等大事、第一民生工程和首要政治责任，正确处理好政府与市场的关系，持续推进政府、市场、社会互为支撑和专业扶贫、行业扶贫、社会扶贫“三位一体”的大扶贫格局构建，保持原有的脱贫攻坚领导机制、帮扶机制、督查调度机制，持续和提升巩固脱贫成果，提高脱贫质量，确保遇困不返贫、遇病不返贫、遇灾不返贫，使贫困群众的增收能力进一步提升，让更多贫困地区人民早日过上幸福生活，让老百姓有更多的获得感、幸福感，为决胜全面建成小康社会提供强大支持，为共绘新时代江西物华天宝、人杰地灵新画卷增色添彩。